Diether Lauenstein · Das Geheimnis des Wals

Der Wal, wie ihn die würdige Äbtissin HERRAD vom Odilienberg im Elsaß sah – etwa um 1150 nach Chr. –, speit den Propheten Jonas vor den Toren Joppes aus.

DIETHER LAUENSTEIN

Das Geheimnis des Wals

Melvilles Moby Dick und das Alte Testament

VERLAG URACHHAUS STUTTGART

Kurt von Wistinghausen und Walter Junge

Gesamtherstellung Greiserdruck Rastatt
ISBN 3 87838 161 1

Inhalt

Die in Klammern gesetzten Ziffern beziehen sich auf die Kapitelnumerierung des Romans.

IV. Geburt und Wiedergeburt

ANHANG

Mysterien

Vorweg zu sagen

Wer MELVILLES »Moby Dick« gelesen hat, den wird unsere erzählende Betrachtung davor bewahren, in dessen Fülle zu ertrinken. Wer unser Büchlein zuerst liest – und das ist ruhig anzuraten –, der wird sich hernach gewiß in den Ozean des Romanes stürzen.

In dieser großen Prosa-Tragödie gibt es keine Frauen, es sei denn Tante Caritas, die den Männern der »Pequod« vor der Ausfahrt nutzlose Liebesdienste erwies, oder die Wirtsfrau vom »Trantopf« zu Nantucket, die an eine blonde Göttin im altgriechischen Eleusis mahnt; und – es sei denn, daß man ein Schiff wie die »Pequod« mit ihrer Mannschaft als eine weibliche Person höherer Ordnung ansähe. Aber der Dichter verglich die »Pequod« lieber mit einem »feurigen Hengst«, mit einem Schimmel; der Steuermann bändigte ihren Lauf durch einen Pottwal-Kiefer als Ruderpinne, so »wie ein Tatar sein Pferd zurückhält, indem er ihm in das Gebiß greift. Ein edles Fahrzeug, aber voller Schwermut. Alle edlen Dinge sind schwermütig« (16).

In Eleusis mit den »Müttern« als den beiden Göttinnen, denen dort das Heiligtum gehörte, pflegten die Griechen ihre wichtigsten Mysterien; nach ihnen maß man die Größe und Bedeutung aller anderen. Von Mysterien wird in diesem Buche die Rede sein; sein Titel sagt es mit dem Wort Geheimnis.

Zu Anfang der Walfangreise, um die es im Roman geht, wird von einem niemals anwesenden »lieben, gottergebenen Mädchen« (16) erzählt. Und gegen Ende der Reise tauschen der Kapitän und sein Erster Maat sich über ihre Frauen daheim aus; es geht um dasselbe Mädchen, das blutjung den Kapitän der »Pequod« heiratete, als dieser schon fünfzig Jahre alt war. Sie hatte nun einen kleinen Knaben von ihm, wie auch die junge Frau des Maates – sie hieß Maria – einen Knaben hatte (132). – Sollte dieses Buch erweisen, daß die mit Namen unbekannte Gattin des Kapitäns zu der blonden Wirtsfrau im gelben Kleide (15) gehört, dann wäre keine Familienforschung vollbracht, sondern ein Ziel des Buches erreicht.

Der Roman empfing den Namen von einem Wesen über dem natürlichen Maß, von einem beinahe übermenschlichen Wesen, dem Weißen Wal, der, obgleich nur einer unter tausend Pottwalen, doch wie ihrer aller persönlicher Vertreter, ja wie der Inbegriff des Meeres selbst erschien. Moby Dick war dieser Pottwal. Ihn zu jagen, segelte Kapitän Ahab um die halbe Erde und fand ihn gegen jede Wahrscheinlichkeit. Ahab suchte den Wal, aber der Wal suchte Ahab nicht; zuletzt nahm er ihn als seinen Feind an und zog ihn willentlich in den Untergang.

Pottwale werden um ihres Speckes willen gejagt, in den sie gleichsam eingewickelt sind. Der Speck wird zu Tran verkocht. Außerdem birgt das gewaltige Haupt dieser Tiere ein lebendiges Faß, den Pott oder Topf, voll kostbaren Öles, das man Walrat nennt. Und wem das Glück es gewährt, der findet im Gedärm einen vielleicht faustgroßen Ballen Ambra, einen grauen, mürben Stoff, der wie frischer Waldboden duftet, herrlicher als Moschus, weil ihm dessen bestrickende Art abgeht. Zu Ismaels Zeit wog man

die Ambra beinahe gegen Gold auf. Die geistige Ordnung des Romanes läßt uns die »Graue Ambra« (92) nicht geringer bewerten.
Ismael ist der Held des Romans, nicht Kapitän Ahab, obgleich von diesem ungleich mehr die Rede ist als von jenem. Ismael erlebte und durchlitt als Matrose alles, was seine Oberen taten und was ihnen widerfuhr; aus sich selbst unternahm er diese Reise, aber während dieser nichts. Trotz schwerer Arbeit stand er auf der Seite des Leidens. Als einziger Überlebender der »Pequod« erzählt er uns, was während ihrer letzten Fahrt geschah. – »So nennt mich denn Ismael. Vor einigen Jahren . . .« – »Call me Ishmael. Some years ago . . .« – so beginnt er.
Ismael trug seinen Namen nach dem ausgestoßenen Sohne Abrahams, des frommen Patriarchen. Von jenem ersten Ismael erzählt das erste Buch der Bibel (Genesis 21).
Ismael erzählt das Drama seiner Seele, das er sich unter den Mühen eines Walfängers und im Anblick der Tragödie seines Kapitäns verdeutlichte. Die Schwermut war sein Ausgangspunkt, weil zufriedene Seelen zu nichts Neuem gelangen. Melancholie gilt im Roman nicht etwa als eine Krankheit der Gesellschaft, sondern als Ismaels notwendige »Stimmung« am Anfang seines Seelenweges. Der Roman ist kritisch nicht gegen die amerikanische Gesellschaft seiner Zeit, sondern zeitlos gegen die unverwandelte natürliche Person eines jeden einzelnen. Ismaels höchst persönliche Früchte von der schweren Reise zur See waren Starkmut für die Seele und Tiefblick für den Geist. – Über fruchtbare Stimmungen sprechen wir gegen Ende dieses Kommentars ausführlich.

*

Wir lassen uns vom Aufbau des Romanes leiten und berücksichtigen mit Sorgfalt des Dichters eigene Symbole wie Schiff, Insel, Hut, Schuh, Stelzfuß, Schatten, Sarg, Bahre, Harpune, Eisen, Tabakspfeife, Lampe, Matte, Möwe und Adler. – Sarg, Atem, Eisen, Herz, Gold, Sonne und Träne spielen die größte Rolle gegen das Ende zu. Diese besprechen wir unter dem Kapitel »Queequeg im Sarg« (110) und nennen sie die Symbole der Entscheidung.
Leitmarken nächster Ordnung sind uns biblische Namen und heidnische Mythen. Noch mehr als Namen, Mythen und Symbole aber führen die in allen Teilen liebevoll geschilderten Elemente zum Wesen dieser Dichtung. Sie finden sich zusammengefaßt zu einem biblisch-platonischen Weltbild unter dem Kapitel »Der Pazifik« (111). Das innere Ziel des Werkes wird in den Kapiteln »Die Muskete« (123) und »Die Kompaßnadel« (124) sichtbar. Der dramatische Höhepunkt liegt am Ende (135 und Epilog).

*

Wenn wir glauben dürften, daß deutsche Leser den Roman in allen seinen Teilen überschauen würden, dann wäre ein Essay wohl dienlicher gewesen als dieser mit dem Text fortlaufende Kommentar. Die hervorgehobenen Kapitel deuten dem Kenner den möglichen Inhalt eines solchen Essays an. Nun aber geben wir Stück für Stück in Kursivdruck sowohl eine kurze Nacherzählung als auch den genauen Wortlaut in den Sätzen, auf welche der Kommentar im Steildruck sich bezieht.
Die Zitate folgen der Übersetzung von Richard

offensiv
reaktionär

S. 31 fotocopie

Mummendey (1962) um seiner Sprache willen. Daß jede Übersetzung problematisch ist, weiß der Leser. Zitate stehen in Gänsefüßchen. Kürzungen wurden in einem Satze nur einmal angemerkt, damit der Zeichen nicht zu viele würden; silbenstechende Exaktheit wäre nur im englischen Urtext möglich; wer von Ismaels Abenteuern deutsch mehr als ein paar Worte zitieren möchte, übersetze selbst oder schlage Mummendeys Text auf. Für uns schien eine fremde Übertragung angemessen, damit wir nicht durch philologische Auseinandersetzungen Raum verlören. Bei eigenen Übersetzungen steht der englische Wortlaut. Zahlen in Klammern geben die Kapitel des Romans an.

*

Herman Melville (1819–1891) widmete von den beinahe hundertvierzig Kapiteln seines im Jahre 1851 erschienenen Werkes vierzig den Personen, sechzig den Walen und den Rest dem gewaltigen Endkampf zwischen Ahab und Moby Dick. Sie finden sich in einem beziehungsreichen Gemenge.
Die wesentliche Quelle des Dichters ist die Bibel; von seinen Winken durch alte Namen gehört ihr etwa die Hälfte an, und unter diesen nur ein Fünftel dem Neuen Testament. Ein Beispiel geben die ersten neun von neunundsiebzig »Auszügen«, welche Melville dem Werk vorausschickt: Genesis, Hiob, Jonas, Psalmen, Jesaja, Plutarch, Plinius, Lukian, König Alfred ...
Ein Viertel der alten Namen meint griechische Götter und Helden; ein Achtel verweist auf die altägyptische Religion. Es folgen indische Götter, angebliche heilige Bräuche und Tempel in der Südsee.

Der erste griechische Gott, den der erzählende Ismael erwähnt, ist der Herr des Meeres, Poseidon, »Zeus' eigener Bruder« (1). Der zuerst genannte Held ist Narziß, ein Jüngling, welcher sich in einer Quelle sah und aus Sehnsucht nach dem schönen Unbekannten starb. Auch Ismael sucht ein solches Bild und meint: »In allen Flüssen und Meeren sehen wir dasselbe, das ewig ungreifbare Spiegelbild des Lebens. Das ist der Schlüssel zum Ganzen« (1).
Die vielen großen Männer der jüngeren Literatur, die Kämpfer und Führer ihrer Völker, die großen Seefahrer, Walfänger und Walbeschreiber, deren MELVILLE gedenkt, bleiben in diesem Büchlein unerwähnt außer den Philosophen. Religion und Philosophie lassen sich nicht trennen.
Die Winke und Verweise des Dichters auf religiöse Werke und Geschichten der Antike, es sind rund anderthalb Hundert, die meist allein durch Namen gegeben werden, deutet dieses Büchlein; darin lag der Anfang seines Weges, der Ansatz der Methode.
Die Bibel und neben ihr auch der Mysterienroman »Metamorphosen« oder »Der goldene Esel« von APULEIUS (170 n. Chr.) helfen im Vergleich mit »Moby Dick« vor allem andern. Zweimal zeigt HOMERS Sang von Odysseus' Irrfahrt auf dem Meer als äußere Bilder das, was der spätgeborene Ismael in seiner Seele erlebte.

*

Der Dichter fuhr mit achtzehn Jahren zum erstenmal zur See auf einem Handelsschiff und nahm mit einundzwanzig Jahren die Heuer auf einem Walfangsegler. Mit fünfundzwanzig Jahren kehrte er als

Matrose eines Kriegsschiffes heim. Er hat mehr Seegeschichten geschrieben als nur diesen Roman. Was er durch Ismaels Mund erzählt, beruht auf eigener Erfahrung und auf gewissenhafter Erkundung. Wir lesen eine wahre Geschichte.
Ein Jahr nach dem Erscheinen des Romans »Moby Dick«, in welchem die Inselstadt Nantucket liebevoll beschrieben wird, besuchte der Dichter sie zum erstenmal; und lange Zeit nachdem er die Geheimnisse Griechenlands, Ägyptens und Judäas in seinem Werk gespiegelt hatte, sah er diese Länder auch mit Augen.

*

Als MELVILLE mit einunddreißig Jahren an »Moby Dick« schrieb, ließ er seinen Freund HAWTHORNE in einem Brief vom 1. Juni 1851 wissen: »Ich bin eines jener Getreidekörner aus den ägyptischen Pyramiden, die, über dreitausend Jahre hin nichts als ein Korn, nun wieder im englischen Acker eingepflanzt, sproßten, grünten und dann bald verwelkten. So auch ich: Bis zu meinem fünfundzwanzigsten Jahre fand ich keine Entfaltung. Von meinem fünfundzwanzigsten Jahre an zähle ich mein Leben. Keine drei Wochen gingen seit jener Zeit vorüber, die mich nicht weiter hätten entfalten lassen. Aber ich fühle, daß ich jetzt an das innerste Blatt der Zwiebel komme, und daß die Blüte bald dahinsinkt.«
Ismael erfuhr eine solche zweite Geburt – richtiger sollte man es bei ihm wohl zunächst nur eine geistige Empfängnis nennen oder eine Erleuchtung, welcher erst am Ende der Fahrt eine Geistgeburt gefolgt sein mag – durch ein Gesicht. Er schaute, wie ein endloser

Zug paarweise schwimmender Wale in das Innerste seiner Seele strömte »und mitten unter ihnen, wie ein Schneeberg im Äther, ein großes verhülltes Phantom« (1).

*

In Hinsicht auf den Dichter setzen wir Ismaels Alter mit fünfundzwanzig Jahren an; die andere Möglichkeit gemäß des Dichters Biographie wäre die, daß Ismael beim Aufbruch in seinem neunzehnten Jahr gestanden hätte, am ersten Mondknoten seines Lebens.
Die Reise währte etwa neun Monate. Klar gesagt wird das nirgends. Sicher ist der Weihnachtstag für die Abfahrt aus Nantucket (22). Die durchsegelte Strecke und die Schilderung der Reise erlauben, deren Dauer bis zu einem Jahre zu schätzen. Vielleicht wurde die Jahreszeit, in welcher das Schiff unterging, durch die Inschriften einer Kapelle angedeutet; sie nennen als Todesdaten den 1. November 1836, 31. Dezember 1838 und 3. August 1833 (7). Alle drei liegen in der zweiten Hälfte des Jahres.
Möglich ist die Deutung eines alten hellsichtigen Matrosen aus Man, die er den Sternbildern auf einer Goldmünze entnahm. Er erwartete den Untergang seines Schiffes im Zeichen des Hufeisens oder Löwen, also im August. – Der Kapitän rechnete in einer Meditation vor derselben Münze mit dem Ende erst zur Zeit der äquinoktialen Herbststürme, etwa zu Michaeli (99).
Auch Ismaels Überlegungen unter der Überschrift »Die Karte« (44), warum der Kapitän zu Weihnachten so kurz nach seiner Rückkehr oder viel zu früh für die nächste Fangzeit an »der Linie« von Nan-

tucket aufbrach, weisen für Ahabs letzten Kampf mit Moby Dick auf die Zeit um Michaeli hin. Denn er begegnete ihm am selben Ort und in derselben Zeit wie im Vorjahr, als er durch ihn ein Bein verlor (130); er war erst im Dezember heimgekehrt, und zweieinhalb Monate wird man für die Reise vom Äquator mitten im Stillen Ozean um Kap Hoorn herum bis nach Neuengland wohl anzusetzen haben.
Für orthodoxe Rabbiner gibt es keinen Zweifel über den Tag, an welchem die »Pequod« unterging. Der Jôm kippur, das Versöhnungsfest im September, muß dieser Tag gewesen sein. So schreibt der Kabbalist WEINREB in seinem Buch »Der göttliche Bauplan«: »Jedes Jahr soll der Mensch diesen Tag verbringen, als ob er nicht mehr auf dieser Welt lebte ... (Es) wird an diesem Tage Jonas gelesen« (S. 338). Diesem Datum entspricht auch Ahabs Alter von 58 Jahren (132); denn das ist eine »Zahl, welche das Ende der materiellen Erscheinung ausdrückt« (S. 365).

Die Vorbereitung der Erzählung im Roman

Melville widmete sein Werk »Der Wal« dem Dichter Nathaniel Hawthorne, seinem Freund und Nachbarn. – Die Widmung steht nur in der New Yorker Ausgabe, nicht in der gleichzeitig in London erschienenen.

Unter der Überschrift »Etymologie« gedenkt er wie in einem kleinen Vorwort dankbar eines ungenannten, verstorbenen, kümmerlichen Hilfslehrers, der seine Wörterbücher und Grammatiken, wohl sein einziges Gut, mit Liebe abzustauben pflegte. – Unter demselben, wiederholten Titel folgen in dreizehn Sprachen deren Namen für den Wal, darunter schwedisch HWAL, das spiegelbildlich wie im Hebräischen gelesen, den Gottesnamen JHWH, welchen niemand ausspricht, in dämonischer Verschreibung nenne und damit die Wahrheit über den Weißen Wal sage. Den Wink zu dieser Deutung gibt der Dichter, indem er das stumme H in englisch »whale« als wichtig hinstellt. Außerdem sind das L im Namen des Wals und das J im Namen Gottes als spiegelbildliche Zeichen anzusehen.

Wieder als ein kleines Vorwort aufzufassen ist der erste Abschnitt »Auszüge«; er erinnert an Hilfsunterbibliothekare, deren Herzen sich trotz ihrer gedrückten Stellung auch zum Himmel heben können, wie Matrosen den Großmast ihres Schiffes aufentern. –

Der zweite Teil »Auszüge« führt neunundsiebzig Stellen aus wichtigen Werken an, welche vom Wale reden. Die Reihe beginnt mit der Genesis, dem Buche Hiob, Jonas, Psalmen, Jesaja, Plutarch, Plinius, Lukian und dem Angelsachsen Alfred dem Großen (871–899). Sie fällt dann über die besten britischen Autoren durch die Jahrhunderte herab bis zu den Werken tüchtiger Männer in Neuengland. Die ersten Auszüge lauten:

»Und Gott schuf große Walfische« *Genesis 1. 21*
»Leviathan, – nach ihm leuchtet der Weg; er macht die Tiefe ganz grau.« *Hiob 40. 20 und 41. 23*
»Aber der Herr verschaffte einen großen Fisch, Jona zu verschlingen.« *Jona 2. 1*
»Daselbst gehen die Schiffe; da sind Walfische (Leviathan), die Du gemacht hast, daß sie darin spielen.« *Psalm 104. 26*
»Zu der Zeit wird der Herr heimsuchen mit seinem harten, großen und starken Schwerte beide, den Leviathan, eine flüchtige Schlange, und den Leviathan, eine gewundene Schlange, und wird den Drachen im Meer erwürgen.« *Jesaja 27. 1*

Die fünfunddreißig Überschriften der Erzählung geben meist mehr die Stimmung ihres Abschnittes als den sachlichen Inhalt wieder. Die erste, »Kimmungen, Loomings«, meint im Deutschen den letzten Umriß eines Landes, das man von der See her sieht. In dem englischen Worte schwingt es unheimlich wie Wetterleuchten unter dem Horizont, es wirkt wie feindlicher Zauber.

I. Die kleine Fahrt

1. »Kimmungen« (1)

»Nennt mich Ismael. Es war vor einigen Jahren – wie lange es genau her ist, tut nichts zur Sache –, ich hatte so gut wie kein Geld mehr in der Tasche und nichts, was mich an Land besonders gefesselt hätte. Da kam mir der Gedanke, ein wenig zur See zu gehen und mir den nassen Teil der Erde anzuschauen. Das ist so meine Art, mir die Grillen zu vertreiben und den Blutkreislauf zu regeln. Immer wenn ich sehe, wie sich ein verbissener Zug um meine Lippen einzugraben beginnt und meine Seele von einem feuchten, nieselnden November erfüllt ist, wenn ich mich dabei ertappe, wie ich unfreiwillig vor Sarggeschäften stehenbleibe und hinter jedem mir begegnenden Leichenzug einhertrotte, besonders aber, wenn meine Schwermut mich so übermannt, daß es starker sittlicher Grundsätze bedarf, um mich davor zu bewahren, vorsätzlich hinaus auf die Straße zu gehen und den Leuten der Reihe nach den Hut vom Kopf zu schlagen – dann ist es meines Erachtens höchste Zeit, so schnell wie möglich auf See zu gehen. Das ist mein Ersatz für Pistole und Kugel« (1). –

New York, die Heimat Ismaels, lag damals, in den dreißiger und vierziger Jahren des vorigen Jahrhunderts, auf Manhattan. Vor ihr auf der Bai und neben ihr auf dem Hudson und dem Eastriver sah man Segel-

schiffe, die ihre Frachten löschten. Fußgänger aller Sprachen und Pferdekutschen belebten die Straßen, die nachts im Dunkel lagen.
Die schäbige Rolle eines Walfängers entsprach Ismaels Wunsch und Stimmung. Auf See lockte der nie endende Krieg mit dem gefährlichen Gegner Wal, den man damals stehend im schmalen, leichten Boot mit Harpune und Lanze erlegte. Das war wie ein Kampf Mann gegen Mann. Außerdem zogen diesem Ismael in einem großen mythischen Traume – so erzählt er – »Wale je zwei und zwei in unendlicher Reihe in das Innere meiner Seele und mitten unter ihnen wie ein Schneeberg im Äther ein großes verhülltes Phantom« (1). – Um ungewöhnlicher Stimmung und Gesichte willen ging Ismael zur See. Dort erhoffte er ihre Stillung und Reife; denn »Meditation und Wasser, das weiß ja ein jeder, sind für immer miteinander vermählt« (1).
Seine Hoffnung trog ihn nicht. Während der Reise in der Java-See mußte er den Walrat, jenes wunderbare Öl aus dem Haupte des Pottwals, gegen Verklumpung mit den Händen durcharbeiten; da, als seine Hand statt der Klümpe einmal die verborgene Hand eines Kameraden drückte und dabei nachdrücklich verweilte, ließ der Duft des Öls, ein »Duft wie Veilchen im Frühling«, mich, erzählt er, »das schreckliche Verhängnis vergessen, das über uns hing. In diesem unbeschreiblichen Walrat wusch ich Herz und Hand rein davon und begann fast dem alten paracelsischen Aberglauben beizupflichten, Walrat besitze die seltene Eigenschaft, heiße Zorneserregungen zu besänftigen, und während ich darin badete, fühlte ich mich auf himmlische Weise befreit von allem Übelwollen, Är-

ger, Groll und jeder anderen Empfindung dieser Art.« Schließlich »erschienen mir in nächtlichen Visionen lange Reihen von Engeln im Paradies, jeder die Hände in einem Krug voll Walrat« (94). – Wenige Tage später sah er, um Mitternacht an der Ruderpinne für einen Augenblick eingenickt, in einer Todesahnung das Schicksal seiner Kameraden vor sich (96).

Von einem frühen Alptraum abgesehen – »eine übernatürliche Hand schien in meiner zu liegen« (4) –, sind dies die einzigen Gesichte Ismaels, die wir erfahren. Er berichtet außerdem noch von Worten, die sein Kapitän im Traum sprach oder in einem Traumgesicht (123), welches diesem den Weißen Wal wohl noch näherbrachte als die Vision, die ihn selbst veranlaßt hatte, zur See zu fahren (1).

Die Stärke unseres Dichters liegt nicht in Visionen und Gesichten, sondern darin, daß er die Sinnenwelt um so mehr zum geistigen Sprechen bringt, je genauer er sie äußerlich ins Auge faßt. Nicht Gesichte, wohl aber konkrete Dinge als Symbole wie die erwähnten Sarg, Pfeife, Hut, Schuhe, Kerze, Öllampe, Möwe und Adler oder Quartiere und begegnende Schiffe machen die Wegstationen Ismaels und der »Pequod« kenntlich.

Weil Ismael einfacher Matrose wurde und Gesichte hatte, sollte man nicht etwa annehmen, Denken und Bildung seien in ihm nur schwach gewesen. Im Gegenteil: Er liebte PYTHAGORAS (98) und SOKRATES (10), er kannte die Kraft SENECAS und der Stoa (1), er spottete über die Jünger EPIKURS (65), er wußte, daß die Häupter der Philosophen LOCKE und KANT zu beiden Seiten eines Mannes diesem im Leben ebenso das innere Gleichgewicht bewahren wie die mächtigen

Häupter eines Pottwales und eines Grönlandwales, die, an beiden Borden eines Schiffes festgemacht, diesem eine ruhige Fahrt im Meere sichern (73). Er wußte vor allem auch, daß eine lernbegierige Seele in der herrlichen Gefahr steht, freiwillig »in Platons Honighaupte« zu ertrinken (35, 78). Weil Ismael mit offenen Sinnen und empfänglicher Seele zur See fuhr, wurde die »Pequod« zu seiner Hohen Schule, nicht schlechter, als sonst Yale und Harvard der Jugend in Neuengland zu solchen Zwecken zur Verfügung stehen (24).
Ismaels Wissenschaft richtete sich auf die Welt der Wale. Seine Religion aber ist nicht mit den wenigen Sätzen eines Bekenntnisses zu umschreiben; sie bildet das Geheimnis, welches wir im Laufe der Handlung zu ergründen haben.

2. »Das Gasthaus zum blasenden Wal« (3)

Um Walfänger zu werden, fuhr man damals am besten zu der Inselstadt Nantucket, die im Atlantik vor der Küste von Neuengland liegt. Sie war eine Quäkergründung und im Walfang vor allen Häfen der Welt führend. Das kleine Postschiff, welches dorthin segelte, kam von New Bedford. Auch diese Stadt besaß einen Walfanghafen, der den andern zu überflügeln trachtete. Die beiden Städte glichen Tyrus und ihrer Tochterstadt Karthago im Altertum, deren Name phönizisch nichts als Neustadt hieß. So ging zu Ismaels Zeit, wer den Walfang an der Wurzel fassen wollte, nach Nantucket.

Von New York nach New Bedford gelangte Ismael zu Land auf seinen Füßen. In der wohlhabenden Stadt öffnete sich dem Fremden an einem Samstagabend keines der schönen Häuser. So kam er sich vor wie der arme Lazarus vor des Reichen Tür, von dem Lukas in seinem Evangelium (Kap. 16) erzählt. Da ihm die taghell erleuchteten Gasthäuser »Zu den gekreuzten Harpunen« und »Zum Schwertfisch« »zu teuer und zu lustig aussahen«, fand er schließlich Unterkunft in der Herberge des Wirtes Peter Sarg; sie hieß »Zum blasenden Wal«. Sarg war in seiner Jugend eingewandert aus Nantucket, wo dieser Name häufig war. Die Gäste riefen ihn einfach Jonas. Sein Haus war »auf der einen Seite gelähmt und kläglich schief« (2). Außer Betten und einem heißen Essen hielt Jonas an der Theke ein Getränk feil, das man »Taumel und Tod« im Glas hätte nennen sollen.

»Deliriums and death«, sagt MELVILLE, wobei deliriums mehr auf den schöpferischen Wahnsinn eines Dichters, einer Pythia und der dionysischen Mysten weist, wie PLATON sie in seinem »Phaidros« aufzählt, als daß man an das Delirium tremens eines Säufers zu denken hätte. Doch läßt das Bild der Theke dem niederen Irrtum eine offene Tür.

Als Ismael eintrat, war das erste, was er hörte: »belegt«; er durfte aber mit einem Kannibalen aus der Südsee zusammen schlafen. Der Wilde hieß Queequeg und war ein Harpunier. Vor Ismaels Ankunft war er ausgegangen, um in der Stadt den letzten einer Reihe echter Neuseeländerköpfe zu verkaufen. Ismael wartete auf ihn vergeblich bis kurz vor Mitternacht und legte sich dann vorerst allein ins Bett (3).

Als Queequeg heimkam, erwachte Ismael und hatte,

ohne sich zu bewegen, aus dem Augenwinkel blickend, einen furchterregenden Anblick. Indem der Wilde seinen großen Hut ablegte, kam »ein kahler, violetter Kopf wie ein vermoderter Schädel« zum Vorschein. Da war nichts an Haar »als eine kleine, auf seiner Stirn zusammengedrehte Skalplocke«. – Horus-Locke nannten die alten Ägypter eine solche Frisur, die sie Knaben tragen ließen.

Der gelbviolette, aber wohlgebaute Körper des Wilden, der, während er sich entkleidete, bei Kerzenlicht zum Vorschein kam, war über und über mit wunderlichen schwärzlichen Quadraten tätowiert (3). Viel später hörte Ismael, ein Seher der Südseeinsel, die Queequegs Heimat war, habe diesem »mit solchen Hieroglyphen eine ganze Theorie des Himmels und der Erde einschließlich einer mystischen Erkenntnistheorie auf den Leib geschrieben« (110).

Der Wilde packte den unverkauften Menschenkopf in seinen Seesack und zog statt dessen einen kleinen, hölzernen Götzen hervor, dem er am kalten Kamin mit Hobelspänen und Zwieback ein Miniaturbrandopfer brachte. Dann verschwand der Götze, den er Jodscho nannte, wieder im Sack. Schon vorher hatte er eine Indianerstreitaxt aus seinem Gepäck genommen, die sich hernach wie zur besseren Nebenverwendung auch als eine Raucherpfeife entpuppte. Feuer fand er an der Flamme der Kerze. Eine scharfe Harpune stand zu Häupten neben dem Bett. Das war die Ausrüstung des Kannibalen. – Ein schutzlos vor ihm liegender Christenmensch konnte sich wohl fragen, wann der eigene Kopf jener Sammlung im Sacke einverleibt würde.

Queequeg löschte nun die Kerze und ließ sich mit der

brennenden Riesenpfeife im Bette nieder. Jetzt erst bemerkte er Ismael neben sich. Er fuchtelte bedrohlich mit der Pfeifenaxt gegen ihn und fragte radebrechend: »Wer, Teufel, du? Du sprech – verdammt –, oder ich dich bring um.« Dabei streute er reichlich glühende Asche über ihn. Neben allen übrigen Schrecken fürchtete Ismael nun noch einen Brand des Bettes und rief lang und laut nach Peter Sarg. Schließlich kam grinsend der Wirt und stiftete Frieden (3).

Als unser Held morgens zum zweiten Male erwachte, fand er, wie er dann erzählt, eine neue Lage vor: »Queequegs Heidenarm sah ich um mich geschlungen«, ich lag so eng in seinem »Bräutigamsgriff, als ob nichts als der Tod uns scheiden könnte« (4). Die karierte Tätowierung auf Queequegs Arm schien dabei nur ein Teil der vielfältigen Quadrate auf der geflickten Bettdecke zu sein. – Übrigens setzte dieser morgens seinen hohen Hut zuerst auf, dann zog er seine Stiefel mühsam unter dem Bette an, und mit Verzögerungen folgte die übrige Kleidung (4).

Das alles geschah in einer Nacht vom Samstag zum Sonntag und entschied in der dunklen Herberge Ismaels weiteren Weg, der ihn an Queequeg band. Ismael erzählt von ihm: »Sofort entschloß er sich, auf demselben Schiff sich demselben Boot zuteilen zu lassen, kurz, in jeder Beziehung mein Schicksal zu teilen und Hand in Hand mit mir kühn in die Geschicke beider Welten hinabzutauchen« (12).

Dunkel war die Herberge, beinahe so sehr wie das Innere des Seeungeheuers, in dessen Bauche der Prophet Jona »drei Tage und drei Nächte« weilen mußte (Jona 2. 1). Der Wilde ging mit Menschenköpfen um, als ob er mit dem Tode so vertraut sei wie andere mit

dem Leben. An seiner Kleidung schien ihm das Oberste und Unterste am wichtigsten zu sein.
Ismael hatte in Queequeg einen Geleiter seiner Seele zu den Geheimnissen der See gefunden.
Der Hut gehört zu den durchgehenden Symbolen. Aber der Schuh verschwindet an dieser Stelle der Erzählung. An seine Statt tritt später der fischbeinerne Stelzfuß von Ahab, dem Kapitän, unter dem die beiden Freunde dienen sollten.
Hüte kommen im ganzen Werk vor und zeigen, je nachdem ob sie sich auf dem Kopf befinden oder hinweggerissen werden, den Stand der Seelenentwicklung ihres Trägers an. Der Verlust bedeutet jedesmal den Durchbruch in eine neue seelische Dimension.
Der fehlende Fuß des Kapitäns und der mehrfache Verlust des falschen Beines zeigen diesen Durchbruch nach unten, sein am Ende fehlender Hut denselben nach oben an. Ismael faßt den Gehalt des Doppelsymbols in die Worte zusammen: »O Ahab, was Großes an dir ist, vom Himmel muß ich es herunterholen, in die Tiefe muß ich danach tauchen und es aus der körperlosen Luft bilden« (33).

3. »Die Kapelle« (7)

Sonntags fuhr kein Postschiff von New Bedford. Darum besuchte Ismael den Gottesdienst in einer Walfängerkirche. Zu seinem Erstaunen fand er dort auch Queequeg, der die Feier allerdings noch vor dem Segen verließ. Das kleine Gotteshaus war allenthalben mit Gedenktafeln für Seeleute geschmückt, die beim Walfang umgekommen waren. Der Besucher hätte meinen können, hier »die Toten der Menschheit« anzutreffen (7).

Über der Kanzel sah man auf einem großen Wandbild ein schönes Schiff mit Sturm und Wellen kämpfen. Zwischen dunklen Wolken war eine Insel von Sonnenlicht gemalt, in der das Antlitz eines Engels sichtbar wurde. Dieses warf einen Schimmer auf das Deck des Schiffes hinab, der ähnlich wie jene Silberplatte an der Stelle auf dem Deck der »Victory« aussah, wo Nelson seinen Tod gefunden hatte. Der Engel schien zu rufen: »O du edles Schiff, kämpfe weiter, halte tapfer deinen Kurs; denn sieh, die Sonne bricht durch, die Wolken verziehen sich, und das heiterste Blau ist nahe« (8).

Im Anblick dieses Bildes und der Tafeln für die Toten war Ismael versucht zu meinen, »ein zertrümmertes Boot patentiere mich für die Unsterblichkeit. Denn das, was sie hier auf Erden meinen Schatten nennen, scheint mir mein wahres Wesen zu sein. Mein Körper ist, scheint mir, nur der Bodensatz meines besseren Seins« (7).

Als der Geistliche, Vater Mapple, sich auf der Kanzel zur Predigt vorbereitete, schien er dies mit großer Frömmigkeit so zu tun, »als knie und bete er auf dem Grunde des Meeres«. – Dann stimmte er einen Choral an, den alle kannten und kräftig mitsangen. Darin wurde Jonas' Not im Leibe des Wales beklagt; schließlich aber wandte sich das Lied der Rettung des Propheten zu; da sangen alle triumphierend:

»Ein strahlender Delphin trug ihn zu mir,
Mein Gott verließ in dieser Not mich nicht.

Und gleißend wie die Blitze seines Himmels
Strahlt' ehrfurchtheischend Gottes Angesicht« (9).
»With speed he flew to my relief,
As on a radiant dolphin borne;
Awful, yet bright, as lightning shone
The face of my Deliverer God« (9).

Poetische Übertragungen pflegen inhaltlich Probleme aufzuwerfen. Wir wiederholen diese Verse in Prosa zum Thema »Sonne« unter dem Kapitel »Die Kompaßnadel« (124). Für den jetzigen Zweck reicht die poetische Wiedergabe aus.

Es hätte nahegelegen, daran zu denken, daß der Delphin der kleine, menschenfreundliche Vetter des Wales ist. Vielleicht taten es manche der Sänger auch. Hätten sie viel von dem Glauben der Alten gewußt, den die Apostel überwanden, dann wäre ihnen hinter dem hier besungenen Helfer der Sonnengott Apollon aufgestiegen, dem der Delphin ursprünglich zugehörte. Merkwürdig ist dies Paar: Sonne und Delphin; die eine wirkt von oben, der andere lebt im Meer und wirkt darum von unten her. Statt Apollons oder der Sonne erscheint im Liede, das sie sangen, Gottes Angesicht. Davon wird zum Kapitel »Die Kompaßnadel« (124) des näheren die Rede sein. Läßt man statt des Delphins auch seinen mächtigen Vetter gelten, dann sieht man ähnliche Paare, welche jeweils von oben und von unten her wirken, Ismaels Reise immerwährend begleiten.

Zum Predigttext erwählte Vater Mapple Jonas' echtes, altes Lied, welches jener im Bauche des Walfisches sang (Jona 2). Mapple pries den Menschen ewig selig und glücklich, der bis zu seinem letzten Atemzuge zu Gott beten kann: »O Vater, vornehmlich an deiner

Zuchtrute erkenne ich dich.« Zum Trost für seine Hörer aber hatte er schon gesagt: »Gewiß, meine Schiffskameraden, auf der Steuerbordseite eines jeden Schmerzes ist sichere Seligkeit, und größer ist die Gipfelhöhe dieser Seligkeit als die Abgrundtiefe des Schmerzes. Ist nicht der Großtoppflaggenknopf höher, als der Kiel tief ist?« (9).

Am Vorabend war Ismael, ehe er sein Quartier in New Bedford fand, in den Gottesdienst eines schwarzen Predigers geraten (2) und hatte dann um Mitternacht seinem Wirte eine Rede des Bedenkens gegen den unbekannten Wilden als den vorgesehenen Bettgenossen gehalten, welche Rede Jonas mit den Worten quittierte: »Mann, das war eine reichlich lange Predigt . . . Aber immer mit der Ruhe! Der Harpunier kommt eben aus der Südsee, wo er eine Anzahl präparierter Neuseeländer-Köpfe zusammengekauft hat, – sehr gefragt, weißt du –, und er ist sie alle losgeworden bis auf einen . . .« (3). So erfuhr Ismael den schrecklichen Handel, den wir schon erwähnten.

Wenige Tage später schon, in Nantucket, wurde Ismael genötigt, vor den Eignern des Walfangschiffes, auf dem er sich und seinen neuen Freund anheuern ließ, für eben diesen Wilden das dringend verlangte Zeugnis abzulegen, daß er einer Kirche angehöre. Ismael vertrat dazu die geistige Einheit der ganzen Menschheit und legte dies mit solchem Nachdruck dar, daß der ältere seiner Hörer ihm erklärte, dies sei die beste Predigt, die er je gehört habe (18). – Und nach vielen Monaten predigte ein schwarzer Schiffskoch für die Haie der Südsee. Er nannte nicht wie Vater Mapple das Schicksal den Zuchtmeister Gottes; er suchte seine unaufmerksamen Hörer viel-

mehr auf die Wege des Verzichtes und der Selbstüberwindung zu führen (64).
Das sind die bekanntgewordenen fünf ersten Predigten der Reise. Ein Neger machte den Anfang, und ein Neger hielt die letzte; und Ismael rahmte mit seinen sich fast widerrufenden Reden den großen Vater Mapple ein.
Unbekannt blieb die Predigt von Ismaels späterem Kapitän für die rudernden Matrosen im leichten Boot – wahre Teufel – während der ersten Waljagd, weil Ismael meinte: »Welche Worte der unergründliche Ahab für seine tigergelbe Mannschaft fand, das sei hier besser verschwiegen; denn ihr lebt in dem gesegneten Licht eines christlichen Landes. Nur die ruchlosen Haie in der wilden See mögen solchem Fluchen ihr Ohr öffnen, unter dem mit wildumwölkter Stirn, mit mörderischem Blick und schaumverklebten Lippen Ahab seiner Beute nachhetzte« (48). – Da dieser Kapitän von allen Männern in Ismaels Geschichte am meisten über Himmel und Hölle wußte, ist der Verlust doppelt zu betrauern.
Nicht lange vor dem Ende hielt Stubb, der Zweite Maat, noch eine Sternenpredigt über den Verlauf eines rechten Menschenlebens (99). – Da waren der frommen Reden sieben.

4. »Nantucket« (14)

Die Überfahrt von New Bedford nach Nantucket dauerte nur einen kurzen Tag; sie brachte einen Zwischenfall: Queequeg und Ismael standen am Bug der

»Moos«, so hieß das Schiff, und schauten in den sprühenden Gischt. Über dies hell-dunkle Freundespaar mokierten sich einige junge Flegel von Fahrgästen, bis Queequeg spürte, daß einer der Grünschnäbel ihn hinter seinem Rücken nachäffte. Da griff er unvermutet diesen Burschen, warf ihn in die Luft, so daß dieser sich hoch oben überschlug, und fing ihn dann mit einem kräftigen Klaps aufs Hinterteil wieder so auf, daß der vorerst verstummte Jüngling auf den Füßen landete.

Der Bursche hatte sich von diesem Schrecken kaum erholt, als er nun aus allen Leibeskräften nach dem Kapitän rief. Dieser, »ein alter hagerer Knochen«, kam auch und verwarnte Queequeg. Währenddessen aber schlug das Hauptsegel im Winde um, und der Großbaum fegte übers Deck. Der Kapitän duckte sich gerade noch rechtzeitig; der Grünschnabel jedoch wurde ins Meer gefegt. Zweimal tauchte er wieder auf und versank dann. Er wäre verloren gewesen, wenn Queequeg ihm nicht nachgesetzt wäre, ihn tauchend gefunden und dem inzwischen zu Wasser gelassenen Rettungsboot übergeben hätte. Die Matrosen brachten den Jungen wieder zum Leben. Queequeg aber stand da schon längst wieder am Bug des Schiffes, so, als ob er sagen wollte: »Wir Kannibalen müssen diesen Christenmenschen beispringen« (13).

Indianer, denen ein Adler ihr Kind übers Meer entführt hatte, entdeckten als erste die Insel Nantucket. Sie hatten dort statt ihres Kindes nur noch ein kleines Skelett vorgefunden. – Ismael und Queequeg aber fanden dort Unterkunft in Hosea Husseys »Trantopf«. Das Zeichen dieses Gasthauses bildete ein Galgen, an dem zwei schwarze Kessel hingen, so daß man an die uralt-heidnisch-höllische Kocherei im Tale Tophet bei Jerusalem, wo man dem Abgott Moloch Kinder geopfert hatte, denken konnte. Die Zeichen schienen Ismael verdächtig: »Ein Sarg mein Gastwirt, in der Walmänner-Kapelle starren mich Grabsteine an und hier ein Galgen und dazu ein Paar ungeheurer schwarzer Kessel« (15)!

Der Wirt Hosea trug seinen Namen nach dem alten Propheten, der dem Volke Israel verhieß: »Der Herr macht uns lebendig nach zwei Tagen; er wird uns am dritten Tage aufrichten, daß wir vor ihm leben werden« (Hosea 6. 2).

Auch später verhieß der Herr durch Hoseas Munde: »Ich will sie erlösen aus der Hölle und vom Tode erretten. Tod, ich will dir ein Gift sein. Hölle, ich will dir eine Pestilenz sein« (Hosea 13. 14).

Hoseas blonde Frau im gelben Kleide führte das Haus allein. Ihr Gatte war verreist. Sie hielt, im Eingang stehend, soeben einem »Manne im weinroten Wollhemd« eine Gardinenpredigt oder Standpauke, als unsere Wanderer bei ihr einkehrten. Sie fanden eine ausgezeichnete Fischküche. Nach dem Essen schickte die Frau sie mit einer Öllampe gleich zu Bett. Nebenbei erfuhren sie, daß dort vor kurzem ein erfolgloser Walfänger seinem jungen Leben ein Ende gesetzt hatte (15).

Die kleine Fahrt von Peter Sargs Herberge in New Bedford bis zu dem Gasthaus seines Vetters Hosea in Nantucket führte Ismael durch alle Elemente. Das Feuer brachte ihn in Gefahr, als Queequeg seine Riesenpfeife nachts im Bett rauchte und die heiße Asche über ihn streute. Luft und Wasser erlebte der unverschämte Bursche, welchen Queequeg in die Höhe

warf und hernach aus dem Meer erretten mußte, stellvertretend für Ismael. In Hoseas »Trantopf«, wo es vorher einen Selbstmord gegeben hatte, landeten die beiden Seefahrer im Hause des Todes, welches bürgerlich und mythisch mit der Erde als Element verbunden gedacht wird.
Das Durchschreiten der Elemente zeichnet MELVILLE zweimal nach, zuerst während der eintägigen Fahrt der »Moos« und dann auf der großen Fahrt der »Pequod« (115–119); er tat es in beiden Richtungen so, wie es die Bibel in ihrem ersten Kapitel und dann umgekehrt in allen folgenden vorgezeichnet hat. Davon redet unser nächster Abschnitt.

5. Die Elemente im Alten Testament

Die Bibel spricht meist von fünf Elementen, indem sie statt des einen hellen Feuers die Wärme und das Licht gesondert zählt. Sie nennt in ihren verschiedenen Teilen die fünf Elemente in entgegengesetzter Reihenfolge. Im ersten Kapitel steigt sie vom Feuer und dem Licht bis zur Erde herab, und im zweiten Kapitel – und von da an immer, außer bei der Auferstehung Jesu, wie Lukas sie schildert – steigt sie auf bis zum Feuer.
Zur Weltschöpfung in sechs »Tagen« (Genesis 1) bediente der Geist Gottes sich zuerst der ewigen Wärme, um die Scheidungen zu ermöglichen. Dann schuf er das Licht, mit welchem die Zeit beginnt; es folgt die Scheidung der »oberen« und der »unteren Gewässer« bis hin zu der von Meer und festem Lande. Das he-

bräische Wort im dritten Satz der Bibel, in welchem wir »Wärme« zu lesen meinen, ist möglicherweise »brüten« (Genesis 1. 2), wo es heißt: »Der Geist Gottes brütete über dem Urgewässer.« Es könnte dort aber auch »schweben« heißen; dann wäre das Feuer im Ursprung unbezeugt.

Sicher sind die Namen der übrigen Elemente. Denn die oberen Gewässer werden in den Wolken sichtbar, welche unsere Luft mit vertreten, die unteren im Meer. Das untere Gewässer wird dann wieder in Meer und Land geschieden. Die Scheidung dieser Elemente beanspruchte die ersten drei Schöpfungstage.

In den nächsten drei »Tagen« erscheinen die besonderen Geschöpfe. Da werden die Sterne im Licht gebildet, die Vögel für die Wolken, die Fische im Wasser und die anderen Tiere und der Mensch auf dem trockenen Lande. – Diese letzten »Tage« der Erschaffung der Geschöpfe dürfen wir für den Weißen Wal beiseite lassen.

Im Paradies, von welchem die beiden folgenden Kapitel der Genesis berichten, dreht sich die Reihenfolge der Elemente um: Aus Ackerboden und aus Wasser (vielleicht aus Tau) bildet Gott zuerst den Leib des Menschen. Dann bläst er ihm den Odem ein, so daß er lebt und spricht. Es folgt die Trennung von Mann und Weib. Die Schlange schenkt ihnen – unerlaubt – das Licht; so werden »ihre Augen aufgetan«; sie empfangen die Urteilskraft als inneres Licht; nun »wissen sie, was gut und was böse ist«.

Infolge der falschen Verleihung des Lichtes kann die Wärme vorerst nicht in der richtigen Weise in den Menschen einziehen. Sie hätte vielleicht wie eine Krone eingegliedert werden sollen, so wie sich zerteilte Flammen zu Pfingsten auf den Häuptern der Apostel niederließen. Statt dessen sank die Wärme im Leibe abwärts und wurde dort zur Sinnlichkeit: »Da sahen sie, daß sie nackt waren« (Genesis 3. 7). Und außerdem gab Gott ihnen anstelle der Schurze aus Blättern, welche nur gegen Blicke im Bereiche des Lichtes schützen (Genesis 3. 7), warme Kleider (Genesis 3. 21).

Jeweils aus der feinsten Form der Elemente entstand der Mensch, wenn er tragischerweise auch unvollendet blieb oder gleichzeitig entstellt wurde. Das ist die Erbsünde der Menschheit. Alle späteren Verwirrungen sind deren Folge. Es bedarf von nun an der Mühen der Menschen, wenn sie sich ihr gradweise entziehen wollen.

Auch die Großelemente der Welt wurden um des tragisch-sündigen Menschen willen verflucht, zuerst der Acker (Genesis 3 und 4); dann kam die Flut als ein tödlicher Feind der Menschheit (Genesis 6–7). Mit dem babylonischen Turm versuchte diese »bis an den Himmel«, d. h. hier wohl bis zu den Wolken und Winden vorzustoßen und verlor darüber die Einheit ihrer Sprache (Genesis 11). Schließlich brachen über Sodom und Gomorrha Feuergewalten herein, weil ihre Bewohner die Sexualität nicht zügelten und sie sogar gegen die Engel wandten, die Loth besuchten (Genesis 19), womit vielleicht auf schlimme Kulte hingewiesen wird.

Wasser und Feuer allein vertreten in der Schrift oft alle übrigen Elemente. So führte Moses das Volk Israel durch das Meer (Exodus 14) zum Feuer auf dem Sinai (Exodus 19. 18); während Elia zum Heile dieses Volkes das Feuer vom Himmel herabrief (1.

Könige 18). Auch Jesajas großer Schüler in Babylon faßte so den Umgang mit den Elementen in einem Spruch zusammen: »Es spricht der Herr, der dich geschaffen hat, Israel: Fürchte dich nicht! Ich habe dich erlöst ... Wenn du durch Wasser gehst, will ich bei dir sein, daß dich die Ströme nicht ertränken. Wenn du ins Feuer gehst, sollst du nicht verbrennen; die Flamme soll dich nicht versengen« (Jesaja 43.1–2). Das Neue Testament verfährt mit den Elementen wie das Alte. Es bleibt auch bei der Reihenfolge von der Erde bis zum Feuer, die es seit dem Paradiese gibt. Nur bei der Auferstehung Jesu schildert Lukas 24 dessen Begegnungen mit seinen Jüngern von der Wärme über die Sichtbarkeit und das Wort bis zum Brotbrechen und Essen, also von den feineren zu den festen Elementen hin. Dies ist die einzige biblische Stelle, an welcher die Reihenfolge der Elemente aus der ersten Schöpfungsgeschichte sich wiederholt. Sie beschreibt die Leibesbildung. Sonst bringt die Bibel die Elemente stets in der umgekehrten Reihe; diese beschreibt den Weg des Unterganges oder der Vergeistigung. – Unter dem Kapitel »Der Pazifik« (111), wo die schwierigeren Fragen zu den Elementen sich zu einem biblisch-platonischen Weltbild zusammenfinden, werden wir sie eingehend betrachten. Hier reicht ihre grobe Ordnung.

6. Alte Mysterien

Hoseas »sommersprossige Frau mit blondem Haar und einem gelben Kleid« – von ihr war oben die

Rede, sie setzte gerade einem »Mann im weinroten Wollhemd« zu (15) – bietet das Bild eines Mythos dar, der im griechischen Eleusis herrschte. Die Mutter- und Ackergöttin Demeter galt als blond; sie trug auch ein Gewand dieser Farbe, in welchem sich das reife, goldgelbe Getreide spiegelte. Der Mann im roten Kleide war Bakchos, der Gott des Weines. In Ismaels Erzählung tritt er bei vorgerückter großer Fahrt als der Arzt eines begegnenden Schiffes mit Grog als einziger Medizin wieder auf; dort trägt er ein »verblichenes blaues Wollhemd« (100), und es zeigt sich wenig später, daß dieses »Blaßblau« den »Hügelhängen« des Jenseits zugehört (114).

Die alten Gottheiten von Brot und Wein standen vor Hoseas Gasthaus in Menschengestalt einander gegenüber. Dabei muß außerdem noch verstanden werden, daß MELVILLE genau wie die Mysten in Eleusis Bakchos und Pluton oder Hades als ein und denselben Gott ansah; so sagte HERAKLIT: »Hades und Dionysos sind einer« (Fragm. 15).

Der Acker bringt den Reichtum (plutos) hervor; darum heißt der Erdgott Pluton. Demeter sucht im regenlosen Sommer und Herbst, wenn sie verarmt ist, ihre Tochter Persephone, das »Mädchen« (Kore) oder das Leben. Persephone war von Pluton oder Hades in die Welt der Toten entführt worden. Demeter zog ihm nach und forderte das Mädchen zurück. So kam Persephone jedes Jahr wieder in das Licht der Sterne.

Demeter blieb im öffentlichen Mythos, wie der homerische Hymnus auf diese Göttin (~ 700 v. Chr.) es anzeigt, nach dem Raube ihrer Tochter von ihr getrennt und trauerte in ihrem Tempel zu Eleusis. Für die Mysten aber folgte sie Persephone in den Hades, um sie selbst zurückzuführen. Bei dieser Fahrt ist an die Auseinandersetzung mit Bakchos – hier zugleich dem Herrn der Tiefe – zu denken. Für die Höllenfahrt der Mutter zeugen mancherlei Anzeichen im eleusinischen Kult, denen KERÉNYI nachging, am deutlichsten aber ihre Darstellung im Hochrelief des Marmorsarkophages aus dem zweiten nachchristlichen Jahrhundert, welchen KARL DER GROSSE zu seiner Bestattung von Italien nach Aachen schaffen ließ. Heute steht er dort im Dom zur Seite, während der jüngere Sarg aus Gold den Gläubigen gezeigt wird. Auf dem Relief der einen Langseite folgt die Mutter der geraubten Tochter auf einem zweiten Wagen, der – wie auch der erste – von Schlangen gezogen wird; diese Zugtiere zeigen die Unterwelt als das Ziel der Reise an, die an der Spitze des Zuges durch den Kerberos angedeutet wird, welcher sie empfängt.

Von Persephone rief der Hierophant in der heiligsten Feier zu Eleusis unter dem Feuer: »Die Jungfrau hat einen Knaben geboren, die Starke den Starken.« (Der Kirchenvater HIPPOLYT hat diese Worte überliefert.) Sie hatte ihn in Hades' Reiche empfangen und nun im Feuer geboren; ihm huldigte man unter dem Namen Iakchos. Ähnlich lehrten die Ägypter, der tote Osiris habe mit seiner noch auf Erden lebenden Gattin den Knaben Horus gezeugt. In Eleusis wurde der Erdentiefe nicht nur leiblich-natürlich der Knabe Plutos oder der Reichtum der Felder, sondern auch geistig-mystisch wenigstens im Feuer der göttliche Knabe Iakchos als eine höchste Kraft abgerungen. Auf Vasen malte man die Knaben Iakchos und Plutos später golden. Zum irdischen Leben sollte ewiges Leben und ewiges, geistiges Bewußtsein treten. – MELVILLE spricht von dem Knaben der »mädchenhaften Frau« gegen Ende seines Werkes (132).

Der Wirt Hosea und seine blonde Frau stellen ein vom Dichter gestiftetes Bündnis zwischen dem Alten Testament und den griechischen Mysterien dar, soweit es in beiden um das Geheimnis eines überstandenen Todes geht. Die Frau aber war wie Demeter eine schöpferische Ernährungskünstlerin (15).

Wenn im übrigen Roman auch ein Weiser der Südseeinsel, wenn die griechischen Götter Pan und Prometheus, wenn öfters Perseus, der Held, und sogar der indische Gott Vishnu als Fisch und die indische Trimurti oder Dreigestalt Gottes des Höchsten vorkommen, so scheint der Dichter sich dennoch besonders den ägyptischen Mysterien nahe gefühlt zu haben.

Er nannte sich, wie wir oben sagten, im Brief an HAWTHORNE nicht nur ein im englischen Acker spät gekeimtes Korn aus der Hand eines seit dreitausend Jahren toten Pharaos in der Grabeskammer einer Pyramide, sondern er nannte auch in diesem Werk den Ersten Offizier, unter welchem Ismael diente, einen wiedererstandenen Ägypter (26). – Im Traume des Zweiten Maates läßt er den Kapitän sich in eine unumstößliche Pyramide verwandeln (31); er spricht von der »verschleierten Göttin (zu Sais)« (76); und Queequeg läßt er mit Horus' Haartracht, des Sohnes der Göttin Isis, auftreten und teilt ihm auch eine Stellung im Übergange zu, wie unter Ägyptens Göttern nur Horus sie innehatte, indem er sagt, Queequeg sei »weder Raupe noch Schmetterling« gewesen (4).

Als Queequeg sterben wollte, klagte der Kapitän, weil niemand auf dem Schiffe »die Hieroglyphen«

entziffern konnte, auch Queequeg selbst nicht, welche ein Seher der Südsee als eine Theorie des Himmels und der Erde auf dem lebendigen Pergament der Haut des Harpuniers eingeschrieben hatte, und weil dieses Wissen nun verlorengehen müßte: »O ihr Götter, diese teuflischen Höllenqualen« (110).

Die Inhalte der altägyptischen Mysterien müssen wir Heutigen mühsam zusammensuchen aus Inschriften in den jüngeren Pyramiden (~ 2100 v. Chr.), aus dem Totenbuche (~ 1600 v. Chr.) und aus noch späteren Quellen wie PLUTARCHS (45–125 n. Chr.) Schrift »Über Isis und Osiris«. Glücklicherweise besitzen wir für sie zwei zusammenfassende Sätze im Anhang des Romanes »Metamorphosen« von APULEIUS. Dieser war in die Mysterien der Isis und des Osiris und in manche griechische eingeweiht, welche er alle für einander nahe verwandt hielt. Er schrieb über die Weihen der Isis ausführlich im Anhang des Romanes etwa im Jahre 170 nach Christus, beinahe in der letzten Menschheitsstunde, bevor diese Mysterien starben. Die Sätze lauten: »Die Weiheerteilung begehe man unter dem Bilde eines freiwilligen Todes und einer Erlösung aus Gnade« (Metam. 11. 22. 7); und: »Höre also, aber glaube auch, was wahr ist: Ich bin zur Grenze des Todes vorgedrungen. Als ich die Schwelle der Persephone überschritten hatte, fuhr ich durch alle Elemente zurück. Um Mitternacht sah ich die Sonne leuchten im reinen Lichte. Den unteren und den oberen Göttern nahte ich mich ganz und betete sie in unmittelbarer Nähe an« (Metam. 11. 23. 6–7).

APULEIUS behauptete wie HERAKLIT die geheime Gleichheit der Götter des Todes und des Rausches. Er erzählte nicht nur am Ende seines Werkes vom kultischen Vollzug der Weihen, sondern gestaltete nach diesen auch den Aufbau des Romans.

Dessen Mitte und Zusammenfassung stellt das berühmte Märchen von Amor und Psyche dar; ein altes Weib erzählt es der geraubten Jungfrau Charikle zu deren Trost. Diese Charikle erlebte dann selbst eine »Todeshochzeit«: Der ihr eben angetraute Gatte wurde während einer Jagd ermordet. »Wie eine Bacchantin stürmt sie durch die Fluren« zu dem Toten. »Seine Bilder ließ sie nach Dionysos gestalten und erwies ihnen göttliche Ehren« und fand in seiner Grabkammer selbst ihren Tod unter den Worten: »Nun ist es Zeit, daß ich mit diesem Schwert den Weg hinab zu meinem Tlepolemos suche.« »Sie treibt das Eisen unter ihrer rechten Brust hindurch« (Metam. VIII. 6. 5; 11. 1; 14. 1).

Den Gang durch alle Elemente »rückwärts«, das heißt von der Erde bis zum Feuer, gab es nicht nur im alten Israel, sondern ebenso in den Mysterien der Ägypter und der Griechen. MELVILLE bringt die Elemente zweimal. Erstaunlich bei ihm ist die Reihenfolge während der ersten Fahrt vom Feuer zur Erde. Diese gibt es in der Weltschöpfung der Bibel. In allen ihren folgenden Teilen der Schrift außer dort, wo Lukas 24 die Erscheinung des Auferstandenen schildert, und in den Mysterien gilt meines Wissens immer nur der Gang von der Erde oder dem Wasser zum Feuer. MELVILLE folgt ihm während der großen zweiten Fahrt.

II. Die große Fahrt

1. »Das Schiff« (16)

Im Hafen von Nantucket lagen drei Walfangschiffe zum Auslaufen bereit, die »Teufelsdamm«, die »Lekkerbissen« und die »Pequod«. Letztere hieß, wie gesagt, so nach einem ausgestorbenen Indianerstamm. Sie war die kleinste und »ihrem wilden Gewerbe seit mehr als einem Jahrhundert nachgegangen«. »Verwittert in den Stürmen aller vier Weltmeere, glichen die Züge ihres alten Rumpfes denen eines französischen Grenadiers, der in Ägypten und in Sibirien gefochten hat. Ihre Masten, irgendwo an der japanischen Küste gefällt, wo die ursprünglichen in einem Sturm über Bord gegangen waren, standen steif aufrecht wie die Heiligen Drei Könige in Köln« (16).
Queequeg, anstatt die Schiffe anderen Morgens mit Kennerblick zu mustern, versank im »Trantopf« auf seinem Zimmer in eine Trance und war nicht aufzuwecken. Trotz der Kälte saß er vierundzwanzig Stunden steif senkrecht in der Mitte des Zimmers auf dem Boden und hielt dabei den kleinen schwarzen Götzen Jodscho auf seinem Schädel fest (17). »Jodscho hatte ihm dringend ans Herz gelegt, die Auswahl des Schiffes müsse mir (Ismael) überlassen bleiben; er (Jodscho) habe bereits ein Schiff ausersehen, auf das ich, Ismael, unfehlbar verfallen werde« (16).
Ismael mußte darum die drei Segler allein in Augenschein nehmen – ähnlich wie vorher in New Bedford

die drei Gasthäuser – und heuerte auf der »Pequod« an. Für seinen Freund verabredete er dort dasselbe (16).

Der Kapitän der »Pequod« hieß Ahab. Er war beim Anheuern nicht zugegen, wie die Matrosen es eigentlich erwarten durften. Statt seiner handelten die ehemaligen Kapitäne Peleg und Bildad als die Haupteigner des Schiffes. – Die Namen sind bedeutungsvoll.
»Ismael«, der unserem Matrosen aus New York seinen Namen lieh, war Abrahams verstoßener Sohn (Genesis 21. 14). Wir nannten ihn schon in der Einleitung.
»Peleg« nennt die Heilige Schrift den Ahnherrn Abrahams zur Zeit der Sprachverwirrung und der Völkerzerstreuung beim Bau des babylonischen Turmes (Genesis 10. 25).
»Bildad« war einer der vier Freunde Hiobs, des großen Dulders, welcher während der Geschichte des Volkes Israel mit Gott um seines schweren und ungerechten Unglücks willen haderte. Bildad ermahnte Hiob: »Frage doch die vorigen Geschlechter und merke auf das, was die Väter erforschten; denn wir sind nur von gestern und wissen nichts; unser Leben ist wie ein Schatten auf Erden. Sie werden dich lehren: Kann ein Rohr wachsen, wo kein Wasser ist? Es verdorrt vor allen anderen Gräsern! So geht es allen, die Gott vergessen haben« (Hiob 8. 8–13).
Der zweite Bildad »weigerte sich zwar auf Grund von Gewissensskrupeln, gegen Angreifer zu Lande Waffen zu tragen; aber im Atlantik und im Pazifik hatte er uneingeschränkt Krieg geführt und in seinem schlichten (Quäker-)Rock das Blut Leviathans (des Wales) tonnenweise vergossen«. Er hatte, wie man

berichtete, dabei »niemals über seine Leute geflucht, aber irgendwo ein ungewöhnliches Maß grausam übertrieben schwerer Arbeit aus ihnen herausgeholt«. Alle seine freien Stunden, ja Minuten seit dreißig Jahren verwendete er auf das Studium der Heiligen Schrift (16).

Kapitän Peleg war wie jener von Geburt oder Taufe her ein Quäker, inzwischen aber von einer durch besondere Umstände andersgearteten Form. Seine »angestammte Eigenart fand sich mit einer seltsamen Mischung von tausend kühnen Charakterzügen, die eines Wikinger-Seekönigs oder eines sagenhaften heidnischen Römers würdig wäre« (16). Und »für all das, was man höhere Dinge nennt, hatte er nichts übrig; er hielt sie für den ärgsten Narrenkram« (16).

Den abwesenden Kapitän des Schiffes bezeichnete Peleg auf Ismaels Fragen hin als »einen Sonderling, aber guten Mann«. Ahab »wird dir schon gefallen«, fuhr er fort, »keine Angst, keine Angst! Ein großartiger, ruchloser, göttergleicher Mann. Er war auf der Universität und bei den Menschenfressern, ist an Wunder gewöhnt, die tiefer sind als die Meereswogen, und hat seine Lanze auf mächtigere, seltenere Feinde verschleudert, als es Wale sind. Seine Lanze! – Ahab, das weißt du doch, war in alten Zeiten ein gekrönter König!«

»Und zwar ein ganz niederträchtiger«, meinte Ismael, nicht weniger bibelfest als jener.

Da erwiderte der Kapitän »mit einem Blick, der fast in die Glieder fuhr: Komm her zu mir, hierher! Sieh dich vor, mein Junge! Sag so was niemals an Bord der ›Pequod‹, sag es überhaupt nicht. Ahab hat sich seinen Namen nicht selbst gegeben, und doch hat die alte

Squaw Tistig zu Gay Head einmal gesagt, der Name werde irgendwie eine Vorbedeutung haben ... Seit er auf der letzten Reise durch diesen verfluchten Wal sein Bein verloren hat, wurde er schwermütig, verzweifelt schwermütig und bisweilen wild. Aber das vergeht wieder. – Im übrigen, mein Junge, hat er eine Frau – die Hochzeit ist noch keine drei Reisen her –, ein liebes, gottergebenes Mädel. Denk dran, daß der alte Mann von diesem lieben Mädel ein Kind hat; überleg dir, ob da eine wirklich hoffnungslose Schlechtigkeit in dem Manne sein kann. Nein, Ahab ist kein Unmensch!«

Was Ismael so über seinen Kapitän erfuhr, erfüllte ihn mit »einem Gefühl wilden Wehs«. Er empfand »gleichzeitig Mitgefühl und Sorge« um ihn (16).

Zu Ahabs später Heirat mit dem »lieben, gottergebenen Mädel« (16, 132) findet sich im Roman ein natürliches Abbild von mythischer Eindrücklichkeit.

Zuerst blicken wir auf eine Einzelheit in jenem Bilde, durch welches dieses Thema wiederkehrt: Als Ahab in seinen letzten Tagen in seltenem Vertrauen mit seinem Ersten Maat von »der jungen, mädchenhaften Frau«, seinem Weibe, und von seinem kleinen Knaben sprach, bat er, ihm das graue Haar aus der Stirn zu streichen. »Es blendet mich«, sagte er, »als ob ich weinte. So graue Locken können nur aus Asche wachsen« (132).

Dazu hatte der Dichter vorher schon ein Gegenbild nach der Natur gezeichnet: Auf Tranque, einer Insel im Arsakiden-Archipel, liegt im heiligen Bezirke eines Tempels das Skelett eines riesigen Pottwals. Es liegt dort wie ein Schläfer und ist von Weinreben und Blumen übersponnen. Sie breiten über ihn einen grünen Teppich mit bunten Blumenmustern, und die Sonne scheint mit ihren Strahlen das Weberschiffchen zu stellen. – Wer aber ist die unsichtbare Weberin? Es »scheint der riesige Schläfer selbst der Weber zu sein, selbst übersponnen von den Reben, jeden Monat von neuem, frischem Grün überwuchert, aber selbst nur ein Skelett. Leben umhüllt den Tod. Der Tod umgittert das Leben. Der grimme Gott vermählt sich jungem Leben und zeugt lockenköpfige Pracht« (102).

Die Griechen nannten diesen Gott Hades. Der Teppich aus Reben und Blumen aber gehörte Dionysos, dem Gott des Weines und der Zeugung; diese wurde unter Dionysos' Bilde aber in einer Vergeistigung gesehen – man sollte zunächst meinen –, wie GOETHE sie im Gedicht »Stille Sehnsucht« andeutet:

2. »In der Liebesnächte Kühlung,
Die dich zeugte, da du zeugtest,
Überfällt dich fremde Fühlung,
Wenn die stille Kerze leuchtet.
3. Nicht mehr bleibest du umfangen
Von der Finsternis Beschattung . . .«

Von diesen Göttern sagt HERAKLIT: »Derselbe sind Hades und Dionysos, für den sie (wie trunken) rasen und die Lenaien feiern« (Fragm. 15). Die Ägypter sahen beide Seiten in dem einen Gott Osiris. – Die leibliche Zeugung aber lenkte bei den Griechen Pan oder Priapos als Begleiter des Dionysos und bei den Ägyptern Min. – Pan nennt Ismael in dem Kapitel »Der Pazifik« (111) im genauen Sinne des Mythos.

Zu Dionysos gehören die tragischen Empfindungen, die Ismael bei Pelegs Worten über den Kapitän fühlte.

Ismaels Mitleid, Sorge und wildes Weh um Ahab erinnern an ARISTOTELES' berühmte Umreißung der Tragödie (1449 b 24): »Die Tragödie ist die Nachahmung einer ernsten und geschlossenen Handlung, die Größe in sich hat ... Sie bewirkt durch Mitleid und Furcht die Reinigung solcher schmerzlichen Regungen (der Seele).« Die Übertragung der griechischen Wörter phóbos und éleos mit Furcht und Mitleid gibt diese, wie SCHADEWALDT zeigte, in der unangemessenen Auffassung der französischen Aufklärung und LESSINGS wieder. »Entsetzen« und »auswegloser Jammer« treffen ihren Sinn besser. MELVILLE hielt sich aber an LESSING oder die Franzosen.
Ismaels Empfindungen für Ahab, seine oft genannte Schwermut, sein »wildes Weh« und seine »edle Trauer« deuten des weiteren auf dasselbe hin, und alle Teile des Romanes bekräftigen es, was ARISTOTELES über die Mysterien sagte: »Wer die Weihen empfängt, soll nichts mit dem Verstand begreifen (lernen: matheîn), sondern soll etwas schmerzlich erleben (patheîn) und so in einen (besonderen) inneren Zustand versetzt werden, sofern er dieses Zustandes fähig ist« (Fragm. 15 bei Ross). – Weiteres hierzu findet sich gegen Ende dieses Büchleins als »Die Erziehung des Fühlens oder Die Stimmungen«.

2. Grausamkeiten, die begangen wurden

Grausamkeiten gegen Wale, die doch die herrlichsten und klügsten Geschöpfe des Meeres sind, und Grausamkeiten gegen Menschen durch rücksichtslosen Einsatz in den Booten bei der Jagd und durch ein Übermaß der Arbeit an Bord der Schiffe wurden zum schreckhaften Erstaunen eines jeden Menschen in Nantucket ausgerechnet von Quäkern begangen. Ismael bekräftigt das: *»Einige dieser Quäker sind die blutdürstigsten unter allen Seeleuten und Walfängern. Es sind streitbare Quäker; Quäker, daß es eine Art hat« (16).*

Ismael vergleicht sein frei gesuchtes Schicksal zur See einer Tragödie (1). In Tragödien werden Grausamkeiten dargestellt; sie schaden den Menschen, die sie sehen, aber nicht etwa durch Verrohung ihrer Seelen. Moderne Kriminalgeschichten haben leider oft diese schlimme Wirkung, nicht aber Märchen, in denen Schrecklichkeiten als Bilder seelischer Entwicklungen erzählt werden, nicht Tragödien und nicht die Weihen. Hier führen bestimmte Bilder grausamer Taten in den Seelen ihrer Hörer und Adepten vielmehr zu Starkmut an der Stelle von Furcht, Sentimentalität und Härte des Herzens. Über alle Strecken der großen Reise hin bekämpft in seinen Leuten der Kapitän der »Pequod« diese drei Schwächen. Noch vor dem Ende ruft er: »Männer, seid ihr furchtlos?« Sein Zweiter Maat schrie: »Furchtlos wie Feuer!« – »Und ebenso gefühllos!« murmelte Ahab, und er bedauerte diesen Zustand ihrer Seelen (134).

Die Grausamkeiten der Walfänger aus Nantucket sind Spiegelbilder jenes harten Ringens, welches jede Seele, die von ihrer Enge befreit und mit der Wahrheit der Welt tiefer verbunden werden möchte, zu bestehen hat.

Es handelt sich um Spiegelbilder der Weihen. Hier

gab es allerdings keine Kinderspiele. Schon HERAKLIT (~ 500 v. Chr.) sagte: »Mit der Seele (thymós) zu kämpfen ist mühsam; denn für ihre Ziele gibt sie das Leben (psyché) hin« (Fragm. 85); der Seelenkampf kostet Blut.

3. »Seine Unterschrift« (18)

Als Peleg am nächsten Morgen den Harpunier Queequeg sah, äußerte er schwere Bedenken gegen ihn, da jener offensichtlich ein Kannibale sei. Bildad drückte sich genauer aus: »Er muß nachweisen, daß er bekehrt ist.« Da legte Ismael Zeugnis für ihn ab, indem er sagte, sein Freund gehöre zu der Ersten Kongregation. Bildad verstand darunter eine Sekte in Nantucket und wandte ein, er habe diesen Wilden noch nie zu Dechant Deuteronomy Colemans Gemeindehaus gehen sehen. Ismael gab nun zur Antwort: »Queequeg gehört seit seiner Geburt der Ersten Kongregation an. Er ist selbst Dechant. Ich meine dieselbe uralte allgemeine Kirche, der Ihr und ich und Queequeg und jeder Mutter Sohn angehört, die große, immerwährende Erste Kongregation dieser ganzen Erde.«
Jetzt trat Peleg näher und sagte: »Junger Mann, du solltest dich besser von einem Missionar anheuern lassen als vor dem Mast. Noch nie habe ich eine bessere Predigt gehört! Komm an Bord, laß die Papiere; und los, ruf den Quohog her, oder wie du ihn nennst« (18). – In der Kabine unterzeichnete Queequeg dann im Schiffsbuch an der richtigen Stelle mit der »ge-

nauen Nachbildung einer seltsamen auf seinen Arm tätowierten Figur (18); sie glich einem verzeichneten Pentagramm.

4. »Es geht an Bord« (21) oder Die Lotsen

Peleg war der Lotse der »Pequod«; er bestimmte ihren ersten Kurs. Wir erinnern, daß sein biblischer Pate der letzte Patriarch vor der Zerstörung der Einheit der Völker war (Genesis 10. 25). Von diesem Standpunkt her muß schon Abraham mit seinem Samen nur als ein Sonderzweig der Menschheit gelten und das von jenem herkommende Christentum als der Zweig eines Zweiges. Sie können also beide nicht ernstlich glauben, die wahre Religion der Menschheit für sich allein zu haben. Der Ersten Kongregation gehören nicht weniger »die Kannibalen der Südsee«, die ältesten Ägypter und die Mysten in Hellas an.
Bildad führte die Mannschaft der »Pequod« während der Ausfahrt nur im zweiten Range. Dechant Deuteronomy wäre für die Mannschaft ein Pfarrer nach seinem Herzen gewesen. Der hatte seinen Namen von dem fünften Buche Mosis, das man Deuterononium oder das Zweite Gesetz nennt. Bildad studierte die Bibel seit dreißig Jahren; Hiobs Freund war sein Pate. – Alttestamentlicher und mosaischer als er konnte kein Mann gesonnen sein.
Bildads Schwester, Tante Caritas, war groß im Wohltun und steuerte zur Fahrt der »Pequod« das Ihre in vielen kleinen Gaben bei. Im letzten Augenblick vor

der Abfahrt brachte sie noch eine Ersatzbibel für den Steward und eine Nachtmütze für ihren Schwager Stubb, den Zweiten Maat.
Kein Zweifel, sie vertrat neben ihrem Bruder von dem Alten Bunde den Neuen Bund oder das Christentum (20; 22). – Eine ihrer Gaben geriet auf hoher See unter die schrecklichste Verachtung oder gar Verhöhnung. Das geschah so: Queequeg hatte außerbords auf einem toten Wale mit den Füßen im Wasser stehend stundenlang die schwere und gefahrvolle Arbeit des Abspeckens getan. Endlich wieder an Bord, stand ihm ein Grog zu. Der Koch aber brachte ihm ein Glas Limonade. Stubb, der Zweite Maat, schalt ihn deswegen: »Dir will ich beibringen, einen Harpunier mit Kräutertee zu traktieren!« Der Koch verteidigte sich: »Tante Caritas war's, die den Ingwer an Bord gebracht und mir aufgetragen hat, den Harpunieren niemals Alkohol zu geben, sondern Ingwersaft; so hat sie gesagt. – Tante Caritas' Geschenk wurde darauf großmütig den Wellen übergeben« (72).
Unter allen seinen Geschöpfen liebt der Dichter diese Dame offensichtlich wenig; und den Bund, den sie vertritt, liebt er kaum mehr. So vergleicht er einmal die Lehren der calvinistischen Orthodoxie mit einem Walkadaver, der unkundigen Seefahrern eine Sandbank oder eine Klippe vortäuscht und so von ihnen auch im Logbuch aufgezeichnet wird. Dann meiden spätere Segler diese Stelle so, »wie Schafe über ein Nichts springen, weil der Leithammel dort einen Sprung machte, als man ihm einen Stock in den Weg hielt« (69).
Was aber ein nüchterner und vernünftiger neuenglischer Christ und Quäker zu den Ereignissen der gro-

ßen Fahrt zu sagen hatte, erfahren wir jeweils aus dem Munde des Ersten Maates Starbuck.

Zwei Männer auf der »Pequod« folgten außerdem privaten Lotsen, die zugleich die Führer ihrer Fangboote waren. Ismael hatte sich Queequeg anvertraut; und Ahab hatte einen persönlichen Führer und Propheten heimlich an Bord genommen und hielt ihn im hinteren Laderaum vorerst verborgen.

König Ahab von Israel im neunten Jahrhundert vor Christus hatte den gottgesandten Propheten Elia zur Hand; aber statt auf ihn zu hören, liebäugelte er mit den Priestern Baals, des Abgottes von Tyros (1. Könige 17 bis 2. Könige 2).

Auch der Kapitän Ahab hätte sich an einen Elia halten können, an einen besseren Propheten, als der verborgene Mann es war. Ein bißchen verrückt schien Elia in Nantucket freilich zu sein. Aber »irgendwie haben wir alle einen furchtbaren Knacks weg und müßten mächtig zurechtgerückt werden« (17).

Elia wußte seinen Old Donner, wie er Ahab nannte, wohl zu schätzen. Ihm ging es bei allen Menschen um die Seele, und von Ahab bezeugte er nachdrücklich: »Er hat allerdings genug davon, um diesen Mangel bei anderen Burschen wettzumachen« (19).

Für die bevorstehende Reise der »Pequod« hatte Elia »sich entschlossen, nicht mitzumachen« (19); warum, sagte er nicht. Scheinbar aus demselben Grunde aber fragte er Ismael und Queequeg auf ihrem Wege an Bord, ob sie im Frühnebel »etwas nach dem Schiff hingehen sahen, das wie Menschen aussah«. – Sie hatten wirklich fünf Gestalten huschen sehen, die nun verschwunden waren. – Elia rief Ismael noch nach: »Sieh zu, daß du sie findest! Ich wollte nur noch mal warnen . . . Lebt wohl, ihr beiden, werd euch so schnell nicht wiedersehen, wenn nicht beim Jüngsten Gericht« (21).

»Old Donner« nennt der Kapitän sich später im schweren Seegewitter (119) selbst.

Etwas anderes Bemerkenswertes passiert mit Elia vorher. Er schien den Freunden »ein bißchen unverschämt« zu sein. Darum versuchte Ismael ihn mit den Worten abzuschütteln: »Elia, mein Freund und ich, wir . . . sind auf dem Wege zum Pazifik und zum Indischen Ozean und möchten lieber nicht aufgehalten werden« (21). War Ismael in Gegenwart Elias prophetischen Geistes geworden, daß er vom Indischen Ozean sprach? Denn vorher und nachher bis südlich von St. Helena (51) war nur von Kap Hoorn und dem Pazifik die Rede. Anderen Falles läge ein Strukturfehler vor. Unwahrscheinlich, aber eine ähnliche Frage gibt es in der »Town-Ho-Geschichte« (54).

5. »Fröhliche Weihnacht« (22) oder Die Möwe

Peleg und Bildad führten auch noch nach der Ausfahrt der »Pequod« das Kommando. Peleg war der Lotse, und Bildad befahl auf dem Vorderschiff. Es war ein kurzer, kalter Weihnachtstag. Der Abschied von der »Pequod« weit auf offener See fiel den beiden Alten schwer; aber schließlich rief Peleg, nun schon vom Boot aus, den Offizieren des Schiffes zu: »Heute in drei Jahren halte ich ein dampfend heißes Abend-

brot in Nantucket für euch bereit. Hurra und los!« (22).

Kapitän Ahab war immer noch nicht zu sehen. »Kreischend flog über uns eine Möwe«, erzählt Ismael; so »fuhren wir hinaus in unser Schicksal« (22).

Der Schrei der Möwe wiederholte sich am Ende der großen Reise, als die »Pequod« unterging. An einem Herbstabend auf dem Stillen Ozean »folgte eine Möwe aus ihrer sternenhohen Welt dem Flaggenknopf abwärts«. Dabei geriet sie »mit ihrer breit flatternden Schwinge zwischen Hammer und Holz«. Den Hammer hatte Taschtego geschwungen, um einen neuen Wimpel an den Mast der »Pequod« zu schlagen; nun aber hielt er ihn »mit letzter Kraft fest angepreßt. So sank der Himmelsvogel mit erzengelgleichen Schreien, den königlichen Schnabel aufwärtsgereckt, den Leib in Ahabs Flagge eingehüllt« (135).

Auch in APULEIUS' Märchen zeigte eine »schneeweiße Möwe« der Göttin Venus die Verletzung ihres Sohnes Amor durch das heiße Öl aus Psyches Lampe an und brachte die Göttin dazu, dem Mädchen in langer Wanderung schwere Prüfungen aufzuerlegen (Metam. V. 28. 2). – Die Möwe ist hier wie dort der Schicksalsvogel.

6. »Ritter und Knappen« (26-27)

Dreißig Männer trug die »Pequod«, und dreißig Männer jagten Moby Dick: der Kapitän, drei Maate und drei Harpuniere, der Mann an der Steuerpinne, zwölf rudernde Matrosen, der Tischler, der Schmied, der Koch, der Junge Pip und dazu unheimliche, nur selten wahrgenommene Stimmen im hinteren Laderaum, wohin niemand gehen durfte. Fast alle, die im Schiffsbuch standen, waren Isolatos, Insulaner; und eines jeden Seele lebte »auf einem eigenen Kontinent« (27).

In den Tagen der letzten Jagd auf Moby Dick aber waren sie alle, von Ahabs großer Seele überwältigt, »nur noch ein Mann und keine dreißig mehr . . . Die einzelnen Eigenschaften der Besatzung, dieses Mannes Tüchtigkeit und jenes Mannes Furcht, des einen Sünde und des anderen Schuld, zu einer Einheit verschweißt«. Am vorletzten Morgen »hing die ganze Takelung voller Menschen, reif für ihr Schicksal und bereit zu erfüllen, was vielleicht ihr Verderben war« (134).

»Bessere Seeoffiziere und, jeder auf seine Art, angenehmere Männer waren nicht leicht zu finden« (28). Und doch ist der Mann am Steuer, Bulkington, der nicht zu ihnen gehörte, es wert, voraus genannt zu werden. »Mitten im Winter von einer vier Jahre langen, gefahrvollen Reise heimgekehrt«, machte er sich schon nach einer Woche wieder mit der »Pequod« »für eine neue sturmbewegte Zeit auf«. Vor dem Sturm seiner Seele »sich zu retten, stürzte er sich wieder in die Gefahr«. Er ahnte, »daß alles tiefe ernsthafte Denken nichts ist als das unerschrockene Streben der Seele, die offene Unabhängigkeit des Meeres zu gewinnen«. – »Bewahre«, ruft ihm Ismael in der Erinnerung zu, »bewahre dir deinen Trotz, du Halbgott!« (23).

Danach hören wir von Bulkington nicht wieder, außer

vielleicht einmal unter der unauffälligen Bezeichnung »Rudersmann (steersman)« im 124. Kapitel. In New Bedford war er Ismael zuerst begegnet (3). Einmal werden wir Ismael auf seinem Platze an der Ruderpinne stehen sehen, in der Stunde, die ihm deutlich macht, daß dieses »Schiff keinen Hafen als Ziel vor sich habe« (96). Ismael war nun zu dem Manne geworden, der auch vor dem Nichts noch dachte, der metaphysisch denken konnte, der »jenen Adler in mancher Seele« wußte, »der in die finstersten Schluchten hinabstößt und sich wieder emporschwingt, um unsichtbar zu werden in sonnigen Höhen« (96).

Bulkingtons beinahe vollständiges Verschwinden schon an dieser frühen Stelle des Romans (23) zeigt keine künstlerische Schwäche in dessen Aufbau an, wie manche Kritiker meinen, sondern offenbart das Ziel des Werkes, indem Ismael lernt, was vor ihm nur Bulkington zu tun vermochte.

Flask war Dritter Maat der »Pequod«; um seiner Ungeduld willen nannten die Matrosen den festen, kleinen Mann den Stampfsteven. »Der riesenhafte, wilde Neger Daggu mit löwengleichem Schritt, ein Ahasver an Gestalt«, ein Aschanti aus Schwarzafrika, diente ihm als Harpunier.

Wenn er seinen Meister im Boot um des Ausblickes nach dem Wal willen wie ein Elefant den Reiter auf seinen turmgleichen Schultern trug, bot Flask ein Bild dar, von dem Ismael meinte: »So habe ich Leidenschaft und Eitelkeit über die lebende, großmütige Erde stampfen sehen, ohne daß diese ihre Gezeiten und Jahreswechsel änderte« (48).

Als Walfänger ging Flask »so restlos jeder Sinn ab für Ehrfurcht gegenüber dem vielfältigen Wunder seiner (des Wales) majestätischen Größe und seines rätselhaften Treibens ..., daß der Wal nach seiner bescheidenen Anschauung nichts anderes war als eine ins Riesenhafte vergrößerte Maus oder wenigstens eine Wasserratte, die zu erlegen und zu kochen nur einige Überlistung erforderte. Diese seine Ahnungslosigkeit und unbewußte Furchtlosigkeit machten ihn, was die Wale betrifft, mutwillig« (27).

Flask hielt die Abwehr des leidigen Lebensstandes ohne Geld für den Sinn all seines Tuns und Trachtens. In den letzten Augenblicken seines kurzen Lebens erkannte er den Untergang des Schiffes mit ihrer aller Tod und konnte doch nur den einen Gedanken fassen: »Hoffentlich hat meine Mutter die fällige Heuer schon abgehoben, sonst wird sie wenig davon kriegen; denn die Reise ist zu Ende« (135).

Wohl ist zu bedenken, daß alle Walfänger ausfahren, um Wale zu fangen und deren Tran hernach teuer zu verkaufen. Auch Ismael bedrückte in New York ein Leben ohne Geld. Aber die Heuer war für ihn nur ein Nebengrund, auf See zu gehen. »An erster Stelle unter diesen Beweggründen«, sagt er, »stand der überwältigende Gedanke an den großen Wal selbst« (1), und überhaupt »gärten in mir die Rätsel des Universums« (35).

»Der Zweite Maat war Stubb. Leichtherzig, weder feige noch tollkühn, nahm er die Gefahren gleichmütig hin, wie sie kamen ... Guter Laune, lässig und sorglos führte er sein Fangboot, als wäre das tödlichste Treffen nur ein Festmahl und seine Mannschaft die geladenen Gäste ... Er betrachtete den Tod ohne Zweifel wie ein guter Seemann als eine Art Kommando: Wache, entert auf!, um sich dort oben zu be-

tätigen; womit, das würde er dann schon frühzeitig genug sehen, wenn er den Befehl ausgeführt hätte« (27).

»Was neben anderen Dingen Stubb vielleicht zu einem so unbeschwerten, furchtlosen Menschen machte ..., das muß seine Pfeife gewesen sein. Denn diese seine kurze schwarze Pfeife gehörte wie die Nase in sein Gesicht ... Jedermann weiß, daß diese irdische Luft zu Lande wie zu Wasser schauderhaft verdorben ist durch das namenlose Elend der zahllosen Sterbenden, das sie mit ihren letzten Atemzügen ausgehaucht haben ... So wird sich Stubbs Tabaksrauch als Entkeimungsfilter gegen alle irdische Trübsal ausgewirkt haben« (27).

Um einen Augenblick bei der Pfeife und ihrer Geltung auf der »Pequod« zu verweilen: Ahab meinte nach einem unerfreulichen Wortwechsel mit Stubb, in dem der Kapitän die eigene Pfeife »gegen den Wind mit so heftigen Zügen rauchte, als wäre wie beim sterbenden Wal das letzte Blasen das stärkste und mühsamste: Was geht mich diese Pfeife an? Das ist etwas für heitere Gemüter, milde weiße Wolken um mildes weißes Haar zu kräuseln und nicht um eine eisgrau zerzauste Mähne wie die meinige. Ich gebe das Rauchen auf!« Und damit »schleuderte er die noch brennende Pfeife ins Meer« (30). – Die milden weißen Wölkchen waren für ihn das illusionäre Gegenbild zu den wilden weißen Böen, mit welchen er allzuoft zu kämpfen hatte.

Von Queequegs Tomahawk und seinem mächtigen Rauchen hören wir zum letzten Male, als er in Nantucket eben die »Pequod« bestiegen hatte (21), dann nicht mehr. Nur Stubb gab diese Kunst, welche die

Menschheit von den Rothäuten Amerikas als ein Hilfsmittel des Gemütes lernte, niemals auf.

Stubbs Knappe war Taschtego, ein waschechter Indianer. »Die nie fehlende Harpune war an die Stelle des sicheren Pfeils seiner Vorfahren getreten. Beim Anblick seiner lohfarbenen, braunen, geschmeidigen Glieder hätte man diesen Indianer für einen Sohn des Fürsten der Luftgeister halten mögen« (27).

Am letzten Tag der »Pequod« riß ein Vogel Ahabs rote Windfahne vom Großtopp. Taschtego nagelte eine neue fest. Das letzte, was man von der »Pequod« hörte, waren seine Hammerschläge, und das letzte, was man sah, war seine Hand, die eine Möwe im roten Tuch der neuen Fahne gefangenhielt, welche sie schon wieder hatte greifen wollen. »So sank der Himmelsvogel ... mit dem Schiff in die Tiefe, das wie Satan nicht zur Hölle fahren wollte, ohne ein Stück Leben vom Himmel mit sich zu nehmen und sich damit zu krönen« (135).

Der Erste Maat hieß Starbuck. Er war ein Quäker aus Nantucket. Alles Überflüssige an Leib und Seele fehlte. Er stand in den dreißiger Jahren. Vater und Bruder hatte er bei der Waljagd auf dem Meer verloren. Von sich pflegte er zu sagen: »Ich bin hier auf diesem unsicheren Ozean, um Wale zu meinem Lebensunterhalt zu erlegen, nicht um von ihnen umgebracht zu werden« (26). Er paarte in seinem gefährlichen Handwerk Mut mit Vorsicht und drückte dies so aus: »In meinem Boot will ich niemanden haben, der den Wal nicht fürchtet« (26).

Klarblickend und wohlwollend, war er der Anwalt des Schiffes und der Mannschaft. Aus seinem Munde kam zu jedem Ereignis das, was ein kluger Christ nach Calvins Herzen zu sagen hat. Angesichts seines Kapitäns ist diese Schilderung aber dahin einzuschränken, daß er bei aller besonnenen »Tapferkeit beim Zusammenstoß mit den Walen den weit furchtbareren, weil mehr geistigen Gefahren, die von der gefurchten Stirn eines in Wut geratenen mächtigen Mannes drohen, nicht zu widerstehen« vermochte (26).

Queequeg war Starbucks Harpunier und Ismael einer der vier Ruderer in seinem Boot. Queequegs nachtwandlerische Sicherheit war für den nüchternen Maat von hohem Wert; sonst trennte die metaphysische Natur des Südseeinsulaners die beiden.
Ismael teilte mit seinem Maat das nüchtern-praktische und aufgeklärte Wesen aus Neuengland (17); er war ihm niemals fremd. Wichtig für Ismael aber wurde – neben dem ständigen Hinblick auf seinen Kapitän – nur Queequegs Freundschaft; sie trug ihm reiche Frucht, wie er es schon in New Bedford ahnte: »Ich fühlte etwas in meinem Innern auftauen. Nicht länger wehrten sich mein geplagtes Herz und meine irre Hand gegen diese wölfische Welt. Dieser schweigsame Wilde hatte mich erlöst« (10).
Zu den drei Rittern und drei Knappen dürfen wir zusammenfassend sagen, daß jedes Paar mit einem Elemente besonders tief verbunden war.
Flask und Daggu gaben sich ganz der Erde hin, ihrer Kraft und ihren Stoffes- und Geldeswerten. Ismael nannte Daggu mit zweitem Namen Ahasver. Nicht der Perserkönig Xerxes, den die Bibel so nennt, war sein Pate, sondern jener unglückliche Schuster, der, wie die Sage weiß, unserem Herrn auf dem schweren Gang nach Golgatha vor seinem Hause die Rast ver-

wehrte. Seitdem muß er unentwegt über die Erde wandern, und der Tod meidet ihn. Seine Seele kann sich nicht mehr von der Erde lösen. – Daggu fuhr, nachdem er vor langen Jahren seine Heimat verlassen hatte, pausenlos zur See (26). – Als MELVILLE von Daggu schrieb, in der ersten Hälfte des neunzehnten Jahrhunderts, hatte der Ewige Jude gerade wieder in vielen Dichterherzen, auch in dem GOETHES, seine Spur hinterlassen.

Starbuck und Queequeg waren mehr als alle anderen die geborenen Herren des Meeres. Der Harpunier, ein Prinz vom Stillen Ozean (12), tauchte auch als einziger zweimal, um eines anderen Mannes Leben zu retten (13, 78).

Stubb und Taschtego, den man »für einen Sohn des Fürsten der Luftgeister hätte halten mögen« (27), waren mit Rauch, Mast und Winden vertraut wie niemand anders. Taschtegos »roter Arm und ein Hammer in der Luft, um die Flagge fester an die sinkende Stenge« des Großmastes anzunageln, waren das letzte, was man von der »Pequod« sah (135).

Ahab und sein noch unbekannter Lotse und vierter Harpunier, ein Feueranbeter, dienten dem vierten Elemente, wie sich in vielen Gegebenheiten zeigen sollte.

*

Die weitaus wichtigsten Akteure auf der »Pequod« waren Ahab, sein Lotse, Starbuck und Queequeg. Das Drama ließe sich um Stubb, Flask, Daggu und Taschtego kürzen, ohne seine Kraft und Mitte zu verlieren. Das ist im Hinblick auf die Elemente, denen die einzelnen verbunden waren, ein Zeugnis für die innere

Echtheit dieses Werkes; denn auch der babylonische Jesaja-Schüler in seinem Gottesspruch (Jesaja 43. 1–2), auch griechische Autoren wie HELIODOR in seinen »Aithiopika« (3. Jahrh. n. Chr.) und SCHIKANEDER für MOZARTS Zauberflöte kürzten den Gang durch die Elemente auf die Wasser- und die Feuerprobe.
Betrachtet man die Männer der »Pequod« aber nur nach dem Maße eines großen, außerordentlichen Charakters, dann scheidet Starbuck um seines prächtigen, aber doch beinahe konstruierbaren, generellen Neuengländertums willen aus; und der allzu unbewußte Queequeg kann ebensowenig wie der zwar bewußte, aber allzu kurz geschilderte Steuermann Bulkington bestehen. Sieger bleibt Ahab allein, auf den Ismael unaufhörlich schaute. Wir werden aber sehen, daß neben dem Kapitän, dem Ersten Maat, neben Queequeg und Bulkington auch Elia in Nantucket für Ismael mehr bedeutete, als man den kurzen Begegnungen zunächst entnehmen möchte.

7. »Ahab« (28)

Ismael erzählt: »Mehrere Tage, nachdem wir Nantucket verlassen hatten, war auf Deck von Kapitän Ahab nichts zu sehen. – Es war ein trüber Morgen der Übergangszeit, als ich mit der Vormittagswache an Deck kam und sogleich von einem ahnungsvollen Schauer überrieselt wurde, da ich meinen Blick nach der Heckreling richtete. Die Wirklichkeit übertraf meine Ahnung: Kapitän Ahab stand auf seinem Achterdeck.«

»Er sah aus wie einer, der vom Scheiterhaufen heruntergeholt wurde, nachdem das Feuer alle Glieder ergriffen hatte ... Seine hohe breite Gestalt schien aus Bronze und wie Cellinis Perseus in eine unwandelbare Form gegossen zu sein. Aus seinem grauen Haar hervor über eine Seite seines braungebrannten Gesichtes und Halses zog sich gerade herunter, bis sie in seiner Kleidung verschwand, eine dünne gertengleiche Narbe von bläulich-weißer Färbung. Sie glich jener senkrechten Spur im Stamm eines Baumes, wenn der Blitz an ihm herunterfährt und den Baum so noch lebendgrün brandmarkt ... Ein greiser Indianer behauptete, Ahab sei so gebrandmarkt worden, als er noch nicht ganz vierzig Jahre alt war, und zwar im Kampf mit den Elementen auf See.« Der Alte von der Insel Man mit einer übernatürlichen Sehergabe (Ismaels Kamerad) meinte, es sei ein Muttermal und reiche vom Scheitel bis zur Sohle (28).

Ahab selbst spricht später vom »reinen Geist des reinen Feuers, den ich einst auf diesen Meeren anbetete, bis ich bei dieser heiligen Handlung so verbrannt wurde, daß ich bis zu dieser Stunde diese Narbe trage« (119). – Spricht der Kapitän von einer früheren Fahrt im Dienste des amerikanischen Walfangs oder von einem früheren Leben, in welchem er selbst ein Parse war? – Diese pythagoräische Lehre wird in »Verstauen und Aufklaren« (98) ausführlich vorgetragen. – Dann wäre der andere Parse auf der »Pequod«, von welchem wir noch zu sprechen haben, der Doppelgänger des Kapitäns gewesen. Die Frage wird uns unter der Überschrift »Schatten« weiter beschäftigen.

Sein äußeres Aussehen war wesentlich für Ahab. Er

hatte außerdem eine besondere Meinung von der falschen und der rechten Form des Menschenleibes, die er später seinem Zimmermann dartat (108).

8. »Ahabs Bein« (106)

Seit seiner letzten, vorjährigen Reise trug Ahab links einen Stelzfuß aus dem Kieferknochen eines Pottwals. Dazu war es auf die folgende Weise gekommen: »Seine drei Boote zertrümmert um sich her, Riemen und Mannschaften vom Strudel erfaßt, hatte einst ein Kapitän das Kappmesser aus seinem zerborstenen Bug ergriffen und sich wie ein Duellant aus Arkansas auf seinen Gegner, den Wal, gestürzt, um ihm in blinder Wut mit einer sechszölligen Klinge an das klaftertief unter der Haut sitzende Leben zu gehen. Dieser Kapitän war Ahab. Und da geschah es, daß Moby Dick plötzlich mit seinem sichelförmigen Kiefer herumfuhr und, wie ein Mäher einen Grashalm auf dem Felde, Ahabs Bein wegschnitt. Kein turbantragender Türke, kein gedungener Venezianer und Malaie hätte ihn hinterlistiger verstümmeln können. Es liegt wenig Grund vor, daran zu zweifeln, daß nach dieser beinahe tödlich verlaufenen Begegnung Ahab ein wildes Rachegefühl gegen den Wal hegte« (41).
»Dieses wurde in seinem krankhaften Wahnsinn so gesteigert, daß er schließlich in ihm nicht nur den Urheber seiner körperlichen Leiden, sondern auch aller seiner geistigen und seelischen Verbitterung sah. Vor seinen Augen schwamm der Weiße Wal einher als

die monomanische Verkörperung aller dieser tückischen Mächte, die ein Mensch von tiefer Gemütsart in sich zehren fühlt, bis er schließlich mit halbem Herzen und halber Lunge weiterleben muß ... All das, was wahnsinnig macht und quält, alles, was die Hefe der Dinge aufrührt, alle Wirklichkeit und ihre Niedertracht, alles, was an den Nerven zehrt und das Hirn verbrennt, all das geheime Teuflische des Lebens und Trachtens, alles Übel war für den wahnsinnigen Ahab sichtbar personifiziert und praktisch angreifbar geworden in Moby Dick. Auf des Wales weißen Höcker lud er die ganze Wut und den Haß, der von seinesgleichen seit Adams Zeiten bis heute empfunden worden war, und er ließ, als wäre seine Brust ein Mörser, die Schale seines heißen Herzens darin zerschellen ...«

»Damals, als er mit dem Messer in der Hand das Ungetüm angriff, hatte er nur einer plötzlichen leidenschaftlichen körperlichen Feindschaft nachgegeben, und als er den Schlag empfing, der ihn zerriß, fühlte er wahrscheinlich nur die quälende körperliche Zerfleischung, sonst nichts. Als er dann aber durch diesen Zusammenstoß zur Heimfahrt gezwungen war und als für lange Tage, Wochen und Monate Ahab allein mit seiner Seelenpein in einer Hängematte lag, um mitten im Winter das trostlose, tobende patagonische Kap zu umsegeln, da geschah es, daß sein zerrissener Leib und seine geschundene Seele ineinanderbluteten und, so ineinander verschmelzend, ihn wahnsinnig machten. Daß es erst damals auf der Heimfahrt nach dieser Begegnung war, als schließlich diese Zwangsvorstellung von ihm Besitz ergriff, scheint mir gewiß durch die Tatsache, daß er während der Reise von

Zeit zu Zeit einem Tobsüchtigen glich und, obgleich er ein Bein verloren hatte, noch so viel Kraft in seiner ägyptisch breiten Brust verborgen hatte, daß seine Maate den Rasenden unterwegs in seiner Hängematte festzurren mußten . . .«

»Als das Schiff dann in erträglicheren Breiten unter sanften Leesegeln durch die Kalmen lief und des Alten Fieberwahn mit den Wogen des Kap Hoorn hinter ihm geblieben zu sein schien, als er aus seiner finsteren Klause in die selige Sonne und Luft hinaufkam, selbst als er diese gefaßte, wenn auch bleiche Miene zur Schau trug, wieder seine ruhigen Befehle gab und seine Maate Gott dankten, weil die unheimliche Verstörtheit nun vorüber war, selbst da raste Ahab in seinem verborgenen Innern weiter . . .«

Aber wie er »nicht ein Jota von seinem breitströmenden Wahnsinn hinter sich gelassen hatte, so war auch kein Jota seines angeborenen scharfen Verstandes verlorengegangen. War dieser vorher lebende Triebkraft, so wurde er jetzt zum Werkzeug« (41).

Ahabs knöcherne Stelze hatte daheim in Nantucket ein weiteres Unglück angerichtet. »Nicht lange vor dem Auslaufen der ›Pequod‹ hatte man ihn bewußtlos am Boden liegend gefunden. Das beinerne Glied hatte sich verschoben, daß es ihn fast aufgespießt und beinahe seine Weiche durchbohrt hätte. Erst unter großen Schwierigkeiten war diese schmerzhafte Wunde dann völlig geheilt.« Das war auch der Anlaß zu seiner Zurückgezogenheit daheim und anfänglich auch noch an Bord (106).

Ohne zuviel zu deuten, hilft hier ein Vergleich wohl ein wenig weiter: Die ältere Heldensage kennt ähnliche Wunden. So trug Odysseus eine Narbe am Ober-

schenkel, wo ihm als halbwüchsigem Jüngling auf der Jagd ein Eber mit seinem Hauer das Fleisch aufriß (Odyssee 19, 386 ff.). – Und Amfortas, der zweite Gralskönig, trug eine unheilbare Seitenwunde, die ihm sein Feind schlagen konnte, als er der Sinnlichkeit erlegen war. Hinter ihm und seiner Wunde erscheint die Seite, welche ein römischer Soldat dem Heiland am Kreuze mit einem Speere öffnete; jener war schon tot, und allein darum schon war Geschlechtlichkeit sicher nicht im Spiele (Johannes 19.34).
Ahab wird uns auch in einer Handlung, welche einem schwarzen Sakramente gleichkam (36), an den Heiland oder Amfortas gemahnen. Aber Sinnlichkeit hatte zu der großen Seele des Kapitäns keinen Zutritt. Er unterlag einer ganz anderen Schwäche: Er wußte nichts von dem, was der Hierophant in MOZARTS Zauberflöte singt: »In diesen heiligen Hallen kennt man die Rache nicht.«

9. »Der Ausgestoßene« (93)

Pip war ein Negerjunge mit hellem Kopf und reinem Herzen. Als Küchenjunge war er angeheuert worden. Eigentlich hieß er Pipin und war nach Karls des Großen Vater »Pipin dem Kleinen« genannt.
Der erste Pipin gründete im Jahre 754 nach Christus durch eine Schenkung an den Papst in Rom den Kirchenstaat; der war, wenn man ihn mit den Begriffen und Hoffnungen seiner Zeit ansieht, vielleicht ein kleines Stück des Himmelsreiches in unsicheren Händen auf Erden.

»Pip liebte das Leben und alles Friedliche und Sichere darin«; und in das schreckenerfüllte Geschäft der Walfänger war er auf eine unbegreifliche Weise nur so hineingeraten (93). Gegen Ende der Fahrt wohnte seine ewige Seele schon im Himmel, während »die See seinen sterblichen Körper zum Hohn verschont hatte« (93).
Im Boot war er bei Stubb zu dem harmlosen Besuch eines anderen Schiffes einmal eingesprungen und dann bei einer Waljagd wieder zugezogen worden. Da trieben Furcht und Ungeschick ihn im kritischen Augenblicke über Bord. Stubb ließ den Wal entfliehen und rettete den kleinen Feigling.
Bei nächster Gelegenheit geschah dasselbe, und diesmal drehte niemand sich nach Pip um. In drei Minuten war das Boot hinter dem Wal an seiner Leine davongesaust und unsichtbar für den kleinen schwarzen Krauskopf, der nun allein für Stunden auf dem Wasser »tanzte«. »Durch einen reinen Zufall fand ihn das Schiff selbst. Aber von dieser Stunde an lief der kleine Neger als Schwachsinniger auf Deck umher; wenigstens nannte man es so ... Er sah, wie Gottes Fuß den Webstuhl (der Zeit) trat, und sprach davon. – Wenn der Mensch weiterwandert, weg von aller irdischen Vernunft, so kommt er schließlich zu jenen himmlischen Gedanken, die dem Verstand als Torheit und Überschwang erscheinen« (93).
Als Queequeg in seinem Sarge lag – wir werden davon zu berichten haben –, zuvor schon »mit Augen, welche sich weiteten wie die Kreise der Ewigkeit«, nahte Pip sich, »nahm mit leisem Schluchzen seine Hand. In der anderen hielt er sein Tamburin. – Armer Wanderer – sagte er –, wohin gehst du jetzt? Sollte

dich der Strom zu jenen seligen Inseln führen, an deren Gestade Seerosen treiben«, dann »such mal nach einem gewissen Pip, der schon seit langem verschollen ist . . . Tröste ihn; er hat sein Tamburin vergessen; ich habe es gefunden. Jetzt, Queequeg, kannst du sterben, und ich schlage dir den Trauermarsch« (110).

Selbst Starbuck meinte, »daß der arme Pip in seinem seltsamen, sanften Wahnsinn uns allen die überirdische Bestätigung von unserer himmlischen Heimat bringt« (110).

Als der Zimmermann hernach Queequegs Sarg in eine Rettungsboje verwandelte, fragte sich Ahab beim Lärm der Hammerschläge: »Wäre es möglich, daß in gewissem Sinne der Sarg letzten Endes nur ein Retter in die Unsterblichkeit ist? . . . Doch nein! Wirst du denn nicht fertig, Zimmermann, mit deinem verfluchten Lärm? Ich geh nach unten. Jetzt, Pip, wollen wir darüber reden. Mit dir läßt sich wunderbar philosophieren. Irgendwelche unbekannten Zugänge aus fremden Welten müssen in dich hineinmünden« (127). – Ahab hatte ihn zum Schutze vor der Grobheit der Matrosen in die Kapitänskajüte aufgenommen (125).

Bevor Ahab dann den Weißen Wal erblickte, bannte er Pip in die Kajüte fest mit den Worten: »Junge, hier auf meinem festgeschraubten Stuhl sollst du sitzen. Wie eine Schraube daran sollst du festsitzen!« – »Nein, nein, nein! Ihr habt keinen heilen Körper, Sir. Braucht mich als Euer verlorenes Bein. Tretet auf mich, mehr will ich nicht; so bleibe ich ein Teil von Euch . . .« – »Oh, trotz Millionen Schurken«, rief Ahab, »das gibt mir den Glauben an die Treue der Menschheit wieder; und ein Schwarzer, und verrückt!

Aber mir deucht, der Satz: Gleich und gleich kuriert sich, paßt auch auf ihn. Er wird wieder vernünftig. – »Ich will Euch nie im Stich lassen, wie Stubb es ihm (Pip) getan hat, Sir, ich muß mit Euch gehen.« – »Wenn du noch mehr auf mich einredest, wird Ahabs Wille kentern! – Nein, es geht nicht ... Treu bist du, Junge, wie die Kreislinie dem Mittelpunkt ... Gott behüte dich für immer, was auch geschehe« (129).

Pip blieb in der Kajüte mit dem Heckfenster. Als Ahabs Boot am dritten Tage der Jagd auf Moby Dick dicht unter dem Heck herumfuhr, »schrie eine Stimme aus dem niedrigen Kajütenfenster: Die Haie, die Haie! Oh, Herr, Herr, kommt zurück!« Was Pip wohl nur mit seelischem Gesicht erblickte, sah Ismael gleichzeitig mit leiblichen Augen: Scharen der Bestien folgten dem Boote Ahabs und keinem anderen Boote (135).

Pips Worte rührten Ahabs Herz, oder Pips hilfloses Herz tat dies, »erfüllt von der Süße der Liebe und Dankbarkeit« zu seinem Beschützer. Pips Anblick aber trieb Ahab sofort zurück zu dem bitteren Vorwurf: »Es kann kein Herz schlagen über dem ewigen Schnee, ihr eiskalten Himmel! Dieses unselige Kind habt ihr in die Welt gesetzt und dann im Stich gelassen, ihr leichtsinnigen Schöpfer.« So hatte er Pip liebevoll an der Hand genommen und in seine Kajüte geführt. – »Da gehn sie hin, die Spinner!« murrte der Alte von Man; »der eine spinnt vor lauter Kraft und der andere vor Schwäche« (125). – Und doch vermochte Pip mehr über seinen Kapitän als der Erste Maat: Er schlug sein Tamburin »als Vorspiel für die Ewigkeit ...«. »Hier unten (auf dem Vordeck der »Pequod«) wurde er ein Hasenfuß genannt«; dort oben »unter den musizierenden Engeln im Himmel als ein Held begrüßt« (27).

10. »Das Achterdeck« (36) oder Die Vereidigung

Auf dem tropischen Atlantik vereidigte Ahab die Besatzung in ungewöhnlicher Weise auf sein persönliches Fahrziel, Moby Dick zu jagen. Dazu schlug er vor versammelter Mannschaft eine große spanische Goldmünze mit einem Nagel an den Mast und rief: »Wer mir diesen Wal ausmacht, soll diese Goldunze haben« (36).

Nur Ahab und die drei wilden Harpuniere kannten den Weißen Wal von Ansehen in all seiner individuellen Schrecklichkeit; die Mannschaft und die Offiziere nicht. Starbuck, der Erste Maat, kam jedoch auf den Gedanken, es könne jener Wal sein, der Ahabs Bein abgebissen hatte. Er fragte danach. – »Wer sagt Euch das? rief Ahab und hielt dann inne. Ay, Starbuck, ay, meine Lieben, der mir diesen toten Stumpf eingebracht hat, auf dem ich jetzt stehe. Ay, ay, schrie er wie ein ins Herz getroffener Elch . . . Ay, ay, ich werde ihn jagen ums Kap der Guten Hoffnung und um Kap Hoorn herum und durch den norwegischen Maelstrom und durch die Flammen der Hölle, ehe ich es aufgebe. Und dafür habt ihr Heuer genommen, Männer, diesen Weißen Wal zu jagen . . ., bis er schwarzes Blut bläst und überrollt. Was sagt ihr dazu, wollt ihr die Hand darauf spleißen? Ihr seht so aus,

als wolltet ihr es riskieren. – Ay, ay, schrien die Harpuniere und Matrosen und umringten den erregten Alten« (36).
Eine solche Jagd lag nicht in den Heuerverträgen, und Starbuck äußerte laut seine Bedenken: »Ich bin mitgefahren, um Wale zu fangen, und nicht wegen meines Kommandanten Rachegelüste ... Wieviel wird Eure Rache einbringen? Auf unserem Markt in Nantucket wird sie wenig abwerfen ... Rache an einem unvernünftigen Tier? Wahnsinn!« Das »scheint mir gotteslästerlich zu sein« (36).
Aber Ahab konnte ihn besänftigen, indem er sich näher erklärte: »Hört noch mal zu. Die leisere Tonart! Alle sichtbaren Dinge, Mann, sind nur Masken aus Pappe ... Will der Mensch zuschlagen, muß er die Maske zerschlagen. Wie kann der Gefangene nach draußen kommen, wenn nicht durch die Mauer? Für mich ist der Weiße Wal diese Mauer, die dicht vor mir steht ... Was ist es denn? Überlegt es Euch! Nur einen Wal erlegen helfen, keine besondere Leistung für Starbuck! Vor dieser einen armseligen Jagd wird die beste Lanze aus ganz Nantucket doch nicht zurückschrecken ... Sprecht doch, sprecht! Ay, ay, Euer Schweigen ist beredt.« – Und beiseite fuhr er fort: »Etwas aus meinen geblähten Nüstern hat er in seine Lungen aufgesogen. Starbuck ist gewonnen. Ohne Meuterei kann er sich nicht mehr widersetzen.« In der Tat gab Starbuck seinen Widerstand auf und murmelte nur noch: »Gott steh mir bei, steh uns allen bei!« (36).
Starbuck war, wie wir hörten, tapfer in den »Schrecknissen der Natur; aber den weit furchtbareren, weil mehr geistigen Gefahren, die von der gefurchten Stirn

eines in Wut geratenen mächtigen Mannes drohen«, vermochte er nicht standzuhalten (26).

Der Kult, den Ahab zur Verteidigung feierte, wurde mit Alkohol vollzogen und war so böse wie einst der Regentanz der Baalspriester auf dem Berge Karmel, welchen der erste Ahab zelebrieren ließ. Für deren Bosheit war jener blind und taub (1. Könige 18. 19.).

So überhörte auch der neue Ahab »das leise Gelächter aus dem Innern des Schiffes wie auch das warnende Singen des Windes in der Takelung« (36).

Zuerst ließ der Kapitän die ganze Mannschaft den Schnaps »heiß wie Satans Huf« aus der Kanne trinken. Dann stellte er die drei Offiziere mit ihren Lanzen in Händen den drei Harpunieren mit den scharfen Eisen gegenüber. Die hölzernen Schäfte wurden von den umgekehrten Harpunen getrennt und in deren Eisenbecher der Grog gegossen. Dann rief der Kapitän den Offizieren zu: »Jetzt kredenzt die mörderischen Kelche, reicht hin, ihr, die ihr jetzt teilhabt an diesem unauflöslichen Bund. – Ha, Starbuck, es ist geschehen . . . – Trinkt, ihr Harpuniere! Trinkt und schwört: Tod für Moby Dick. Gott jage uns alle, wenn wir nicht Moby Dick zu Tode hetzen« (36).

Ismael gesteht hernach: »Ich gehörte zu dieser Mannschaft. Mein Schrei war in dem der anderen aufgegangen. Mein Eid war mit ihrem zusammengeschweißt; und lauter hatte ich geschrien . . ., so bedrängte mich die Furcht, die meine Seele erfüllte. Ein wildes geheimnisvolles Mitgefühl war in mir hochgestiegen, und Ahabs unstillbare Fehde schien meine eigene zu sein« (41).

Beide Bilder, der lange Walkiefer, welcher als Ahabs falsches Bein ihm in die Seite fuhr, und die schnapsgefüllten Harpunenkelche der Vereidigung, erscheinen wie ein Gegenmysterium des Grals.

11. »Sonnenuntergang« (37) oder Die eiserne Krone

Im Selbstgespräch am Heckfenster der Kapitänskajüte sprach Ahab eines schönen Abends: »Die Sonne sinkt hinab. Meine Seele steigt empor, müde ist sie des endlosen Aufstiegs. Ist denn die Krone zu schwer, die ich trage, diese Eiserne Krone der Lombardei: Zerborsten ist sie auch, das fühle ich ... Fiebertrocken meine Stirn? Oh, das waren Zeiten, als die aufgehende Sonne mich entflammte, wie mich die untergehende beruhigte; vorbei! Das liebliche Licht, mir strahlt's nicht mehr ... Mit hohem Erkennen begabt, entbehre ich der einfachen Kunst, mich zu freuen ... Der Weg zu dem mir vorgenommenen Ziel ist mit Eisenschienen gebahnt, auf denen meine Seele eingefahren ist« (37).
Die eiserne Krone der Lombardei war wie alle Königskronen aus Gold. Als aber die Langobarden im Jahre 568 n. Chr. von Ungarn nach Italien zogen und ihre Könige von nun an in Pavia krönten, waren sie arm und sparten am Golde. Ihrer Krone legten sie zu derem festen Halt einen eisernen Reif ein. Das Eisen lag unsichtbar auf der Stirn des Königs. So fühlte es nun auch Ahab.
Wie aus Eisen bildete Ahab sich auch ein neues, ihm ideal erscheinendes Menschenbild, den »Mann von der richtigen Sorte« (108).

Von den beiden Handwerkern an Bord arbeitete der Zimmermann zwar ganz unpersönlich, wirkte aber nie zum Bösen, sondern trat sogar als Arzt erfolgreich auf (107). Der Schmied jedoch hatte ein Leben voll schwerer Schuld hinter sich (112). – Die eisenbeschlagene Rettungsboje der »Pequod« half einem abgestürzten Matrosen nicht; wohl aber rettete ein Sarg aus lebendigem Holz am Ende Ismaels Leben (Epilog).

Was Ahab mit Harpune und Lanze an Moby Dick mißlang, unternahm Ismael mit seinen Augen, die der Geist belehrte. Das Eisen ist der festeste und zäheste Stoff vom Elemente »Erde«, welchen Menschen in Menge handhaben. Das taten der Schmied und Ismaels Meister Queequeg und Ahab; der erste tat es in Schuld, der zweite ganz in Unschuld; der dritte machte es zu einem Instrument des Widersachers. Aus »aufgelesenen Hufnägeln von Rennpferden« schmiedete er mit eigener Hand eine Harpune und taufte sie im Namen des Teufels (113). Aber einer seiner Matrosen, den er »einen Mann von Man (der Insel)« nannte (125), meditierte vor einer Goldmünze: Das »Zeichen des Hufeisens ist entgegengesetzt dem Golde« (99). – Das feste, zähe Eisen scheint den großen Kapitän der »Pequod« eher überwältigt zu haben, als daß er es bemeisterte.

Nach dem zweiten Psalm und der Apokalypse durch Johannes (2. 27; 12. 5; 19. 15) hält auch der auferstandene Messias-Christus als Herrscher der zukünftigen Welt einen eisernen Stab als Zepter in seiner Hand. Er beherrscht das Eisen, mit welchem er die alten, fleischlichen Leibesformen »wie Töpfe zerschlagen wird« (Psalm 2. 9), um der Menschheit die neue Form seines Auferstehungsleibes zu schenken.

Ahab sah am letzten Tage seines Lebens vom Boot aus die »Pequod« mit ihrer ganzen fleißigen Mannschaft wie eine Bühne mit drei Stockwerken. Der Anblick hätte den Kapitän erfreuen müssen. Im Verfolg der wilden Jagd auf Moby Dick aber erblickte seine Seele das Bild anders: »Aufwärts blickend sah er Taschtego, Queequeg und Daggu eifrig in die drei Toppen aufentern, während die Mannschaften in den beiden eben an der Bordwand aufgeheißten beschädigten Booten schaukelten und emsig dabei waren, sie wieder instandzusetzen. Durch die Pforten bekam er in der Eile auch Stubb und Flask zu Gesicht, die sich an Deck mit Bündeln neuer Lanzen und Harpunen zu schaffen machten. Während er das alles wahrnahm und das Hämmern in den beschädigten Booten hörte, schien ein ganz anderes Hämmern ihm einen Nagel durch das Herz zu treiben« (135).

Dem Haupte und dem Herzen tut Gold wohl, nicht Eisen. Eisen möchte ausschließlich zur Hand sein. Ismael schätzte es für Pflug und Harpune (134); wir sehen es aber nie in seiner Hand. Unten werden wir über die mögliche Vergeistigung dieser Metalle sprechen.

12. »Mitternacht auf dem Vorschiff« (40) oder Weiße Böen – Weißer Wal

Der kleine Negerjunge Pip, von welchem Ahab sagte: »Irgendwelche unbekannten Zugänge aus fremden Welten müssen in dich hineinmünden« (127), dieser

Pip hörte und schaute in jener stürmischen Nacht, die der Vereidigung auf See folgte, in Bildern, was auf den schlimmen Kultakt würde folgen müssen: »Ritsch, ratsch, da fliegt das Klüversegel! Pengweng! Duck dich, Pip! Da entern sie jetzt hoch, alle fluchend. Ich bleibe hier. Schöne Aussichten, sie sind auf dem besten Wege zum Himmel. Haltet fest: ojemine, was für eine Bö! Aber die Burschen sind noch schlimmer. Das sind die weißen Böen! Weiße Böen? Weißer Wal, brr – brr! – Du großer weißer Gott da droben in der Finsternis, hab Erbarmen mit diesem kleinen Negerjungen hier unten, schütze ihn vor allen Männern, die so gefühllos sind, daß sie keine Furcht kennen« (40). – Dies Wort nahm Ahab am Ende (134) wieder auf.

Ismael sagt von dem Tornado der See: »Die Natur verfehlt nicht, ihren Kräften diese Krönung alles Schrecklichen hinzuzufügen. Nach seinem schneeigen Aussehen wird das mit Panzerhandschuhen zugreifende Gespenst der südlichen Gewässer die Weiße Bö genannt« (42).

Weiße Bö von oben, Weißer Wal von unten, mit diesem Zeichen segelte die »Pequod«. Damit war sie nicht die erste; kein geringeres Fahrzeug als das Floß des Helden, dessen Leiden auf dem Meer HOMER besang, war ihr Vorläufer. Odysseus wurde schon während des Altertums das Vorbild für die Helden in Mysterienromanen, so für Theogenes in HELIODORS »Aithiopika« aus dem dritten Jahrhundert nach Christus. – HOMER singt (Odyssee 5. 278 ff.), was Odysseus im Schiffbruch erlitt und wie ein zürnender Gott von oben und eine helfende Göttin von unten an seinen Leiden teilnahmen. Die Helferin von unten war Leukotheá, »die Weiße Göttin«. Einst war sie Ino gewesen, eine sterbliche Königstochter in Theben und die Amme des jungen Dionysos. – Von oben zürnte der Herr der Gewässer, Poseidon.

»Siebzehn Tage befuhr er die ungeheuren Gewässer. / Am achtzehnten erschienen die fernen schattigen Berge / von dem phäakischen Lande, denn dieses lag ihm am nächsten; / dunkel erschienen sie ihm, wie ein Schild im Nebel des Meeres. / Da aber kam aus dem Lande der Äthiopen Poseidon / und erblickte fern von der Solymer Bergen Odysseus, / welcher die Wogen befuhr. Da ergrimmt' er noch stärker im Geiste, / schüttelt zürnend sein Haupt und sprach in der Tiefe des Herzens: / Himmel, es haben gewiß die Götter sich über Odysseus / anders entschlossen, da ich die Äthiopen besuchte! / Siehe, da naht er sich schon dem phäakischen Lande, dem großen / heiligen Ziele der Leiden, die ihm das Schicksal bestimmt hat! / Aber ich meine, er soll mir noch Jammer die Fülle bestehen! / Also sprach er, versammelte Wolken und regte das Meer auf / mit dem erhobenen Dreizack; rief jetzt allen Orkanen, / aller Enden zu toben ...
Und dem edlen Odysseus erzitterten Herz und Knie. / Tiefaufseufzend sprach er zu seiner erhabenen Seele: / Weh mir, ich elender Mann! Was werd' ich noch endlich erleben! ...
Da sah ihn Leukothea, des Kadmos liebliche Tochter / Ino, einst ein Mädchen mit heller, melodischer Stimme, / nun in den Fluten des Meers der göttlichen Ehre genießend. / Diese sah mit Erbarmen den irrenden Dulder Odysseus; / kam wie ein Wasserhuhn empor aus der Tiefe des Meeres, / setzte sich ihm auf das Floß und sprach mit menschlicher Stimme: / Ziehe die Klei-

der aus und lasse das Floß in dem Sturm / treiben; spring in die Flut und schwimme mit strebenden Händen / an der Phäaken Land, allwo dir Rettung bestimmt ist ...
Siehe, da hob eine Woge der Erdumstürmer Poseidon, / schrecklich und hoch und sie schlug auf ihn nieder. Aber Odysseus / warf die Kleider hinweg, die ihm Kalypso gegeben ...
Vorwärts sprang er hinab in das Meer mit gebreiteten Armen, / und schwamm eilend dahin. – Da sah ihn der starke Poseidon, / schüttelte zürnend sein Haupt und sprach in der Tiefe des Herzens: / So durchirre mir nun mit Jammer beladen die Meerflut, / bis du die Menschen erreichst, die Zeus vor allen beseligt! / Aber ich hoffe, du sollst mir dein Leiden nimmer vergessen!«

(Übersetzt nach J. H. Voß)

13. Schatten

»Nun überkam Ahab in der Tiefe seines Herzens der Gedanke: Alle meine Wege sind vernünftig; meine Absichten aber sind Wahnsinn.« So »vermochte er seine Verstellung (den Menschen gegenüber) wohl wahrzunehmen, aber nicht durch Willenskraft zu beeinflussen« (41). – Ein »ungebetener Wechselbalg« erstarkte in ihm immer mehr, hartnäckig »gegen Gut und Böse«. – »Gott stehe dir bei, Alter«, betete Ismael, »deine Gedanken haben ein Wesen in dir geschaffen.« Wen seine Absichten zu einem solchen Prometheus

machen, daß in ihm etwas Wesen gewinnt, was seine ewige Seele überwältigt, an dessen Herzen frißt »ein Geier, dieser Geier, den er selbst erschaffen hat« (44).

An den Geier, an den »ungebetenen Wechselbalg« in Ahab, hängte sich der im hinteren Laderaum eingeschlossene Lotse und Geselle. Als diese beiden Männer später oben an Bord jene beiden Walköpfe betrachteten, die Ismael mit den Häuptern der gewaltigen Denker Locke und Kant verglich (73), da wanderte des dunklen Lotsen »Blick zwischen dessen (des Grönlandwales) tiefen Runzeln und den Linien seiner eigenen Hand hin und her. Ahab stand ganz nahe bei ihm, so daß der Parse seinen Schatten einnahm und, wenn er überhaupt einen Schatten hatte, den seinigen mit dem Ahabs vereinigte und ihn verlängerte« (73).

Elmsfeuer lohte auf den drei Masten der »Pequod«. Trotzdem verbot der Kapitän, die Blitzketten auszuwerfen. »Am Fuße des Großmastes, gerade unter der Dublone und der Flamme, kniete vor Ahab, jedoch sein Gesicht von ihm abgewandt, der Parse ...«
»Ja, ja, Männer, schrie Ahab, schaut es euch an, merkt es euch! Die weiße Flamme leuchtet uns den Weg zum Weißen Wal. Reicht mir die Großmastkette dort. Ich möchte diesen Puls fühlen und meinen dagegenschlagen lassen. Blut gegen Feuer! – So!«
»Damit wandte er sich, das letzte Glied (der Kette) fest in der linken Hand, den Fuß auf den Parsen gestemmt, mit starrem Blick nach oben. Mit erhobenem Arm stand er aufrecht da vor der erhabenen Dreifaltigkeit der dreizackigen Flammen.«
Er betete: »O du reiner Geist des reinen Feuers, den

ich einst als Perser auf diesen Meeren anbetete, bis ich bei dieser heiligen Handlung so verbrannt wurde, daß ich bis zu dieser Stunde diese Narbe trage! Jetzt kenne ich dich, du reiner Geist ... Aus diesem Feuer hast du mich gemacht, und wie ein echtes Kind des Feuers hauche ich es dir zurück« (119). – Redet Ahab hier von seinem früheren Leben als Perser, wie in »Verstauen und Aufklaren« (98) die pythagoräische Lehre dargelegt wurde? Dann allerdings wäre der Parse Fedallah wie sein von damals her nachgebliebener Schatten oder sein Doppelgänger.

Aus den letzten Wochen der Reise berichtete Ismael weiter: »Beobachtete man ihn (Ahab) genauer, wenn er sich ungesehen glaubte, dann hätte man feststellen können, daß, wie seine Blicke der Mannschaft Furcht einflößten, er vor den unergründlichen Blicken des Parsen Scheu empfand ... Den hageren Fedallah umgab seit einiger Zeit etwas so gleitend Unheimliches, ein so unaufhörliches Schaudern schüttelte ihn, daß ihn die Männer zweifelnd ansahen, ob er ein sterbliches Wesen oder nur ein zitternder Schatten war, der von einem unsichtbaren Körper auf das Deck geworfen wurde« (130).

»Obgleich sein (Ahabs) Dasein nun eine Deckswache geworden war und obgleich der Parse ebenso ohne Unterlaß seine rätselhafte Wache hielt, so schienen doch diese beiden nie miteinander zu reden ..., sie schienen einander fern wie ein Pol dem anderen. Stundenlang standen sie weit voneinander entfernt im Sternenlicht und blickten starr und schweigend einander an, als sähe Ahab in dem Parsen seinen eigenen vorausgeworfenen Schatten und dieser in Ahab seine verlorene Körperlichkeit. – Und doch wirkte Ahab

unbestritten als Herr und der Parse nur als Sklave« (130).

Am zweiten Tag der Jagd auf Moby Dick verschwand der Parse. Als man sein Fehlen hernach an Bord festgestellt hatte, rief Starbuck seinem Kapitän zu: »Niemals, niemals wirst du ihn (den Weißen Wal) kriegen, alter Mann! ... Zwei Tage Jagd, zweimal in Trümmer geschlagen. Wieder einmal dein Bein unter dir weggerissen, dein böser Schatten weggeblieben – alle guten Engel bedrängen dich mit Warnungen ...« (134).

14. Aus »Moby Dick« (41): Der unterirdische König

Um Ahab zu verstehen, rät uns Ismael, die Bilder und Begriffe des christlichen Abendlandes, die er in den Namen des Klosters Cluny einschließt, hinter uns zu lassen: »Alle Wahrheit ist unergründlich. Hinabwinden müßt ihr euch mitten aus dem Herzen dieses zinnenbewehrten Hôtel de Cluny (des strengen Mutterklosters christlichen Lebens im Mittelalter), wo ihr euch aufhaltet; so wunderbar und großartig es auch sein mag, verlassen müßt ihr es, ihr Seelen voll edler Trauer, und euren Weg verfolgen hinab zu den weiten, römischen Thermen gleichenden Gewölben, wo tief unter den auf der Erde errichteten Burgen der Menschen Großartigkeit ihre Wurzeln hat, wo ihr ganzes ehrfurchtsvolles Wesen bärtig sitzt, eine Antiquität unter Altertümern, thronend auf Trümmern. So täuschen mit einem geborstenen Thron die großen Götter diesen gefangenen König, so sitzt er, einer Karyatide gleich, geduldig da, auf seiner erstarrten Stirn das Gebälk der Jahrhunderte tragend. Dorthin windet euch hinab, ihr Seelen voll edler Trauer! Fragt diesen stolzen, trauernden König! Ihr seid aus demselben Stamm! Ja, er zeugte euch, ihr jungen verbannten Königskinder, und nur von eurem grimmen Herrn wird die Entschleierung des uralten Staatsgeheimnisses kommen« (41).

Das Bild des ältesten, Ehrfurcht heischenden Wesens, in welchem die mögliche Größe der Menschen ruht, des unterirdischen Königs, der die Welt trägt, entsprang als ein neuer und freier Mythos der Dichterkraft MELVILLES. Und doch gibt es da einen unterschwelligen Austausch mit der deutschen Sage und mit dem Mythos der Griechen.

Jeder Deutsche muß bei MELVILLES unterirdischem »gefangenen König, thronend auf Trümmern«, an den Hohenstaufen Friedrich I. Barbarossa (1152 bis 1190) denken, den die Sage tief unter dem Kyffhäuser-Gebirge sitzen weiß, wo er auf die Erneuerung seines Reiches wartet. MELVILLE erwähnt im nächsten Kapitel (42) eine Sage aus dem Harz wenig nördlich des Kyffhäusers.

Noch tiefer in die Seele greift das Bild des griechischen Königs der Unterwelt. Nun besaßen die Götter unter den Menschen ihre Abbilder, von denen die Sage im Kleinen erzählte, was der Mythos im Großen von dem Gott verkündete. In MELVILLES unterirdischem König, der die Last der Welt trägt, hätte ein Grieche zunächst wohl den Gott Hades oder Pluton vermutet. Und er hätte als den Menschen in der Spiegelrolle dieses Gottes Peiríthoos bezeichnet.

Die beiden Heldenfreunde Peiríthoos und Theseus versprachen einander, sich gegenseitig zu Töchtern Zeus' als Gattinnen zu verhelfen. Theseus raubte Helena von Sparta; das Mädchen war schon als Kind das irdische Abbild Aphrodites. Die Dioskuren, ihre Brüder, haben sie bald wieder befreit. Peiríthoos aber verlangte es nach Persephone, der Göttin und Königin der Toten. Auf dem Wege zu ihr, schon im Hades, setzten die ermüdeten Helden sich und konnten sich dann nicht wieder erheben. Theseus wurde später von Herakles erlöst; aber Peiríthoos sitzt, angewachsen auf dem Fels, noch heute in dem unterirdischen Reiche wie ein zweiter, menschlicher Pluton. Wie er zu dem unterirdischen König, so fand auch Ahab sich zu der Macht der Tiefe, die ihm sichtbar und beinahe auch greifbar, aber nicht verfügbar wurde im Weißen Wal.

Da »Der Wal« Schicksale zur See beschreibt, ist es verständlich, daß im Roman als der Gott der Tiefe eher Poseidon, »Zeus' leiblicher Bruder« (1), der die Gewässer beherrscht, als der »unterirdische Zeus«, wie die Griechen ihren Hades nannten, erscheint. MELVILLE vergleicht Moby Dick auch unmittelbar mit dem Himmelsgott Zeus in der Form, in welcher er einst als weißer Stier mit der Jungfrau Europa auf seinem Rücken durch die Wogen von Phönizien nach Kreta schwamm (133).
Keiner dieser drei Brüder war jemals ein »gefangener König«; das aber ist und bleibt ihr Vater, der Herr der Titanen, der ältere und darum noch größere Gott, welcher noch tiefer als Hades im Tartaros sitzt, wohin ihn Zeus verbannte: Kronos. Auch die mythischen Gestalten in MELVILLES nächstem Roman »Pierre«

(1852) weisen auf ihn hin. Für den Dichter ist der Herr der Tiefe wichtig, der den Uranos, den Himmel, seinen Vater, einst entmannte. Auch für Kronos bleibt Peirithoos das menschliche Abbild.

Im eleusinischen Mythos flossen zueinandergehörige Göttergestalten, wie Kerényi zeigte (S. 137), in den fortschreitenden Weihen oft in eine zusammen. Apuleius läßt an entsprechender Stelle seiner »Metamorphosen« (IX. 14. 5) eine Müllerin, die er als ein irdisches Abbild der die Menschen durch ihre Weihen ins Totenreich sendenden Kornmutter Demeter schildert, als Monotheistin auftreten. So ist bei Melville der Weiße Wal der Vertreter der Tiefenmacht. Nur die Tiefe im Gegensatz zur Höhe ist wesentlich für Moby Dick.

Der dritte griechische Held dieser Art war Ixion, Peirithoos' Vater, der um Hera, um die Königin des himmlischen Olympos, warb. Zeus schenkte ihm zwar Unsterblichkeit, statt Heras aber ließ er ihn unbemerkt eine Wolke umarmen und ließ ihn dann zur Strafe mit Schlangen an ein feuriges Rad – vielleicht die Sonne – binden und so täglich von Hermes über den Himmel treiben. – Melville schließt sein Werk mit dem Hinweis auf diesen Ixion (Epilog).

15. »Der Mattenmacher« (47) oder Die Technik des Schicksals

Ismael erzählt: »Queequeg und ich waren beschäftigt, zur besseren Ausstattung unseres Bootes eine Schwert-

matte zu flechten. Die Szene war still gedämpft und doch vorbedeutungsvoll. Eine solche zauberhafte Traumstimmung lag in der Luft, daß jeder einzelne schweigende Matrose sich in sein unsichtbares Selbst aufzulösen schien« (47).

»Während ich den Einschlag zwischen den langen Garnen der Kette hindurchführte und dazu meine Hand als Schiffchen benutzte, Queequeg aber neben mir stand, sein schweres eichenes Schwert zwischen die Fäden schob und mit müßig über das Wasser schweifenden Blicken achtlos jeden Faden festklopfte, herrschte über Schiff und Meer eine Traumstimmung, als wäre das Ganze der Webstuhl der Zeit ...« (47).

»Diese Kette erschien mir als die Notwendigkeit, und hier, dachte ich, führe ich mit eigener Hand mein Schiffchen und webe mein eigenes Schicksal in diese unveränderlichen Fäden ein. Dieses Schwert des Wilden, das Schuß und Kette seine Form gibt, dieses leicht und gleichgültig gehandhabte Schwert muß den Zufall verkörpern – ja, Zufall, freier Wille und Notwendigkeit, keineswegs unvereinbar, weben und wirken miteinander.«

»So webten wir immer weiter, als ich durch ein derart seltsames, langgezogenes und musikalisch wildes, geisterhaftes Geräusch aufgeschreckt wurde, daß mir das Knäuel des freien Willens entfiel. Taschtego stieß, hoch oben in der Bramsaling seinen Ruf aus. – Man hätte ihn für einen Propheten oder Seher halten können, der die Schatten des Schicksals wahrnimmt und mit diesen wilden Schreien ihr Herannahen verkündet: Da blasen sie! Da, da, da! Sie blasen! Sie blasen! – Leewärts querab, zwei Meilen weit! Eine ganze Schule!« (47).

16. »Die Boote werden ausgesetzt« (48)

»Der junge Soldat, der von der Brust seine Weibes weg in das Feuer seiner ersten Schlacht zieht, des Verstorbenen Geist, der den ersten unbekannten Schatten in einer anderen Welt begegnet, keiner von diesen vermag seltsamere und stärkere Erregungen zu empfinden als derjenige, der sich zum erstenmal in den zauberhaften Wirbel der Pottwaljagd versetzt sieht« (48).

»Der tanzende Gischt, den das Rudel verursachte, wurde immer deutlicher, je mehr sich die trüben, über das Wasser huschenden Wolkenschatten vermehrten. Die Dunststrahlen gingen nun nicht mehr ineinander über, sondern stiegen allenthalben rechts und links auf. Die Wale schienen sich zu verteilen. Die Boote entfernten sich voneinander. Starbuck machte sich hinter drei Walen her, die nach Lee wegliefen. Wir setzten jetzt das Segel und brausten mit dem aufkommenden Wind vorwärts. Das Boot hatte so tolle Fahrt, daß die Leeriemen kaum schnell genug bewegt werden konnten und Gefahr liefen, aus den Dollen gerissen zu werden.«

»Bald gerieten wir in eine umfangreiche Nebelbank, und weder Schiff noch Boot war mehr zu sehen. Macht vorwärts, Männer, flüsterte Starbuck, während er die Schot seines Segels noch mehr vorholte; wir haben noch Zeit genug, einen Fisch zu kriegen, ehe die Bö kommt. Da ist wieder weißes Wasser! Feste! Regt euch! . . .«

»Da ist sein Buckel, da, da; gib ihm!« wisperte Starbuck. Ein kurzes, sausendes Geräusch erhob sich im

Boot. Es war das von Queequeg geworfene Eisen. Dann ging alles drunter und drüber. Von hinten erfolgte ein unsichtbarer Stoß, während das Boot vorne auf ein Riff aufzulaufen schien. Das Segel fiel zurück und zerknallte. Ein Strahl heißen Dampfes schoß dicht beim Boot empor. Wie ein Erdbeben rollte und stampfte es unter uns. Die ganze Mannschaft war halb erstickt, als sie kopfüber in das milchweiße Schäumen der Bö hinausgeschleudert wurde. Bö, Wal, Harpune, alles ging durcheinander, und der Wal, vom Eisen nur gestreift, entkam.«

»Wenn auch völlig vollgeschlagen, so war das Boot doch so gut wie unbeschädigt. Schwimmend sammelten wir die umhertreibenden Riemen ein, schoben sie durch das Dollbord und purzelten auf unsere Sitze zurück. Da saßen wir bis an die Knie im Meer, jede Spante und Planke war unter Wasser, so daß sich das Boot vor unseren Augen wie ein vom Meeresgrund heraufgewachsenes Gebilde ausnahm.«

»Der Wind verstärkte sich zu einem Heulen, die Seen schmetterten ihre Schilde gegeneinander, die ganze Bö brüllte und krachte um uns herum wie ein weißer Präriebrand, von dem wir eingehüllt waren, ohne zu verbrennen. Unsterblich im Rachen des Todes!« (48).

»Mit den Schatten der Nacht wurden die Regenwolken dunkler. Nach vielen vergeblichen Versuchen gelang es Starbuck, die Laterne anzuzünden. Er zog diese an einer Flaggstange hoch und überreichte sie Queequeg als dem Bannerträger einer vergeblichen Hoffnung. Er hielt der ungeheuren Verlassenheit dieses Licht nah« (48).

»Als der Morgen graute – noch wogte der Nebel –, hörten wir ein leises Knarren, wie von Tauwerk und

Rahen; verschwommen erschien eine ungeheure Gestalt. Erschreckt sprangen wir ins Meer, als die ›Pequod‹ in unser Blickfeld kam und direkt auf uns zuhielt. Das verlassene Boot sahen wir einen Augenblick unter dem Bug des Schiffes tanzen. Dann stampfte der riesige Rumpf darüber hinweg... Schließlich wurden wir aufgefischt und an Bord in Sicherheit gebracht« (48).
Ob solche Vorkommnisse wohl zur Regel dieses Handwerks gehörten, wollte Ismael nun von Queequeg und den Maaten wissen und erfuhr, »daß Böen, Kentern und Im-Wasser-Übernachten in diesem Leben etwas Alltägliches sind. – So schien es mir«, sagt Ismael weiter, »angebracht, unter Deck zu gehen und meinen Letzten Willen aufzusetzen ... Nachdem die Zeremonie erledigt war, fühlte ich mich wesentlich leichter. Ein Stein war mir vom Herzen gefallen. Die Tage, die ich nun noch zu leben hatte, glichen denen des Lazarus nach seiner Auferweckung; ein zusätzlicher, reiner Gewinn. Ich überlebte mich selbst. Zufrieden blickte ich um mich wie ein ruhiger Geist, der mit reinem Gewissen hinter dem Gitter einer behaglichen Familiengruft sitzt« (49).

Ein Boot, aufgefahren auf den Rücken eines schlagenden Wals unter ihm und bedroht durch die Bö über ihm, war der Ort, an welchem Ismael begann, sein neues Handwerk zu erlernen. Und Lazarus' Tod und Auferweckung (Johannes-Evangelium 11) dienten ihm zum Verständnis.
Einen ähnlichen Dienst hätten ihm aus dem Alten Bunde Jonas' dreitägiger Aufenthalt in der Tiefe des Meeres, Hiskias Krankheit oder Hiobs Leiden leisten

können. Auch Jesus bediente sich Jonas' als eines solchen Bildes: »Diesem bösen und ehebrecherischen (von Gott abgefallenen) Geschlechte wird kein Zeichen gegeben werden außer dem des Propheten Jona« (Matthäus-Evangelium 12.39). – Von Jesus und Jona reden wir noch einmal am Ende dieses Buches.

17. »Der Geisterstrahl« (51) und Fedallah

Der verborgene Lacher während der Vereidigung war Fedallah gewesen, ein Parse und damit ein Feueranbeter. Seine »schwarze Gestalt mit einem einzigen Zahn«, so wie sonst in dieser Welt nur Mephistopheles (in GOETHES »Faust II«) sich zeigt, *kam plötzlich mit einer Bootsmannschaft aus »tigergelben« Gesellen an Deck, mit Männern, welche wie »Agenten des Teufels auf See« aussahen (48). Niemand außer dem Kapitän war darauf vorbereitet, und keiner konnte Fragen stellen; denn sie kamen in demselben Augenblick hervor, als Taschtego vom höchsten Ausguck die ersten Schübe von Pottwalen ausrief und die Offiziere samt den Mannschaften in die Fangboote sprangen, um zur Jagd auszufahren. Da huschten die fünf schwarzgelben Gesellen über das Deck und besetzten das vierte Boot, das zur besonderen Verfügung des Kapitäns und als Reserveboot gedacht war (47; 48).*

Bis dahin hatten Fedallah und seine Leute verborgen gelebt im hinteren Laderaum unter der Kajüte des Kapitäns, wohin keiner der Matrosen gehen durfte. Von nun an stand der schwarze Parse, der außer-

ordentliche Harpunier des Kapitäns, tags und nachts an Bord, regungslos wachend und spähend (130).

»Mene mene tekel u Parsin«, lasen Belsazar, der König von Babylon, und »seine tausend Gewaltigen« beim gotteslästernden Umtrunk aus den goldenen Gefäßen des Tempels zu Jerusalem in flüchtiger Feuerschrift. »Und in derselben Nacht ward der Chaldäer König Belsazar getötet« (Daniel 5). Die mit »Parsin« angezeigten Perser nahmen ihm Land und Stadt. Das geschah im Jahre 539 v. Chr. Auch auf der »Pequod« wurde ein Parse zum Menetekel.

Starbuck versuchte nun, in den Bildern der Golddublone am Mast jene »furchtbare Schrift Belsazars zu entziffern«. Er sah – und jeder auf der »Pequod« sah in den geprägten Bildern etwas anderes – in den drei Andengipfeln auf der Münze ein Bild der Heiligen Dreifaltigkeit, und in den Tälern suchte er die Gerechtigkeit (99).

Für Ahab wurde der Parse zum Flammenzeichen seines Unterganges. Fedallah kam mit seinen Gesellen heimlich an Bord (21) und blieb vorerst im hinteren Laderaum verborgen (28, 43). Auf Deck erschien er, als wegen der Waljagd niemand fragen konnte (48); dann wich er von dort nicht wieder, alles erspähend (51).

Als Fedallah in einer hellen Mondnacht südlich von St. Helena aus dem Großmastkorb herabrief: »Da bläst er!«, »sprang die ganze verschlafene Mannschaft auf die Beine, als hätte sich ein geflügelter Geist im Takelwerk niedergelassen und riefe die sterbliche Besatzung an. Wäre die Posaune des Jüngsten Gerichts ertönt, sie hätte nicht mehr erschaudern können; so eindringlich, so berauschend und erregend war der Ruf ...« (51).

Fedallah legte damit den Kurs der ganzen Fahrt fest. Denn Ahab befahl dem Manne an der Ruderpinne, auf diesen Strahl zu achten.

Im übrigen standen Fedallah und seine Leute dem Kapitän zur Waljagd zur Verfügung, und nur für die Jagd. Bei der Arbeit an Bord sah ihn niemand. Im Anheuerungsplan der »Pequod« gab es für Ahab keine Bootsmannschaft; das war nicht nötig, ja nicht einmal erwünscht. Schon im Hinblick auf das falsche Bein des Kapitäns und seine Unsicherheit beim Stehen verbot sich dieser Aufwand. Jetzt aber hatte Ahab gegen den Willen der Schiffseigner durch Fedallah doch eine Sondermannschaft zur Verfügung und stand selbst zur Jagd im Fangboot (50).

Stubb und Flask tauschten sich einmal über den Parsen aus, indem Flask fragte: »Habt Ihr bemerkt, daß dieser Hauer (in seinem Munde) wie ein Schlangenkopf geschnitzt ist?« – Stubb meinte zu wissen: »Fedallah ist der Teufel in Person ... Seinen Schwanz trägt er wohl aufgeschossen in der Hosentasche.« Und in die Spitze seiner Stiefel hat er Werg gesteckt. – Flask fragte weiter: »Wie alt, denkt Ihr, daß Fedallah ist, Stubb?« – »Seht Ihr den Großmast dort? Laßt das eine Eins sein, und dann nehmt alle Faßreifen im Laderaum der ›Pequod‹ und stellt sie in einer Reihe hinter dem Mast auf als Nullen. Das würde für Fedallahs Alter nicht mal reichen« (73).

Die beiden Offiziere scheinen ihre Meinung an Goethes Mephistopheles gebildet zu haben. Als dieser zum zweiten Male in der Rolle Faustens als Professor einen aufgeblasenen Anfänger verhört hat, faßt er sich selbst zusammen: »Wer kann was Dummes, wer was Kluges denken, das nicht die Vorwelt schon gedacht?« Und aus der Rolle fallend fährt er zu dem »jüngeren Parterre« des Theaters fort: »Ihr bleibt bei meinem Worte kalt; euch guten Kindern laß ich's gehen. Bedenkt: Der Teufel, der ist alt! So werdet alt, ihn zu verstehen.«

Stubb war davon überzeugt, daß dieser »Teufel«, wie er sagte, »ihm (Ahab), der erpicht ist auf den Weißen Wal, beizukommen sucht«. Er »will ihm seine silberne Uhr oder seine Seele oder etwas dergleichen abknöpfen und ihm dafür Moby Dick ausliefern« (73).

»Niemand wußte, auf welche unberechenbare Weise er (Fedallah) mit Ahabs persönlichem Schicksal verknüpft war, und zwar so weit, daß er ... sogar so etwas wie Autorität über ihn besaß. Fedallah gegenüber konnte man nicht gleichgültig sein. Er war eine von den Gestalten ... von der Urtümlichkeit der ersten irdischen Generationen ..., als, wie die Genesis erzählt, die Engel sich mit den Töchtern der Menschen verbanden, aber auch, wie die weniger strengen Rabbiner berichten, sich die Teufel mit weltlichen Liebschaften abgaben« (50).

Die Genesis erzählt das Folgende: In den Zeiten Noahs »lebten Tyrannen auf Erden. Denn da die Söhne Gottes die Töchter der Menschen beschliefen und ihnen Kinder zeugten, wurden daraus Gewaltige in der Welt und berühmte Leute. Da aber der Herr sah, daß der Menschen Bosheit auf Erden groß war ..., da reute es ihn, daß er die Menschen gemacht

hatte.« Darum ließ er eine große Flut kommen, welche sie ersäufte (Genesis 6, 7).
Fedallahs Gesellen wurden von Stubb sogleich, als sie erschienen waren, »die Schwefelgelben« genannt; er setzte jedoch hinzu: »Teufel sind auch gute Burschen«, und meinte damit, daß sie zur Waljagd brauchbar seien (48).
Ahab hing mit Fedallah ebenso eng zusammen wie Ismael mit Queequeg. Die beiden letzteren wurden durch die Leine, die man Affentamp (72) nannte, direkt verbunden; davon ist noch zu reden. Erstere aber fanden jeder seine eigene Leine und Moby Dick als den gemeinsamen Angelpunkt. Das hanfene Seil fesselte Fedallah auf den Rücken des Weißen Wales (134), und achtzehn Stunden später hing ein Seil mit einem Ende fest an Ahabs Harpune in dem Walleib, und mit dem anderen Ende legte es sich in einer Schlinge um den Hals des Kapitäns und zog ihn unaufhaltbar seinem Feinde nach ins Meer (135), wie sein Lotse ihm längst vorher geweissagt hatte: »Hanf allein kann dich umbringen« (117).
Fedallah hatte richtig prophezeit, und doch betrog er Ahab. Gegen besseres Wissen ließ er ihn im Irrtum: Er prophezeite, zwei Totenbahren sollte er sehen, bevor er stürbe; die zweite würde aus Holz gemacht sein, das in Amerika gewachsen wäre. Und außerdem wollte er, Fedallah, ihm beim letzten Gang als Lotse vorausgehen. Da frohlockte Ahab: Dann »habe ich damit doch zwei Beweise, daß ich Moby Dick erlegen und mit dem Leben davonkommen werde!« Anstatt nun beides zu verneinen, antwortete dieser Lotse: »Noch einen anderen Beweis (hast du), alter Mann: Hanf allein kann dich umbringen.« – Das war kein

Beweis, sondern eine andere neue Wahrheit und eine Irreführung zugleich.

War der Parse überhaupt ein Mensch mit Seele, oder dürfen wir in ihm nur ein teuflisch-übermenschliches Wesen an Verstand und Weitblick, aber ohne das Gefühl für Glück und Unglück und ohne Mitleid erblicken, ähnlich Mephistopheles? Etwas von einer menschlichen Seele scheint doch auch in ihm gewesen zu sein; er hatte mehr Empfindung als Mephisto. Denn als Ahab durch die Zertrümmerung des Quadranten Abschied vom Himmel und von seinem durch den Quadranten bis dahin an den Himmel angeschlossenen Verstand nahm, war auf Fedallahs Gesicht nicht nur das Frohlocken über Ahabs Entschluß zur Finsternis zu lesen, sondern auch »Verzweiflung ob seines eigenen Schicksals« (118).

Queequeg sah nichts voraus. Ihn schien sein Götze Jodscho jeweils nur kurzfristig anzuweisen. Er war geistig nicht größer als Fedallah; auch nach ihren Schülern Ahab und Ismael zu urteilen, war er der weit Geringere. Er war nicht klug; doch ließ er sich metaphysisch leiten – vielleicht halfen ihm auch die Hieroglyphen auf seinem Leibe –, und er tat als ein Mann mit dem Herzen auf dem rechten Fleck zur richtigen Stunde das Nötige; er tat es immer gleich und ganz. Sein Schicksal nahm er freudigen Herzens an je nachdem, ob es ihm auferlegte, gegen die Erwartung noch zu bleiben wie nach seiner Einbettung in den Sarg, oder ob es ihn abberief. So schien er, nach seiner Weise, innerlich frei zu sein und ließ auch Ismael frei; und er erlöste Ismaels Herz (10). – Beide »Lotsen« gingen aneinander ohne eine Berührung vorüber.

18. Zehn Schiffsbegegnungen

Am Kap der Guten Hoffnung begegnete der »Pequod« das erste Walfangschiff; es hieß »Albatros«, so genannt nach den riesigen vorwiegend weißen Sturmvögeln des Südens (52).

Das Weiß des Albatros ist in Ismaels Augen dasselbe wie das fahle Albino-Weiß an Moby Dick, eine »Leichenfarbe« (41), oder wie das Weiß der vom Erdbeben heimgesuchten Stadt Lima, von der Ismael meinte, sie habe »den weißen Schleier genommen, und in diesem Weiß seiner Trauer liegt ein noch größeres Grauen. So alt wie Pizarro halten sich seine Ruinen in ihrer Weiße und lassen das freundliche Grün eines vollkommenen Verfalls« und des aus ihm wiederkehrenden Lebens »nicht aufkommen. Über seine zerborstenen Bollwerke breitet sich die Blässe eines Starrkrampfes, der seine Verzerrung bewahrt« (42).

Der erste Albatros, den Ismael – längst vorher – lebend aus der Nähe sah, lag erschöpft auf Deck »während eines lang andauernden Sturmes in den Gewässern der Antarktis« (42).

Das Schiff, die »Albatros«, war seit vier Jahren unterwegs und »gebleicht wie das Skelett eines gestrandeten Walrosses« (52). Ihre Mannschaft trug die abgerissenste Kleidung. Kein Ruf drang von dem Schwesterschiffe aus derselben Heimat zur »Pequod« herüber, während sie dicht aneinander vorbeifuhren. Ahab rief: »Habt ihr den Weißen Wal gesehen?« Der andere Kapitän hob sein Sprachrohr an den Mund; da aber entfiel es seiner Hand und versank im Wasser. Alle blieben stumm.

Am Heck der »Pequod« stand Ahab und schaute rückwärts in die beiden Kielwässer, die sich kreuzten. Er sah, wie die kleinen, freundlichen Begleitfische seines Seglers in die Spur des anderen hinüberwechselten. »Ihr schwimmt also weg von mir, murmelte er. – In den Worten lag wenig, aber der Ton enthielt mehr an tiefer, hilfloser Trauer. Dann aber wandte er sich an den Rudersmann und rief mit seiner altgewohnten Löwenstimme: Abfallen! Kurs rund um die Welt!« (52).

Bald folgte die »Town-Ho« als zweites Schiff derselben Art. Sie war beinahe ganz mit Südsee-Insulanern bemannt. Der Grund dafür kam Ahab und seinen Maaten nie zu Ohren. Taschtego aber erfuhr es unter dem Siegel tiefer Verschwiegenheit von einem ihrer Matrosen; und von Taschtego hörte es Ismael, als jener im Schlafe sprach. Diese Geschichte hatte mit Moby Dick zu tun und ging Ismael, wie sich später zeigte, persönlich an; denn was sich auf der »Town-Ho« für den Matrosen Steelkilt abgespielt hatte, war ähnlich den Geschicken, welchen Ismael entgegenfuhr. Von der »Town-Ho« erzählte er später spanischen Freunden vor dem Goldenen Haus in Lima (54).

Den Hergang der Geschichte von dem Streite zwischen dem Ersten Maat Radney und dem Matrosen Steelkilt, in dessen Verlaufe der Mann dem Maate die Kinnlade zerschlug, erzählen wir unten. Hier ist aber zu erwähnen, daß Radney schließlich vom Weißen Wal in die Tiefe gerissen wurde. Steelkilt erreichte das französische Tahiti, welches für ihn zu der Insel des Friedens wurde (54).

Ismael schloß seinen Bericht in Lima mit einem Schwur auf das Evangelium: »Ich war an Bord des Schiffes und habe die Mannschaft gekannt. Ich habe nach Radneys Tod mit Steelkilt gesprochen« (54).
Ist das bei einer späteren Gelegenheit nach dieser Reise mit Ahab gewesen? Denn Steelkilt war nicht mehr an Bord der »Town-Ho«. Da eine spätere Begegnung mit Steelkilt im Roman aber nicht vorkommt, könnte man hier einen Fehler in dessen Aufbau finden; dann wäre die selbständige »Town-Ho«-Geschichte mit der Reise Ismaels nur mangelhaft verknüpft; – es sei denn, der Dichter wollte durch Ismaels feierlichen Schwur andeuten, daß beide Männer in Wahrheit einer und derselbe waren. Dieser Sinn des »Fehlers« ist wahrscheinlich, weil der Dichter, dessen Vertreter im Roman sonst immer Ismael ist, selbst einmal von einem Walfangschiff in der Südsee desertierte.
Auch der Name Ismael ist ja vorgewandt, wie der erste Satz des Romans sagt: »Nennt mich Ismael.« Da dieser beteuert, daß er bis zur Reise mit der »Pequod« »in den Geheimnissen der Walfängerei noch ein völliger Neuling war« (12), müßte Steelkilts Reise auf der »Town-Ho« später stattgefunden haben, und die Begegnungen beider Schiffe in den beschriebenen Umständen wäre unmöglich. – Durch diese Überlegung wäre der poetische Bruch nicht beseitigt; die innere Ähnlichkeit der Schicksale beider Männer aber bleibt bestehen.
Eine ähnliche Frage gab es bei der Begegnung mit Elia (21), als Ismael als Fahrtziel den Indischen Ozean angab, zu welchem Kurs der Kapitän sich aber erst südlich von St. Helena (51) entschloß.

Nach längerer Zeit begegnete der »Pequod« ein drittes Walfangschiff mit Namen »Jerobeam« (71).

Das Schiff hieß wie der König von Israel, der als erster gegen das messianische Haus David aufstand und den zehn nördlichen Stämmen Israels falsche Priester, die nicht von Levi herkamen, und statt des einen Tempels Gottes in Jerusalem falsche Heiligtümer mit goldenen Stieren als Gottesbilder gab (1. Könige 12; 14. 9). – Jerobeam war als König tüchtig; in den entscheidenden religiösen Formen aber ließ er sich verführen.

Ähnlich stand es mit dem Kapitän der »Jerobeam«. Er war unter die innere Vormundschaft eines Sektierers geraten. Die Matrosen nannten diesen Mann den »Zitterer Gabriel«; er kam von einer verkommenen Abart der Quäker her (71).

Auf der »Jerobeam« kannte man den Weißen Wal; ihr Kapitän wollte Ahab vom Boot aus über ihn berichten, »eine dunkle Geschichte von Moby Dick«. Da fuhr ihm Gabriel dazwischen: »Denk an dein Walboot, zerschmettert und versunken. Hüte dich vor dem fürchterlichen Schwanz!« – Dann trennte eine hochgehende See sein Boot und die »Pequod«, so daß niemand mehr etwas verstehen konnte. – Gabriel hielt den Weißen Wal für den Gott der Zitterer und sich selbst für dessen Propheten (71).

Der Erste Maat der »Jerobeam« war auf der Jagd nach Moby Dick im Meer versunken. Ausgerechnet an ihn hatte Ahab einen Brief aus der Heimat bei sich und reichte ihn dem anderen Kapitän mittels eines Spatens ins Boot. Es war ein Brief an einen Toten. Gabriel erwischte den Brief und schleuderte ihn mit einem offenen Messer zurück an Bord der »Pequod«, wo die Klinge zu Ahabs Füßen in die Planke fuhr.

Dabei rief er höhnend: »Behalt ihn, du gehst ja bald den gleichen Weg!« (71).

Die »Jungfrau« war aus Bremen und begegnete als viertes Fangschiff unserem Segler. Ihr Kapitän setzte mit einem Boote und einer Lampe in der Hand zur »Pequod« über und bat um Öl. Er hatte noch keinen Fisch gefangen; sein Schiff war »ledig«. Vom Weißen Wal wußte er nichts (81).
Die kleine Bettelfahrt wurde durch acht auftauchende Pottwale unterbrochen. Die Mannschaften beider Schiffe stürzten sich augenblicklich in die Jagd. Dabei fingen die Amerikaner den Deutschen einen halblahmen Bullen vor der Nase weg. Die übrigen Wale entkamen. Das getötete Tier versank im Meer, wie es hin und wieder geschieht. Nun waren beide Seiten ohne Beute. Da tauchte ein Finnwal auf. Die Deutschen ruderten ihm bis über den Horizont hinaus nach. Finnwale aber sind so schnell, daß kein Ruderboot sie jemals erreicht hat. Die »Jungfrau« blieb auch weiterhin »ledig« (81).

»Bouton de Rose« oder die Rosenknospe hieß das fünfte Schiff, welches die »Pequod« mit seiner Nähe beehrte. Die Franzosen hatten an einem gestorbenen, übel stinkenden Wal festgemacht. Ihr Kapitän wußte nichts von Moby Dick, nicht einmal den Namen. Er ließ sich vom Zweiten Maat der »Pequod« als von einem alterfahrenen Jäger bereden, den Kadaver wegen Krankheitsgefahr fahren zu lassen. Kaum war er aber los, so stach Stubb ihm ins Gedärm und holte mitten aus dieser »Pestilenz« einen Ballen Ambra hervor, faustgroß, gelbbraun und mürbe bröckelnd

wie Schimmelkäse, von herrlichem Duft. Der Apotheker in Nantucket bezahlte damals für die Unze Ambra eine Goldguinee (91–92).

Die »Samuel Enderby« war das sechste begegnende Schiff. London war sein Heimathafen und Mr. Boomer sein Kapitän. Boomer hatte an der »Linie« im Kampfe mit Moby Dick den linken Arm verloren und trug nun einen falschen aus Walgebein. Er und Ahab kreuzten statt eines Handschlags ihre Knochenglieder. Boomer hatte den Weißen Wal aus nächster Nähe gesehen und meinte, allein an Walrat stecke in dem Riesen eine Schiffsladung.

Das Schiff hieß nach dem Seher Samuel, der dem König Saul sein Ende auf dem Schlachtfelde voraussagte (1. Samuel 28). Damals war Samuel schon tot. Er warnte Saul, indem die Hexe in Endor seinen Geist aus dem Totenreich beschwor. So warnte nun auch Boomer nach dem schlecht bestandenen Kampf mit Moby Dick seinen Kollegen Ahab. – »Samuel in Endor« gab der »Samuel Enderby« ihren Namen.

Kapitän Boomer war Moby Dick dreimal an der »Linie« begegnet – genauso, wie es Kapitän Ahab später beschieden war –, hatte aber nach dem Unfall beim ersten Mal während der zweiten und dritten Begegnung »kein Bedürfnis« mehr »festzukommen« (100).

Sein Schiffsarzt, Dr. Jack Bunger, zu deutsch Johannes Spundler – das ist der Mann, welcher den Zapfhahn eines Fasses voller Alkohol bewahrt –, in einem »verblichenen blauen Hemd«, mit der Farbe der »blaßblauen Hügelhänge« des Jenseits, von wel-

chen im »Vergolder« (114) die Rede sein wird, hatte den böse aufgerissenen Arm des Kapitäns amputiert, hatte jede Nacht bis halb drei Uhr bei ihm gewacht und seine Diät derweil ganz auf Grog umgestellt. Er selbst war »weiland geistlichen Standes« und »strenger Abstinenzler«, natürlich von Wasser (100). – Ein genaueres Abbild des alten Weingottes Bakchos hätte man unter Seeleuten nicht finden können.
Dem Alkohol begegnen wir im Roman wohl fünfmal: zuerst im Gasthaus von Peter Sarg, der »Taumel und Tod« in Gläsern verkaufte (3). Etwas später (13) erzählte Queequeg von einer feierlich-komischen Trinkerei bei der Hochzeit der kleinen Inselprinzessin, welche seine Schwester war. Dann wurde der heiße Alkohol zum Element des teuflischen Sakramentes der Vereidigung auf hoher See (36); Queequeg erhielt nach dem kalten »Affentamp« (72) einen Becher Grog, und nun (100) wurde der Alkohol zu Dr. Bungers Diät und Medizin gegen die schlimmen Folgen eines Kampfes mit dem Weißen Wal.

Zwischen den Begegnungen mit der »Samuel Enderby« und dem siebenten Fangschiff, der »Bachelor«, führte Ahab ein nächtliches Gespräch mit seinem Zimmermann, in welchem er das Bild eines neuen, eisernen Leibes für sich entwarf (108). Außerdem legte Queequeg sich todkrank in einen Sarg, den ihm der Zimmermann zu einem letzten Liebesdienst machte statt des erbetenen Kanus, in welches man auf seinem Heimateiland einen sterbenden Königssohn wie ihn gelegt hätte, damit er zu den Inseln der seligen Toten gelangen könne (110). Schließlich schmiedete Ahab damals eine Harpune (113).

Die »Bachelor« oder die »Hagestolz« aus Nantucket war das siebte Schiff, das Ahab zu Gesicht bekam. Sie war voll beladen mit Tranfässern auf der Heimfahrt. Ihr vergnügter Kapitän glaubte, wie er auf Ahabs Frage nach dem großen Wal zurückrief, nicht an die Existenz von Moby Dick. Nach der Vorbeifahrt gingen Ahabs Augen wehmütig hin und her zwischen jenem Schiff und einem Fläschchen voller Sand aus Nantucket, das er auf der »Pequod« bei sich führte (115).

Von dem Abschied der »Hagestolz« bis zum achten Schiff, der »Rahel«, die das letzte Schicksal Ahabs und seiner Leute brachte, tauchte die »Pequod« nacheinander in alle Elemente ein, angefangen mit dem wenigen Staub von einer Sandbank bei Nantucket bis zu Blitz und Donner unterm Großmast.

Und Queequegs Krankheit, die ihn in den Sarg warf, lag in derselben Weise vor der Fahrt durch die Elemente, welches schon APULEIUS als die Station seiner Einweihung angab: »Als ich die Schwelle der Persephone überschritten hatte, fuhr ich durch alle Elemente zurück . . .« (Metam. 11 23. 6–7).

Die »Rahel« brachte die Entscheidung im Schicksal der Dreißig von der »Pequod«. Trotzdem war sie nicht das letzte begegnende Fangschiff. Nach ihr kam noch die »Delight« oder »Freude«, von der im Widerspruch zu diesem Namen erst am Vortag fünf Männer durch Moby Dick im Ozean »bestattet wurden, noch ehe sie tot waren«. Ihr hohlwangiger Kapitän war der Überzeugung: »Die Harpune ist noch nicht geschmiedet«, die den Weißen Wal erlegt (131).

Ahab dachte anders; er besaß seine neue, haarscharf

geschmiedete und im Blute seiner drei wilden Harpuniere gehärtete Harpune (113). Er hielt sie für die rechte Waffe, der Moby Dick nicht würde entrinnen können. Außerdem war die »Pequod« jetzt wieder in jenen Gewässern, in welchen vor einem Jahre der Weiße Wal ihn um sein linkes Bein gebracht hatte. Alles in seiner Seele schrie nach Rache, und die Möglichkeit dazu schien jetzt dazusein.

Ahabs Schicksal hing nicht an dem ihm zuletzt begegnenden Schiff »Die Freude«, sondern fand schon in seiner Unterredung mit dem Kapitän der »Rahel« die entscheidende schlimme Wende. Darum befassen auch wir uns wieder mit der »Rahel«. – Ihr Kapitän stammte aus Nantucket und war ein guter alter Bekannter Ahabs. Er berichtete an Bord der »Pequod«: Gestern kam eines meiner Boote an Moby Dick fest und wurde von ihm über den Horizont hinaus geschleppt. Da nun zugleich die Männer der drei anderen Boote in Sichtweite Wale fingen, mußten wir uns nach dem Recht zuerst um diese als die näheren kümmern. Das dauerte über die Mitternacht hinaus. Nun erst konnten wir dem verlorenen Boote folgen. Jetzt ist das Schiff schon über dessen letztgesehene Position hinaus, und weit und breit ist nichts zu erblicken. In dem Boot saß auch mein einziger Sohn, erst zwölf Jahre alt. – Der fast gebrochene Vater bat Ahab inständig, ihm beim Suchen mit seinem Schiff zu helfen, ihm das Schiff für nur achtundvierzig Stunden zu leihen (128).

Ein hellsichtiger Matrose der »Pequod«, »der Graukopf von Man« (der Insel), wie sie ihn nannten, hatte tags zuvor (126) ein Stöhnen über See gehört und daraus geschlossen: »Ich – wir alle haben ihre Seelen gehört« (128). Er hielt die Bootsmannschaft für tot. Davon wußte Ahab nichts. Es wäre ihm aber auch gleichgültig gewesen. Sein Sinn stand nicht nach Hilfe und Errettung von Menschenleben, sondern nur nach Moby Dick. »Mister Starbuck, seht nach der Uhr beim Kompaßhaus«, rief er. »Innerhalb drei Minuten muß jeder Fremde von Bord sein. Dann wieder vollbrassen und Kurs wie vorher« (128). Nach Osten ging die rasche Fahrt dem Weißen Wal nach.

Die erste Rahel war des Erzvaters Jakob geliebtes zweites Weib und wurde zur Mutter dreier Stämme in Israel: Ephraims, Manasses und Benjamins. Sie starb, als Benjamin geboren wurde, auf der Höhe von Bethlehem (Genesis 35. 19). Als sich tausend Jahre später die Reste Israels in Bethlehem versammelten, um vor den Babyloniern nach Ägypten zu fliehen, schrieb der Prophet Jeremia: »Man hört die Stimme der Klage und ein bitteres Schluchzen auf der Höhe. Rahel weint über ihre Kinder und will sich nicht trösten lassen; denn es ist aus mit ihnen« (Jeremia 31. 15). Der Evangelist Matthäus wiederholt die Worte des Propheten, wo er Herodes' Kindermord erzählt, den der König in Bethlehem beging, um den Messias aus dem Hause David schon als Knaben zu vernichten. Er beging ihn vergeblich (Matthäus 2. 18). Daran erinnerte sich Ismael anläßlich der Todesahnung des Mannes von Man für das fremde Boot mit dem Knaben (126).

*

Wir fassen die Begegnungen der »Pequod« zusammen: Ahab fragte neun Kapitäne nach dem Weißen Wal.

Der erste konnte nicht antworten, drei andere kannten ihn nicht. Der Kapitän des sechsten Schiffes hatte durch ihn einen Arm verloren. Dem zweiten und dem dritten Schiffe entriß der Wal den Ersten Maat, den beiden letzten je eine ganze Bootsmannschaft. Ahab hörte also von vierzehn kürzlich durch Moby Dick umgekommenen Toten, bevor er seine dreißigköpfige Mannschaft in denselben Untergang führte.

Wichtiger ist die innere Ordnung der Begegnungen, die in Kürze zu schildern schwer ist, aber wenigstens versucht sei:

1. Die »Albatros« bringt die Überschrift für alle: Die Reise in den Tod (52).
2. Die »Town-Ho« mit Steelkilts Abenteuern (54) bietet einen Entwurf des Ganzen dar mit der Hoffnung auf ein endliches Reich des Friedens (Tahiti).

   Ismaels Entwicklung läßt sich in drei Stufen gliedern: »Beide Welten« (12) hießen für ihn zuerst die Welt der irdischen Sinne und die Welt der Seele und des Geistes; dann wurden die »beiden Welten« zu »den Schrecknissen des halbbewußten Daseins im Innern des Menschen«, dargestellt durch die See mit ihren verborgenen Raubungeheuern, und in deren Mitte zu dem »Inselreich Tahiti voller Friede und Glückseligkeit« des Geistes (58); zu diesem Frieden gelangte Ismael durch Queequeg. Schließlich aber handelte es sich nur noch um die Doppelheit geistiger Mächte, der Macht der Tiefe und der Macht der Höhe, was sich in Ahabs Endkampf und im Epilog besonders klar darstellt. Wenn wir Ismaels Entwicklung einmal nach solchen drei Stufen auffassen, dann entspricht die Geschichte Steelkilts der mittleren (54). Dessen Geschichte lernen wir unten näher kennen.

3. Die Männer der »Jerobeam« zeigen die bevorstehende Begegnung Ahabs und seiner Leute mit dem Weißen Wal in konkreten Andeutungen (71).
4. Die »Jungfrau« (81) stellt, auf den Ozean übertragen, dasselbe Bild vor uns hin wie Apuleius (Metam. VII. 13) mit seiner »Jungfrau im Triumph auf einem Esel« – und vielleicht auch wie die Bibel mit dem Einzug des messianischen Königs in Jerusalem (Sacharja 9. 9; Matthäus 21. 5–11; u. a.) – alle auf dem Weg zum Tode.
5. Die »Rosenknospe« (91) bringt im Duft der »Grauen Ambra« (92) die Vorahnung einer Errettung aus dem Tode, wenn nicht gar einer Auferstehung aus dem Schoße der Verwesung (91). Ihre Heimat Frankreich ist nach Steelkilts Erzählung wohl wie eine höhere Oktave der Friedensinsel oder des französischen Tahiti (54, 58) anzusehen.

   Dieses geistige »Tahiti« war das Ziel der Führung Queequegs, der auch von einer solchen Südseeinsel stammte (12). Dann geht die Führung mehr und mehr allein auf Ahab über. Die beiden verhalten sich zu Ismael wie ein Mystagoge, den in den alten Weihen jeder Myste für sich hatte, und ein Hierophant, der durch heilige Zeichen und Rufe die Schau aller Mysten auslöste.
6. Die »Samuel Enderby« warnt und gewährt einen genauen Vorblick auf Verlockung und Gefahr

des Kampfes gegen die Macht der Unterwelt, gegen Moby Dick (100).

7. Die »Hagestolz« lenkt den Blick noch einmal zurück auf die Erde und ihre Schätze (115). Es beginnt damit eine Fahrt durch die Elemente Erde, Wasser, Luft und Feuer.
8. Die »Rahel« führt Ahabs Entscheidung herbei und zeigt das Bild des gesuchten Knaben im Totenreich (128), das vor der großen Fahrt in der Gründungsgeschichte von Nantucket schon einmal erschienen war (14).
9. Die »Freude« stellt den Tod unverhüllt vor Augen (131).
10. Die wiederkehrende »Rahel« rettet Ismael (Epilog).

19. Neun und Zehn

Neun Schiffe begegneten der »Pequod«, und neun Monate – vielleicht auch zehn – dauerte die Fahrt, wie die Bilder der Golddublone und ihre Deutung durch Ismael, Ahab und den alten, hellsichtigen Mann von der Insel Man es zeigten: Die Reise begann am Weihnachtstage unter dem Sternzeichen des Steinbocks, und sie vollendete sich frühestens unter dem Löwen im August. Ahab und Ismael erwarteten den Weißen Wal unter dem Zeichen der Waage zur Zeit der Tag-und-Nachtgleiche des Herbstes, etwa am 21. September (99). Das Versöhnungsfest, der Jôm kippur im September, ist als der Todestag Ahabs und seiner Schiffsmannschaft wahrscheinlich.

Die Neun oder die Zehn – die »Rahel« kam wenigstens für Ismael zu einer zehnten Schiffsbegegnung hernach zurück –, diese Zahlen scheinen dem Dichter wichtig zu sein. Denn er betont, entgegen der Meinung heutiger Zoologen, daß »der Pottwal wie auch alle anderen Arten des Leviathans im Gegensatz zu allen übrigen Fischen zu allen Jahreszeiten nach einer Trächtigkeit, die man wahrscheinlich mit neun Monaten annehmen muß, ein Junges zur Welt bringt, wenn auch einige wenige Beispiele bekannt sind, wo ein Esau und ein Jakob geboren wurden« (87).
Sucht man die Neun oder Zehn anderwärts in ähnlichem Stellenwert, so fällt der Blick zuerst auf die verschiedenen Maße des Monats. Wir errechnen ihn als ein Zwölftel des Sonnenjahres. Danach tragen Mensch und Wal nach Meinung des Dichters ihre Kinder neun Monate lang. Natürlicherweise aber fallen dreizehn Neumonde in ein Jahr, und danach tragen Mensch und Wal zehn Monate lang.
Herodot (484–430 v. Chr.) erzählt: »Die Spartaner haben dieselben Bräuche beim Tode von Königen wie die Barbaren in Asien ... Fällt ein König im Krieg, so wird ein Bild des Toten hergestellt und auf einer reich geschmückten Bahre zu Grabe getragen ... Zehn Tage lang dauert die Totenklage« (VI. 58).
Ebenso deutlich stehen die Neun und die Zehn in den Mysterien von Eleusis da: Hier fasteten die Mysten neun Tage lang, um während der Nacht zum zehnten Tage im Feuer Persephone, die Göttin und Herrin der Toten, mit ihrem Knaben zu schauen, wie uns der Kirchenvater Hippolyt berichtet. Das geschah zu Michaeli oder etwas später.
Auch die Weihen der Isis forderten ein zehntägiges

Fasten und gewährten in der letzten, heiligen Nacht die Gottesschau. Den Inhalt dieser Schau umriß der lateinische Afrikaner Apuleius mit dem Satze: »Ich bin zur Grenze des Todes vorgedrungen. Als ich die Schwelle der Persephone überschritten hatte, fuhr ich durch alle Elemente zurück ... Den unteren und den oberen Göttern nahte ich mich ganz und betete sie in unmittelbarer Nähe an« (Metam. 11. 23. 6–7).

Ahab sah nach neun- oder zehnmonatlicher Fahrt Moby Dick als einen, wie der Zitterer Gabriel von der »Jerobeam« glaubte (71), mörderischen, unteren Gott von Angesicht zu Angesicht und starb, indem er schaute. Eines oberen Gottes Anblickes scheint er nicht gewürdigt worden zu sein.

Die angeführte Mysterienformel stellt die Fahrt durch die Elemente vor die Begegnung mit den unteren Göttern. Da die »Pequod« gleich nach dem achten Schiff auf den Weißen Wal stieß, liegt im Roman die Fahrt durch die Elemente zwischen dem siebten und achten Schiff genau richtig im Sinne der Formel.

Für Christen spielt die Neun als die Zahl der Engelreiche eine Rolle. Ismael spricht oft von Engeln, manchmal von Erzengeln und einmal von den höheren Engelordnungen mit den Namen »die Fürstentümer« und »die Mächte« (106). Die Bibel hält es damit ähnlich; die meisten Ordnungen zählt Paulus im Brief an die Kolosser (1. 16) auf. Zusammenfassend schrieb »Über die heilige Rangordnung der Engel« oder über die neun Hierarchien ein Christ im syrischen Antiochia um das Jahr 500 unter dem Namen des Paulus-Schülers Dionysius Areopagita (Acta 17. 34).

Die Seelen guter und tüchtiger Menschen dürfen nach dem Tode unter den Hierarchien weilen. Ismael sieht sie dort einmal wie »spielmüde Kinder schlummernd liegen« (114). Seinem Hierophanten Ahab aber spricht er beinahe Erzengelgröße zu (106). Vielleicht lassen die Engel solche Menschen, deren Seelengeister der Erhöhung fähig sein werden – Ismael glaubt an ihr langwieriges Wachsen in der Seelenwanderung (98) –, einmal als eine zehnte Klasse ewiger Wesenheiten zu. Die höchsten Grade der Weihen, wenn sie im Geist erworben und nicht von Menschen verliehen sind, mögen ihre Empfänger auch über das Maß einer zukünftigen, erhöhten Menschheit hinauswachsen lassen. Ismael glaubte das jedenfalls, indem er Menschen wie Ahab infolge des von ihnen erlittenen Übermaßes an Leid »erzengelhafte Größe« (106) zusprach. Ihr geistiges Wachstum braucht darum aber nicht voll harmonisch verlaufen zu sein. An Ahabs Haut war noch ein Rest von Hainatur zu spüren, wie Pip bemerkte (125); es blieben auch Zweifel, ob er nicht mit »feindseligen Fürsten und Mächten des Feuers im Bunde« stehe (106). So wie man weiße, graue und schwarze Magier unterscheidet, so mag man Ahab einen »grauen« Hierophanten nennen.

In Eleusis drückte der Hierophant die Erhöhung oder »Vergottung« in der zehnten Nacht der Feiern bildlich durch den von Hippolyt erhaltenen Satz aus, welchen jeder Hörer in seiner Hoffnung auch auf sich beziehen durfte: »Die Jungfrau hat einen Knaben geboren, die Starke den Starken.« Für den einzelnen ist die Jungfrau die geläuterte Seele und der Knabe das hierarchische Wesen, das aus ihr geboren werden möchte.

20. »Die Geschichte der Town-Ho« (54)

Die »Town-Ho«, das zweite der begegnenden Walfangschiffe, barg eine Geheimgeschichte mit einem Bilde als ihrem Mittelpunkt, welches die drei Kreuze auf Golgatha spiegelt. Ein Matrose vertraute sie Taschtego an, und von ihm erlauschte sie die Mannschaft der »Pequod«, als er im Traume sprach. Keiner ihrer Offiziere erfuhr davon.

Auf der »Town-Ho« fuhr jener Matrose aus Buffalo namens Steelkilt. Er besaß Erfahrung von den großen Binnenseen – im Aufbau der Geschichte vielleicht ähnlich, wie Ismael solche von seiner ersten, kleinen Fahrt allein mit Queequeg hatte –, jedenfalls trieb Steelkilts innere Überlegenheit den jungen Maat Radney zu Schikanen gegen ihn, die schließlich dazu führten, daß Steelkilt dem Offizier die Kinnlade entzweischlug. Als dann der Kapitän für den Matrosen die vorgesehene schwere Strafe der Auspeitschung befahl, kam es zu einer vorübergehenden Meuterei der Mannschaft, in welcher Steelkilt mit zwei anderen am längsten aushielt. Diese beiden Verräter an ihrem Kameraden aber lieferten ihn am Ende gefesselt an den Kapitän aus, um selbst der Strafe möglichst zu entgehen.

Die drei Delinquenten standen schließlich nebeneinander angebunden an Deck; Steelkilt in der Mitte. Da der Kapitän die Verräterei noch mehr verachtete, als ihn die Meuterei erzürnt hatte, vollzog er die Auspeitschung mit dem Tauende zuerst an jenen beiden. Er tat sein Werk an »den beiden Verrätern, bis sie wie ein Abbild der beiden Schächer am Kreuz leblos die Köpfe herabhängen ließen«. Vor Steelkilt wich er zurück, als dieser ihm ein allen anderen unverständliches Wort zuzischte. Der Kapitän erklärte die Sache für erledigt. Da aber griff der Maat Radney von sich aus ein und peitschte Steelkilt aus, obgleich auch er durch ein gezischtes Wort gewarnt wurde.

Bei der nächsten Waljagd waren dieser Maat und dieser Mann im gleichen Boot. Die Harpune wurde fest an einem riesigen weißen Bullen, auf dessen Rücken sie in Kürze wie auf einer Klippe aufliefen. Dabei fiel Radney, der mit seiner Lanze jetzt schon vorn im Boot stand, über Bord. Da warf der Wal sich herum, packte den Maat mit seinem schiefen Kiefer und tauchte weg. Er hätte das Boot mit sich in die Tiefe gezogen, wenn nicht der Mann am Bug, Steelkilt, die Leine gekappt und, völlig im Recht, dadurch den Maat für immer hätte versinken lassen. Alle Matrosen des Bootes sahen deutlich, daß dieser Wal einen gebrochenen und dann wohl schief wieder angewachsenen Unterkiefer hatte. – Die himmlische Gerechtigkeit selbst schien durch das Ungetüm als Werkzeug eingegriffen zu haben. Es handelte sich um Moby Dick. *Steelkilt konnte bald darauf mit den meisten Matrosen die amerikanische »Town-Ho« verlassen, mit einem Eingeborenenboote nach Tahiti fliehen und von dort auf einem Segler Frankreich als eine sichere Zufluchtsstätte erreichen. Die »Town-Ho« aber mußte mit jener seltsamen Besatzung aus neu geworbenen Wilden sich behelfen, mit der sie der »Pequod« hernach begegnete (54).*

Ist das dem Tode Jesu ähnliche Bild vom Leiden des Gerechten christlich zu nennen? Versteht der Dichter es so? Er erklärt hernach: »Der wahrhafteste aller Menschen war der Schmerzensmann«, und meint damit Jesus (96). – Meint er auch, in dem Gekreuzigten das eine Urbild des Menschen zu sehen, den Sohn Gottes, wie es dem Begriffe der Christen von ihrem Erlöser entspricht, oder wählt er dieses Bild nur als bekanntes und eindrucksvolles Beispiel für das allgemeine Leid der Menschheit und des Menschseins? Später sucht er, für das allgemeine Leid den Sinn und Umfang zu ergründen, und sagt: »In jedem Leid steckt ein rätselhafter Sinn, wodurch manche Menschen zu einer erzengelgleichen Größe erhoben werden ... Selbst die Götter thronen nicht in ewiger Glückseligkeit. Das untilgbare Geburtsmal des Leidens auf der Stirn des Menschen ist nur der Stempel des Kummers in der Seele des Schöpfers« (106). Steelkilts Leiden bestand in einer Geißelung; nur die Gesellen zur Rechten und zur Linken erinnern an Golgatha. Unter den Leiden Jesu gab es auch die Geißelung (Johannes 19. 1), aber dabei war er allein. Der Anklang an Golgatha wird vom Dichter zwar bewußt herbeigeführt, dann aber nicht ganz erfüllt. Geißelungen gehörten im Altertum zu geheimen Kulten und erscheinen im Abbild etwa bei Apuleius im Märchen als Aphrodites Strafe gegen Psyche, in den »Metamorphosen« als die für Lukios in Eselsgestalt und in »Daphnis und Chloe« von Longus (2. Jahrh. n. Chr.) für den Knaben und das Mädchen; bildlich dargestellt ist eine solche in der Casa dei Misteri vor dem Tore von Pompeji. Dort wird unzweifelhaft die Einweihung eines etwa siebzehnjährigen Mädchens in die dionysischen Mysterien geschildert. (Die Bilder sind aus dem ersten Jahrhundert n. Chr.). Solche

Weihen vollzog man an Mädchen frühestens mit zwölf Jahren, an Knaben mit fünfzehn und spätestens mit fünfundzwanzig Jahren, während die viel wichtigeren Großen Weihen in Eleusis frühestens im reifen Heiratsalter mit zwanzig oder mehr Jahren empfangen wurden und in Erneuerungen lebenslang. Die wenigstens anderthalb Jahre vorher geforderten Kleinen Weihen entsprachen wohl den weitverbreiteten Dionysos-Mysterien.

*

Auch im Hohenliede Salomos erfährt die suchende Braut eine Geißelung:

»Ich schlafe, aber mein Herz wacht.
Da ist die Stimme meines Freundes, der anklopft:
Tue mir auf!
Ich habe meinen Rock ausgezogen.
Ich habe meine Füße gewaschen ...
Aber mein Freund steckte die Hand
durch das Riegelloch.
Da stand ich auf, daß ich ihm auftäte ...
Aber er war weg und fortgegangen.
Meine Seele war außer sich.
Ich suchte, aber fand ihn nicht.
Ich rief, aber er antwortete nicht.
Es fanden mich die Hüter,
die in der Stadt umhergehen.
Sie schlugen mich wund;
die Hüter auf der Mauer nahmen mir den Schleier.
Ich beschwöre euch, ihr Töchter Jerusalems,
findet ihr meinen Freund,
so saget ihm, daß ich krank vor Liebe läge.«

(Hohes Lied 5. 2–8)

Die jeweilige erotische oder unerotische Darstellung ist für das Mysterium nur von geringem Belange. Die Vergleiche zeigen, daß MELVILLE aus denselben oder ähnlichen Erfahrungen schöpfte wie diese Zeugnisse der Antike, aber keinesfalls das spezifische christliche Mysterium meinte. Wir denken dabei nie an eine äußere Kopie und nur selten, wie bei der dreifachen Geißelung auf der »Town-Ho«, an eine Angleichung – hier an Golgatha. Der Dichter gibt zwar Hinweise auf alte Zeugen zum leichteren Verständnis, seine Bilder und Szenen sind auch ähnlich, aber dennoch fast immer neu.

*

Zweimal hören wir von körperlichen Mißhandlungen auch auf der »Pequod«. Schon beim Ankerhieven in Nantucket half Peleg dem an seiner Handspake nur zögernd arbeitenden Ismael von hinten mit dem Fuße kräftig nach (22). Und gegen Ende der Reise versetzte Ahab seinem Rudersmann mit geballter Faust einen Schlag, als er merkte, daß das Schiff zur Heimfahrt gewendet hatte (124). Vielleicht war auch hier Ismael der geschlagene Mann; denn zuvor wird uns erzählt, daß er den Dienst am Steuerruder anstelle Bulkingtons gelegentlich tun mußte (96). Über seine Nachfolge zu Bulkington sprachen wir unter »Ritter und Knappen«.

III. Wal und Weißer Wal

1. »Walkunde« (32) oder Der neue König

Ismael bedenkt gegen Anfang seiner »Walkunde«: »Wer bin ich, der ich versuche, diesem Leviathan einen Angelhaken in die Nase zu stecken? Die furchtbaren, hohnvollen Worte bei Hiob sollten mich abschrecken: Meinst du, daß er (der Leviathan) einen Bund mit dir machen werde? Siehe, die Hoffnung wird jedem fehlen. – Aber ich habe Bibliotheken durchgepflügt und Weltmeere durchschifft. Mit diesen meinen sichtbaren Händen habe ich mit dem Wal zu tun gehabt. Es ist mir Ernst damit, und ich will es versuchen. Einige Vorfragen sind dabei zu klären« (32).

Pottwale sind Riesen unter dem sowieso schon großen Geschlecht der Wale. Um Wale geht es in der Hälfte des Romans. Ismael stellt sie ganz unter ihr Element, zählt sie darum zu den Fischen (32), teilt sie – als Schreibender und nicht als Jäger oder Zoologe – nur nach ihrer Größe ein und nennt sie gemäß den gängigen Klassen von Büchern: »Folio-, Oktav- und Duodez-Wale« (32).

Nur die Folio-Wale liefern so viel Tran, daß ihre Jagd verlohnt. Das wußten auch unsere Altvorderen im Mittelalter. Weil sie aber in den nördlichen Gewässern jagten, schätzten sie den Grönlandwal über alle an-

deren; das ist der Wal, der in seinem riesigen Maule statt der Zähne Barten trägt, mit denen er den Krill, bestehend aus Millionen kleinster Lebewesen, von der Oberfläche des Ozeans wegkämmt. Vom Krill allein ernährt er sich.

Heute sollen wir unsere Hochschätzung aber einem anderen schenken! Denn wie »bei den großen Dichtern vergangener Zeiten der Grönlandwal ohne Nebenbuhler der Beherrscher der Meere war«, so »ist endlich die Zeit gekommen, einen neuen König auszurufen. Hört, ihr guten Leute alle: Der Grönlandwal ist abgesetzt, der große Pottwal hat den Thron bestiegen ... Sein Leben wartet weit mehr als das aller anderen Wale seines Biographen« (32). Die Zentralprovinz seines Reiches liegt nicht im hohen Norden, sondern in den tropischen Gewässern, vorzüglich am Äquator oder »an der Linie«.

Von des Finnwals königlicher Hoheit als des dritten im Fürstenstand der Folio-Wale sprechen wir anläßlich von König Ahas' Sonnenuhr (32), von welcher uns der Prophet Jesaja (38. 8) berichtet; das soll geschehen unter der Überschrift »Die Kompaßnadel (124) oder Die unsichtbare Sonne«.

Obgleich der Pottwal nun der Herrscher über das vielstämmige Volk der Wale ist und obgleich Moby Dick der König der Pottwale war, und mehr noch, wie ein Held und Weiser und ein Gott unter ihnen lebte, wenden wir uns auch dem Wal gemeinen Standes zu.

Zuvor aber suchen wir Ismaels weiten Horizont zu ermessen, weil er es ist, der uns in die Walkunde einführt.

2. »Der Ausguck« (35)

Im »Ausguck« (35) bekennt Ismael: »Laßt mich mein Herz erleichtern und gestehen, daß ich ein trauriger Ausguckposten war. Wie konnte ich, während ich mir überlassen blieb, in einer solchen Gedanken gebärenden Höhe, wie konnte ich da die Order beachten: Augen offen halten und allemal aussingen! – Ihr Schiffseigentümer aus Nantucket, hütet euch, einen Burschen mit hohlen Augen anzuheuern, der den Phaidon statt des Bowditch im Kopf hat« (35).

Der »Bowditch« war zu Ismaels Zeiten das gängige Werk der Seemannskunde. Im »Phaidon« schildert PLATON die Lehre seines Meisters SOKRATES über die Welt der Toten. Wenn Ismael nach »den Rätseln des Universums« (35) Ausschau hielt, entsprach sein Horizont Queequegs Entschluß in New Bedford, ihm zuliebe – um es wieder Ismael selbst sagen zu lassen – »in jeder Beziehung mein Schicksal zu teilen und Hand in Hand mit mir kühn in das Schicksal beider Welten hinabzutauchen« (12).

Ismael sah seine Seele immer zwischen zwei, oder wie er anfangs sagte, zwischen »beide Welten« (12) gestellt; zuerst zwischen die Welt der Sinne, in welcher ihn Schwermut und edle Trauer befielen (1) – sie wurde ihm dann mehr und mehr zur Welt der Wale und Walfänger –, und andererseits die Welt der Seele und des Geistes, die er anfangs in New York durch ein übersinnliches Gesicht (1) und dann weiter Schritt vor Schritt an Queequegs und Ahabs Seite erfuhr.

Seine Seele sah sich auf der zweiten Stufe, gleichsam in sich selbst, zwischen ein Gebiet der »Schrecken des halbbewußten Lebens« und ein Gebiet des geistigen Friedens, das er sein »Tahiti« nannte, gestellt. »Denn wie dieser schreckenerregende Ozean das grüne Land umgibt, so liegt im Innern des Menschen ein Inselreich Tahiti voller Frieden und Glückseligkeit, umgeben von allen Schrecknissen des halbbewußten Daseins« (58). – Diesen Frieden beschreibt Ismael später wieder, so in der »Großen Armada« (87) und im »Händedruck« (94).

Im »Pazifik« (111), im »Vergolder« (114), im »Gleichklang« (132), am Morgen des dritten Tages der Jagd (135) und während der Fahrt auf Queequegs Sarg, von welcher der »Epilog« berichtet, erhält dieser Friede eine neue Dimension; er gehört der dritten Stufe an, die sich hier entfaltet.

Das geistige Doppelgeheimnis der dritten Stufe verbirgt sich hinter den Namen Ozean und Himmel, und diese Mächte treten während der großen Fahrt am deutlichsten als Weißer Wal und Weiße Bö (40, 48) zutage.

Jede der drei Doppelwelten findet Ismael in Bildern der Natur und schildert sie nach diesem Spiegel in Land und Meer, in wilder See und Friedensinsel, in Ahabs Blitzspur vom Scheitel herab und in seinem Stelzfuß, in Wal und Bö und anderen; denn er weiß wohl, was sein Kapitän einmal so aussprach: »*O Natur, o Menschenseele! Auf welche unsagbare Weise seid ihr miteinander verknüpft! Nicht das kleinste Atom regt sich und lebt in der Materie, das nicht sein listiges Gegenstück hat im Geist« (70).*

3. »Die Speckdecke« (68)

Der Speck dient dem Tier als Mantel. »Das Blut eines Polarwales ist wärmer als das eines Wilden auf Borneo zur Sommerzeit.« Ismael folgert daraus: »Mir scheint, daß wir hierin die seltene Lebenskraft eines starken Einzelwesens erkennen, die seltene Lebenskraft dicker Wände und innerer Weite. O Mensch, bewundere den Wal! Auch du bleibe warm inmitten des Eises; auch du lebe in dieser Welt, ohne ihr anzugehören ... wie die große Kuppel der Peterskirche und wie der große Wal behalte, o Mensch, in allen Jahreszeiten deine eigene Wärme!« (68).

Die Wärme gilt der Genesis 1. 2 wahrscheinlich als das erste Mittel Gottes, die Natur zu bilden, und zugleich als das von Gott geplante, aber durch den Sündenfall nicht erreichte Ziel der Menschenschöpfung (Genesis 2–3). Das haben wir oben nach der kleinen Fahrt mit der »Moos« dargestellt.

In der Bibel kehrt die Elementenreihe der ersten Schöpfung nur bei der Auferstehung Jesu wieder. Gemäß dem Lukas-Evangelium 24. 32 nahte Jesus nach seiner Auferstehung als der vollendete Mensch sich seinen Jüngern so, daß sie ihn zuerst durch eine innere Wärme erlebten: »Brannte nicht unser Herz, als er mit uns auf dem Wege war?« – Näheres dazu werden wir unter dem Kapitel »Der Pazifik« (111) darstellen.

4. »Der Kopf des Grönlandwales« (75) oder Philosophen

Ismael vergleicht die Häupter eines Pott- und eines Grönlandwales: »Seht ihr den Ausdruck in den Mienen des Pottwales? Es ist derselbe, mit dem er starb. Mir scheint sein breites Gesicht erfüllt von einer prärieweiten Ruhe, die in der Gleichgültigkeit des Denkers gegenüber dem Tod ihren Ursprung hat.«
»Nun betrachtet den Ausdruck in den Mienen des anderen Kopfes. Achtet auf die erstaunliche Unterlippe, die zufällig gegen die Bordwand gepreßt ist, so daß sie den Rachen fest geschlossen hält. Spricht dieser ganze Kopf nicht von einer ungeheuren, festen Entschlossenheit angesichts des Todes? Dieser Grönlandwal ist, wie ich annehme, ein Stoiker gewesen, während der Pottwal ein Platoniker war, der sich in seinen letzten Jahren mit Spinoza befaßt hat« (75).
PLATONS Lehre mit spinozistisch-naturalistischem Einschlag also gibt das rechte Maß für das Reich anhand, in dem der Pottwal herrscht. Nach dieser Lehre führt den gesunden Staat ein Stand von Weisen; unter ihm findet sich der Wehrstand. Im tropischen Meere sind Pottwale die weisen Führer aller Kreatur, und Haie folgen ihnen als Krieger. Die weit unter ihnen stehenden Kraken dürfen wir wohl als Nährstand ansehen. Von menschlichen Bauern unterscheiden sie sich dadurch, daß die Produkte, die sie höheren Ortes abzuliefern haben, ihre eigenen Leiber sind; denn Pottwale nähren sich von Kraken (45).
Auch LOCKE und KANT erreichten und durchdrangen Ismaels Gedanken. Hier, wo wir PLATONS aber zu

gedenken hatten, müssen wir genauer sprechen, wie Flask seinen Kollegen Stubb fragte: »Habt Ihr nie gehört, daß ein Schiff, das einen Pottwalkopf an Steuerbord und gleichzeitig einen Grönlandwal an Backbord gehievt hat – habt Ihr nie gehört, Stubb, daß ein solches Schiff niemals kentern kann? ... Ich habe gehört, daß ... Fedallah so etwas behauptet hat, und er scheint in allem Schiffszauber Bescheid zu wissen. Aber manchmal denke ich mir, er wird am Ende das Schiff zu nichts Gutem bezaubern« (73).
Binnen kurzem lag je ein Walkopf beider Arten wirklich zu beiden Seiten wie die Häupter LOCKES und KANTS als Gleichgewichtsbeschwerer eines menschlichen Bewußtseins. Aber Ismael warnt uns nun, sich mit diesen beiden nicht zu »überladen«, und rät: »Ihr Narren, werft diese Teufelsköpfe über Bord, dann schwimmt ihr leicht und auf richtigem Kurs« (73). Aber für die Gnaden aus »Platons Honighaupte« wußte Ismael dreimal kaum tief genug zu danken (35, 75, 78).

5. »Jona im Lichte der Geschichtsforschung« (83) oder Der Leviathan

Von dem Propheten Jona meint Ismael, er habe die in der Bibel angezeigten »drei Tage und drei Nächte im Bauche eines großen Fisches« (Jona 2. 1) zugebracht – Fisch bedeutet hier Leviathan, den so mit Namen nur Hiob, Jesaja und zwei Psalmen nennen – und Leviathan sei immer der Wal. Und Ismael be-

weist unwidersprechlich mit der Hilfe des guten anglikanisch-neuengländischen Bischofs Jebb und sogar mit der Hilfe eines katholischen Geistlichen in Portugal, der in diesem Punkte am vertrauenswürdigsten ist, weil er für die Entdeckung des afrikanischen Südkaps dem Propheten vor seinem Nationalhelden Diaz den Vortritt läßt, und nur gegen die Meinung eines gewissen Amerikaners Sag Harbor, der nichts als seinen Verstand und das, »was er der Sonne und dem Meere abgeguckt«, anzuführen weiß und damit nur »seinen törichten und gottlosen Hochmut und seine verwerfliche, teuflische Auflehnung gegen die ehrwürdige Geistlichkeit« zeigt – kurzum, Ismael beweist, daß der Prophet, an dem verborgenen Orte des Maulinnern eines Grönlandwales ruhend, auch die Säulen des Herakles (Gibraltar), das Kap der Guten Hoffnung, den Persischen Golf und den Tigris passierte, um schließlich Ninive zu erreichen (83).

Die Bibel redet vom Leviathan als einem riesigen Wasserwesen und meint damit eine für physische Augen unsichtbare mythische Wasserschlange (Jesaja 27. 1 und Hiob 3. 8). Wenn man nach ihrer genauen Gestalt fragt, kann ein Krokodil an ihre Stelle treten (Hiob 40. 25f). Dasselbe hätte auch ein Wal tun können; besonders einer der riesigen Pottwale oder Grönlandwale, wenn die alten sie gekannt hätten. Ein Wal könnte nach biblischem Sprachgebrauch also wohl ein Leviathan sein; aber Leviathan ist darum noch keineswegs in der Regel ein Wal; er ist die Macht der Tiefe, ist eigentlich unsichtbar und offenbart sich nur in großen Wassertieren.

Melville war sich dieses Sachverhaltes bewußt und deutete darum an: Hätte Ismaels Schicksal sich zu

Lande und in einem Krieg der Diadochen nach ALEXANDERS Tode (323 v. Chr.) abgespielt, dann würden Elefanten die Rolle übernommen haben, die jetzt für Ismael auf dem Ozean die Wale innehaben (133). Immer ist mit solchen Riesentieren die gefährliche Tiefenmacht gemeint.
Weil Ismael nun an die Tiefe und ihr Element denkt, nennt er auch den Wal beharrlich einen Fisch und nicht ein Säugetier, obgleich er ihn als solches beschreibt (87). Die dann von ihm getroffene Ordnung unter den Wassertieren mit Kraken, Haien und Walen macht aus dem Element ein Reich, das Reich des Ozeans, dessen Bürger alle »Fische« sind. Die drei genannten Arten sind nach PLATONS Schema die drei Stände dieses Reiches: Bauern, Krieger, Weise.

6. Die Gestalt des Pottwals (61, 76, 77, 80)

Die Länge der Pottwalbullen erreicht mehr als zwanzig Meter. Weibchen oder Kühe erreichen nur ein Drittel dieser Länge (88). Das Haupt des Wales mißt ein Drittel seines ganzen Ausmaßes und bildet mit dem Rumpf eine Einheit. Dessen Umfang ist gewaltig; nur der Schwanz verjüngt sich bis zum Gürtelumfang eines Mannes und läuft dann in zwei waagrecht stehenden Flossen aus. Die Gliedmaßen sind verschwunden bis auf zwei kleine »Finnen« hinter dem Kopf; mit ihnen hält der Wal sein Gleichgewicht. Der Körper ist schwarz, auf seiner Unterseite hell (61, 81).

Betrachten wir das Haupt ein wenig näher, zunächst von außen: »Die Stirn bildet eine zum Wasser fast senkrechte Fläche«, deren »unterer Teil beträchtlich zurückweicht . . .«, so, »daß das Maul sich völlig unterhalb des Kopfes befindet . . .« Um dieses Haupt liegt vorne eine Hülle von unvorstellbarer Zähigkeit. »Die spitzeste Harpune, vom stärksten Menschenarm geschleudert, prallt wirkungslos davon ab, als wäre die Stirn des Pottwals mit Pferdehufen gepflastert« (76).

»Seine Augen und Ohren liegen seitwärts fast um ein Drittel seiner ganzen Länge von seiner Stirn entfernt.« Darum ist »der Vorderteil des Kopfes eine tote blinde Mauer ohne ein einziges Organ oder einen empfindlichen Vorsprung . . .« Erst sechs Meter »hinter der Stirn beginnt der eigentliche Schädel« (76).

»Betrachtet man den Pottwalkopf als länglichen Quader, so kann man ihn mit einer schiefen Ebene in zwei Keile teilen, von denen der untere das Knochengerüst, Schädel und Kiefer und der obere«, der Pott, »eine salbenartige Masse enthält« und vorn mit der senkrechten Stirne abschließt. Diese Masse ist »das Walrat; beim lebendigen Wal ist es völlig flüssig . . . Der Pott eines großen Wales liefert etwa 500 Gallonen« davon oder an die 4000 Liter (77).

Befreit man den kleinen eigentlichen »Schädel von seiner Walratlast und betrachtet ihn vom hinteren, höheren Ende, so ist man überrascht von seiner Ähnlichkeit mit einem menschlichen Schädel«. Nur sieht man am Walschädel »Einbuchtungen an einer Stelle seines Scheitels«, über die ein Phrenologe sagen würde: »Dieser Mann besitzt weder Selbstachtung noch Ehrfurcht« (80).

Der in Hinsicht auf den Riesenleib »verhältnismäßig kleine (menschenmäßige) Umfang seines Gehirns ist mehr als wettgemacht durch die erstaunliche Größe seines Rückenmarks«. Ein »hehrer Buckel erhebt sich über einem der größten Rückenwirbel und ist dessen äußere konvexe Form. Ich möchte diesen hohen Buckel das Organ der Stärke und Unbezähmbarkeit des Pottwals nennen« (80).

Allein auf »die Nuß« (80) kommen wir hier zurück, auf den ursprünglichen Schädel, der das Hirn umschließt. Er ist einem Menschenschädel an Größe und Gestalt ähnlich, nur zeigt die letztere, so heißt es, daß dem Wal »Selbstachtung und Ehrfurcht« ermangeln. Bei diesem Mangel muß jede höhere Wesensart fehlen. Denn MELVILLE wird GOETHE gefolgt sein, der in seiner »Pädagogischen Provinz« dazu ausführt: »Wohlgeborene Kinder bringen viel mit ... Aber eines bringt niemand mit auf die Welt, und das ist das, worauf alles ankommt, damit der Mensch nach allen Seiten zu ein Mensch sei ...: Ehrfurcht.«

»Wir überliefern eine dreifache Ehrfurcht, die, wenn sie zusammenfließen, ein Ganzes bildet, erst ihre höchste Kraft und Wirkung erreicht. Das erste ist: Ehrfurcht vor dem, was über uns ist ... Das zweite: Ehrfurcht vor dem, was unter uns ist ... Dann aber heißen wir ihn (den Zögling) sich ermannen, gegen Kameraden gewendet, (die dritte Ehrfurcht zu entfalten).«

»Sie bringen zusammen eigentlich die wahre Religion hervor. Aus diesen drei Ehrfurchten entspringt die oberste Ehrfurcht, die Ehrfurcht vor sich selbst« (Wilhelm Meisters Wanderjahre II. 1).

7. »Der Pottwalkopf« (74)

Das Weltbild des Wales ist nicht nur durch den Ozean, in dem er lebt, ein ganz anderes als das unsrige, sondern noch mehr durch die Stellung seiner Augen. Die Blickfelder können nicht ineinander übergehen und sich nicht vereinigen wie bei uns Menschen, sondern »auf jeder Seite muß der Wal ein selbständiges Bild sehen«; seine Augen sind »wie zwei im Tal gelegene Seen, zwischen denen sich ein hohes Gebirge auftürmt« (74). Wenn der Wal aber »zur gleichen Zeit zwei verschiedene Bilder zu beobachten vermag, ... dann ist das so erstaunlich, wie wenn ein Mensch gleichzeitig zwei euklidische Probleme zu lösen vermöchte. Genaugenommen ist dieser Vergleich in keiner Weise schief« (74).

»Ebenso eigentümlich wie das Auge ist das Ohr des Wales.« Es »hat keine äußere Muschel, und in die Öffnung – ein wenig hinter dem Auge – kann man kaum einen Federkiel hineinstecken«. Das Ohr des Grönlandwales verdeckt sogar ein Häutchen, so daß es ganz unsichtbar ist. Das Ohr des Wales ist kleiner als das eines Hasen. »Aber wenn seine Augen größer wären als Herschels großes Teleskop und seine Ohren so geräumig wie die Pforten einer Kathedrale, könnte ihn das scharfsichtiger und leichthöriger machen? Keineswegs! – Warum trachtet ihr, euren Geist zu erweitern? Verfeinern solltet ihr ihn!« (74).

8. »Die Fontäne« (85)

Der Atemstrahl des Pottwales entweicht nur einem Blasloch mitten auf dem Scheitel seines Hauptes. Und »der Wal atmet nur den siebten Teil der Zeit, gewissermaßen nur sonntags ... Regelmäßig eine geschlagene Stunde oder noch mehr geht er in die Tiefe, ohne einen Atemzug zu tun oder auf andere Weise Luft aufzunehmen; denn er hat keine Kiemen.« Wenn er dann an die Oberfläche steigt, bläst er an die siebzig Male. Das tut er immer in regelmäßigen Zeiten und Zahlen. Der Kern seines hohen Strahles ist eingehüllt in schneeweißen, sprühenden Dunst (85).
»Wie gewaltig steigt dieses hehre, von Dunst umgebene Ungeheuer in unserer Achtung, wenn wir es feierlich durch die ruhige, tropische See ziehen sehen, sein riesiges, mildes Haupt überwölbt von einem Baldachin aus Dampf, erzeugt von seinen nicht mitteilbaren Gedanken, bisweilen erhöht durch einen Regenbogen, als hätte der Himmel selbst sein Siegel auf seine Gedanken gedrückt. – Nur so schießt durch den dicken Dunst der trüben Zweifel auch in meinen Gedanken hier und da göttliche Erleuchtung empor und erhellt meinen Nebel mit himmlischen Strahlen ... Zweifel an allem Irdischen und Erleuchtung zum Überirdischen, diese Verbindung macht weder gläubig noch ungläubig, sondern läßt den Menschen beides mit gleichen Augen betrachten« (85).

9. »Der Schwanz« (86) oder Gesten des Wales

»Im Schwanz scheint die gesamte unermeßliche Kraft des ganzen Wales an einer Stelle zusammengefaßt zu sein ... Da er waagerecht liegt ..., kann er nicht wedeln. – Bei Mensch und Fisch ist das Wedeln ein Zeichen von niederer Gesinnung« (86).

»Der Schwanz ist für den Wal das einzige Fortbewegungsmittel. Schneckenförmig wird er unter dem Körper aufgerollt und heftig zurückgeschnellt, wodurch diese schießende, springende Bewegung des Ungeheuers beim ungestümen Schwimmen zustande kommt. Die Seitenfinnen dienen nur zum Steuern.«

»Wenn er aber in die Tiefe tauchen will, wirft er den ganzen Schwanz mit wenigstens dreißig Fuß (zwölf Metern) seines Leibes senkrecht in die Luft und bleibt so einen Augenblick zitternd stehen, bis er, in die Tiefe schießend, verschwindet, der grandioseste Anblick im ganzen Tierreich! Aus der bodenlosen Tiefe scheint der Schwanz mit Gewalt in den höchsten Himmel hinaufzugreifen. So habe ich im Traum den majestätischen Satan gesehen.«

»Bisweilen läßt er (der Schwanz) Bewegungen erkennen, die, wenn sie auch einer Menschenhand wohl anstünden ..., so bemerkenswert sind, daß ich Jäger gehört habe, die sie mit den Zeichen und Symbolen der Freimaurer verglichen haben und erklärten, der Wal verkehre auf diese Weise wie ein vernünftiges Wesen mit seinesgleichen« (86).

10. Der Geist des Pottwals, eine Zusammenfassung

Den geistigen Ausdruck des Pottwalleibes, wie Ismael ihn sah, dürfen wir nun zusammenfassend beschreiben: Menschlich im eigentlichen Sinne ist er nicht; denn die Form seines eigentlichen Schädels, der »Nuß«, verbietet, ihm Selbstachtung und Ehrfurcht zuzuschreiben. Ehrfurcht ist nach GOETHES Worten in der »Pädagogischen Provinz«, die wir eben unter der Überschrift »Die Gestalt des Pottwals« anführten, keine Gabe der Natur; sie muß durch Erziehung und Übung gewonnen werden. Selbstachtung ist am Ende ihre Frucht. – Der Phrenologe, welcher den Charakter an der Schädelform abliest, sieht in solchen Fällen nicht, was seelisch auszubilden versäumt wurde, sondern was auszubilden die Natur verhinderte.

Übermenschliche Geisteskräfte läßt die Gestalt des Pottwals trotz des angezeigten Mangels vermuten: Kleinlichkeit ist ihm fremd, wie das Fehlen des Schwanzwedelns nach Ismaels Urteil anzeigt. Sein Schwanz als sein einziges Ausdrucksmittel kann gleichsam in den Himmel greifen und dabei Zeichen vollziehen, die eine geistige Schrift, ähnlich wie die geheimen Zeichen der Freimaurer, sichtbar machen.

Die Stellung der Walaugen weist auf eine übermenschlich-doppelte Kraft des verarbeitenden Geistes und das Ohr, statt auf einen nach gewöhnlicher Menschenweise nur inhaltlich erweiterten, auf einen so verfeinerten Geist hin, wie er auf Erden selten zu finden ist. Der Regenbogen in seinem Atemstrahl offenbart, daß die unaussprechlichen Gedanken des

Hauptes das Siegel des Himmels tragen, fern dem Zweifel am Geist, offen für Erleuchtung.
Wenn zu solcher Großheit keine Güte, sondern, wie bei Moby Dick, notfalls überlegte List tritt, dann muß ein solches Wesen mit einem Engel Luzifers oder Satanas' verglichen werden. – Vielleicht stellt unter Pottwalen Moby Dicks schiefer Unterkiefer die entsprechende Mißbildung dar, wie unter Menschen Ahab sie mit seinem Stelzfuß aus dem Kieferknochen eines Pottwales an sich trägt. Denn schon nach APULEIUS (Metam. 6. 25. 5; 11. 27. 5) hinken die Eingeweihten; und GOETHE läßt in Auerbachs Keller einen Zecher über Mephisto sagen: »Was hinkt der Kerl auf einem Fuß?«

11. »Moby Dick« (41)

»Schon seit einigen Jahren«, erzählt Ismael, »war der Weiße Wal von Zeit zu Zeit als Einzelgänger aufgetaucht ...« (41). Zu anderen Zeiten sah man ihn inmitten einer Schule von Kühen, für die er wie ein anderer Bulle gegen fremde Walmänner stritt, er allein aber ebenso erfolgreich auch gegen ihre menschlichen Jäger.
Was ihn von anderen Pottwalen unterschied, »war nicht so sehr seine außerordentliche Körpergröße als vielmehr eine eigentümliche schneeweiße gefurchte Stirn und ein hoher, pyramidenförmiger weißer Höcker ... Sein übriger Körper war mit derselben Leichenfarbe gestreift und marmoriert ... Auch waren es weniger seine Größe, seine Färbung oder sein miß-

gestalteter Unterkiefer, die den Wal so furchterregend machten, als die beispiellose Bösartigkeit und Tücke ... Seine listigen Rückzüge verbreiteten besonderen Schrecken, denn wenn er vor seinen triumphierenden Verfolgern mit allen Anzeichen der Angst davonschwamm, so wandte er sich plötzlich um und stürzte sich auf sie, um ihr Boot in Trümmer zu schlagen ...« (41).

Von seiner Kampfesweise wußte Kapitän Boomer von der »Samuel Enderby« ein Lied zu singen: »Es war das erste Mal in meinem Leben, daß ich an der Linie kreuzte. Vom Weißen Wal wußte ich zu der Zeit noch nichts. Eines Tages setzten wir unsere Boote nach einem Rudel von vier oder fünf Walen aus, und mein Boot kam an einem von ihnen fest. Ein richtiges Zirkuspferd war das; immer im Kreis lief er herum« (100).

»Plötzlich taucht vom Grund des Meeres ein riesengroßer Wal empor mit milchweißem Kopf und Buckel, voller Krähenfüße und Runzeln. – Ay, das waren meine Eisen, rief Ahab. – Dieser alte Großpapa schnappte wütend nach meiner Leine ..., der prächtigste und größte Wal, den ich je in meinem Leben gesehen habe. – Ich springe in das Boot meines Obermaats, schnappe mir die Harpune und verpasse sie dem alten Opa. Aber da ... war ich von Gischt schon blind wie ein Maulwurf. Kerzengerade ragt der Schwanz des Wales wie ein Marmorturm empor in die Luft«, da »kommt der Schwanz herunter wie ein Lima-Turm und schmettert mir mein Boot in zwei Teile« (100).

»Ihn zur Strecke zu bringen bedeutet, großen Ruhm einzutragen, das weiß ich; und es steckt eine Schiffs-

ladung wertvolles Walrat in ihm; aber ich sage, man läßt ihn am besten in Ruh« (100).
Den Paten Moby Dicks kennen wir aus Jeremiah N. Reynolds Aufsatz vom Mai des Jahres 1839: »Mocha Dick oder der Weiße Wal des Stillen Ozeans; ein Blatt aus einem Tagebuch«.

12. »Beglaubigung« (45)

Ismael schien es wichtig, »die Glaubwürdigkeit der ganzen Geschichte vom Weißen Wal und der schließlichen Katastrophe darzutun . . .«, auf daß niemand in Ahnungslosigkeit versucht sei, »Moby Dick als ein Schauermärchen oder, was noch schlimmer und geschmackloser wäre, als eine Allegorie abzutun«. – »Zum Glück«, sagte er, lasse sich »das, worauf es ankommt, durch das unabhängige Zeugnis anderer belegen«, anderer, wie Kapitän Pollard von der »Essex« oder dessen Obermaat Owen Chace, um nur sie zu nennen, welche darüber schrieben, daß ein Wal ihr Schiff mit höchst geschickten Bewegungen zweimal »direkt von vorne« rammte, »so daß die beiderseitigen Geschwindigkeiten sich addierten«. Er tat es allem Eindruck nach »voller Wut« und »von Rachegefühlen beseelt«, weil die Männer mit Harpunen »drei seiner Gefährten angeworfen hatten« (45).
Ismael beruft sich auf Chaces »Erzählung von dem außerordentlichen, qualvollen Untergang des Walfangschiffes ›Die Essex‹ aus Nantucket« vom Jahre 1821. Das Exemplar des Buches mit Melvilles Notizen ist erhalten.

IV. Geburt und Wiedergeburt

1. »Der Krake« (59)

Die »Pequod« näherte sich auf ihrer Fahrt über den Indischen Ozean der Insel Java, als Daggu, der Negerharpunier, vom Großmasttopp aus einen Spuk sah. »In der Ferne tauchte träge eine große weiße Masse auf ... und schimmerte wie eine frisch vom Berg herabgestürzte Schneelawine.« Daggu rief: »Da, da bricht er hoch, gerade voraus, der Weiße Wal!«
Kaum hatte auch Ahab die weiße Masse gesichtet, als er schon den Befehl gab, die Boote auszusetzen. Er selbst fuhr an der Spitze, und alle ruderten der weißen Beute zu. Da tauchte sie weg, kam aber an derselben Stelle langsam wieder empor.
Ismael berichtete weiter: »Im Augenblick hatten wir jeden Gedanken an Moby Dick vergessen und blickten auf das seltsamste Fabelwesen, das die geheimnisvolle See bis jetzt geoffenbart hatte. Eine ungeheure schwammige Masse, eine Achtelmeile (mehr als 200 m) in der Länge und Breite, von leuchtend milchweißer Farbe lag schwimmend auf dem Wasser. Zahllose lange Arme liefen von ihrem Mittelpunkt strahlenförmig nach allen Seiten auseinander, sich ringelnd und schlängelnd wie ein Nest von Anakondas, als suchten sie blind etwas zu greifen, was zufällig in ihre Reichweite kam. Sie hatte kein bemerkbares Gesicht oder Vorderteil noch ein sichtbares Zeichen einer

Empfindung oder Sinnesäußerung. Nichts als eine zufällige Erscheinung des Lebens wogte auf den Wellen . . . Der leibhaftige große Krake« (59).
»Man nimmt an, daß sich der Pottwal allein davon ernährt . . ., daß das Ungeheuer, zu dem diese Arme gehören, sich damit am Meeresboden anzuklammern pflegt und daß nur der Pottwal die geeigneten Zähne besitzt, es anzugreifen und loszureißen« (59).
»Wenn für Starbuck das Erscheinen des Kraken ein unheilbedeutendes Vorzeichen war, so war Queequeg ganz anderer Ansicht: Wenn du sehen Krak', meinte der Wilde, dann du schnell sehen Pottwal« (61). – Dies geschah zwischen den Begegnungen mit der »Town-Ho« und der »Jerobeam«.
Etwas anderes von Kraken findet sich nicht in Ismaels Berichten. MELVILLE schrieb aber an NATHANIEL HAWTHORNE (17.11.1851): »Gott, wann werden wir ausgewachsen sein? Solange wir etwas zu tun vor uns haben, taten wir nichts. So gewähre auch jetzt nach Moby Dick weiterzuarbeiten zu unserem Segen und über ihn hinwegzugehen. Leviathan ist nicht der größte Fisch, – ich hörte etwas von Kraken.«

2. »Das Haigemetzel« (66)

Malaische Seeräuber verfolgten in der Sundastraße zwischen Java und Sumatra die »Pequod«, während diese selbst einer unabsehbaren großen Herde von Pottwalen folgte. »Der Schmerz der Harpuniere darüber, daß die Wale schneller waren als das Schiff, war größer als ihre Freude darüber, daß das Schiff im Rennen gegen die Malaien siegreich geblieben war« (87). In den Seelen der Räuber und der Harpuniere überwog das Haimäßige, von dem schon Peleg als einer nötigen Kraft gesprochen hatte, damals jede andere Regung. Auf Pelegs Worte kommen wir zurück. Schließlich waren die Seeräuber abgehängt. Die Menge der Tiere aber verwirrte sich zuerst und verharrte dann auf der Stelle, so daß Starbuck mit seinem schnell zu Wasser gelassenen Boote, in welchem Queequeg als Harpunier und Ismael als Ruderer dienten, an einem Wal am Rande der Herde festkam. – Bevor wir ihnen folgen, holen wir von vorn her weiter aus, um die späteren Geschehnisse um so besser zu verstehen.

Haie sind die Riesen des Meeres, welchen Ismael oder der Dichter nächst den Walen die größte Aufmerksamkeit schenkt. – Stubb, der Zweite Maat der »Pequod«, hatte einen Wal erlegt und ließ sich ein Steak aus dessen Schwanz braten. Braten ist nicht ganz das rechte Wort für das, was er sich wünschte; denn nach seinen Reden zu urteilen, schien er das Steak viel lieber zu essen, wenn es am Feuer nur heiß gemacht wurde und im übrigen roh blieb. Während Stubb an Bord nächtlicher Weile aß, fraßen außenbords ungezählte Haie laut schmatzend an dem festgemachten Wal. Jeder dieser Räuber riß mit jedem Biß ein »rundes Stück von der Größe eines Menschenkopfes« aus dem Kadaver. Den Esser an Bord ärgerte der Lärm, und er befahl dem schwarzen Koch: »Smutje, nimm diese Laterne, geh und halt ihnen 'ne Predigt!« (64).

So hob denn Smutje an, weit über die Reling gelehnt und seinen unfrommen Hörern mit einer Laterne

leuchtend: »Liebe Brüder, ich soll euch sagen, daß ihr den Lärm stoppen müßt, hört ihr? ... Eure Gefräßigkeit, Brüder, nehm ich euch gar nicht so übel, das ist Veranlagung; aber wenn ihr gegen den Haifisch in euch angeht, dann seid ihr Engel; denn alle Engel sind nix als richtig beherrschte Haifische ... Ich weiß, viele von euch haben ein sehr großes Maul, größer als andere. Aber bisweilen gehören zu große Maul kleine Bauch. So ist große Maul nicht für schlingen mit, sondern für abreißen für kleine Hai, die können nicht rein ins Gewühl, für sich bedienen« (64).
Als Stubb dann gleich noch für den nächsten Tag einen Leckerbissen nach dem andern vom Wal für sich bestellte, schlich Smutje fort, indem er murmelte: »Der Himmel behüt mich; der ist ja mehr Hai als Massa Haifisch selbst« (64).
Für Haie kann man wesentlich mehr tun, als ihnen nur zu predigen; man kann sie sogar zur Erleuchtung führen! – »Im Pazifik in der Nähe des Äquators versammeln sich so ungezählte Scharen von Haien um den festgezurrten Kadaver, daß am Morgen kaum mehr als das Gerippe übrigbliebe, ließe man ihn so sechs (nächtliche Stunden) unbeachtet hängen.« Des Haifischs »Gefräßigkeit läßt sich eindämmen, indem man ihm mit scharfgeschliffenen Speckspaten zu Leibe geht« (66).
So entstand auch rings um Stubbs toten Wal »unter den Haien keine geringe Erregung, als Queequeg mit einem Vorschiffmann an Deck kam ... Dann richteten sie mit ihren langen Speckspaten ein endloses Blutbad an, indem sie den Haien mit dem scharfen Stahl den Schädel einschlugen, die einzige Stelle offenbar, an der sie sterblich waren« (66).

Daß es sich dabei um die Anbahnung der spirituellen Erleuchtung handelte – hier müssen wir wieder von der wilden See unmittelbar zum Heiligen übergehen, obgleich es dem Gemüt wohl schwerfällt –, das beweisen Ahabs spätere Worte, durch die er nicht nur ein neues Bein beim Zimmermann, sondern beim Schiffsschmied gleich auch »einen vollständigen Mann von der richtigen Sorte« bestellte: »fünfzig Fuß hoch, ein Brustkorb wie der Themse-Tunnel, Beine mit Wurzeln dran, kein Herz ...; und was sonst noch? Augen, um nach außen blicken zu können? Nein, nur ein Oberlicht auf seinem Scheitel, damit's innen hell wird« (108). – Dies letzte gönnte der heidnische Harpunier nächtlicher Weile seinen Haien, wie wir bald unter der Überschrift »Das Heidelberger Faß« näher dartun werden.

Die Art, in welcher wir von Haien reden, ist nicht so sehr abwegig, denn einem tüchtigen Walfänger, und wer weiß, ob nicht auch anderen Menschen, wird ein verborgener Hai in seiner Seele abverlangt. Diesen Wesenszug zog der alte Peleg bei Ismael in Zweifel, als dieser bei ihm anheuern wollte, und rechnete ihm den Mangel als Fehler zu: *»Hör mal, junger Mann, du scheinst mir etwas schwach auf der Lunge zu sein und hast auch so gar nichts Haifischmäßiges an dir. Bist du auch sicher vorher schon mal zur See gefahren?« (16).*

Als Bildad vorsichtigerweise Queequegs Christentum bestärken wollte und ihm dazu »eine Erbauungsschrift in die Hand drückte mit dem Titel: Der Jüngste Tag naht, du hast keine Zeit zu verlieren! ..., schrie Peleg: Bildad, verpfusch uns unseren Harpunier nicht! Fromme Harpuniere sind keine guten Wal-

fänger; damit verlieren sie das Haimäßige . . . Der junge Nat Swain war doch der verwegenste Bootsführer in ganz Nantucket und dem Vineyard, bis er in die Gemeinde eintrat; und dann war nichts mehr los mit ihm; dann fürchtete er um seine Seele« (18).

»Was ist das? Samtene Haifischhaut«, sagte später auch der Negerjunge Pip, als der Kapitän ihm die Hand gab, so daß der Junge sie aufmerksam betrachten und betasten konnte. Pip war im Ozean schwimmend alleingelassen worden und wußte nicht mehr, wer er war. »Ach, hätte doch der arme Pip nur so etwas Sanftes gefühlt, nie wäre er verlorengegangen«, fuhr er gegen den Kapitän fort. Nun brachte Ahab ihn in seiner Kabine unter, um ihn vor gröberen Händen und Worten zu schützen (125).

Wahrscheinlich läßt sich über den Kraken und den Pottwal in der menschlichen Natur etwas Ähnliches sagen wie über den Hai. Nur ist über den einen in uns wegen seines unbewußten Wesens wenig auszumachen, und über den Wal in uns zu reflektieren ist darum schwierig, weil er unser mittleres Bewußtsein wohl weit überragt. Auch Böses kann uns überragen. »Die große, dem Pottwal eigene Würde und Erhabenheit« erkennt Ismael an dem Umstand, daß dieser nie in flachen, sondern immer nur in tiefen Gewässern angetroffen wird. Ismael ist auch davon »überzeugt, daß von den Häuptern aller gewichtigen und tiefgründigen Persönlichkeiten, wie Plato, Pyrrho, des Teufels, Jupiters, Dantes und anderer, während ihrer tiefen Denktätigkeit stets ein gewisser, kaum sichtbarer Dunst aufsteigt«, so wie den Walkopf »ein Baldachin aus Dampf überwölbt, erzeugt von seinen nicht mitteilbaren Gedanken, und dieser Dampf bisweilen ... erhöht (wird) durch einen Regenbogen, als hätte der Himmel ein Siegel auf seine Gedanken gedrückt« (85).

Wenn der Pottwal »aber in die Tiefe tauchen will«, so hörten wir schon, »wirft er den ganzen Schwanz mit wenigstens dreißig Fuß seines Leibes senkrecht in die Luft und bleibt so einen Augenblick zitternd stehen«. Ismael mag ihn in dieser Stellung nur dem »majestätischen Satan« vergleichen. Das wäre ein Hinweis auf die schlimme Natur des Tieres. Er fährt aber fort: »Beim Anblick eines solchen Schauspiels kommt es darauf an, in welcher Stimmung du dich befindest. Ist dir wie Dante zumute, wird dir der Teufel erscheinen; fühlst du dich wie Jesaja, dann eher die Erzengel« (86).

Als »erzengelhaft« wird auch Ahab von Ismael bezeichnet (106). Wenn aber so vieles von der rechten Stimmung des Betrachters abhängt – über »Die Stimmungen« werden wir unten ausführlich sprechen –, kann ein Mensch da leichtfertig über Güte und Bosheit im Wesen des Wales urteilen? Und müßte auch das Urteil zuletzt dennoch schlecht ausfallen, die innere Größe dieses Wesens bliebe unbestritten.

Jedenfalls erblickte der riesige Neger-Harpunier Daggu als erster den Riesenkraken (59). Taschtego war Stubbs rechte Hand, von welchem Maat Smutje sagte: »Der ist mehr Hai als Massa Haifisch« (64). Von dem Indianer selbst heißt es später, er habe »Haifischzähne« (119). Und der Dritte im Bund der ordentlich angeheuerten Harpuniere, Queequeg, führte, wie noch zu beschreiben sein wird, in die Geburtsgeheimnisse der Wale ein (87). Die drei Harpuniere teilten die drei Riesen des Meeres unter sich auf im Sinne einer seelischen Verwandtschaft.

3. »Der Affentamp« (72)

Queequeg war Ismaels Führer zu den Mysterien der Geburt in Walgestalten. Starbuck scheidet für diese Rolle aus; er begriff das Geheimnis gar nicht. Das zeigt sich daran, daß ihn in jenem wohlbewachten und massiv geschützten Wasserparadiese nur die Furcht vor gefährlichen Folgen abhielt, Walkinder zu töten (87).

Nächst Queequegs »Bräutigamsgriff« um den schlafenden Ismael im Hause Peter Sargs (4), nächst ihrer dort geschlossenen Brüderschaft (10) und ihrer gemeinsamen Bestimmung zur Fahrt auf der »Pequod« durch den Götzen Jodscho (16) zeigt der »Affentamp« am deutlichsten die Einheit ihrer beider Wesen. *Affentamp heißt das Seil, an welchem italienische Leiermänner den Affen führen, der zu ihrer Musik tanzt. Auf Walfangschiffen handelte es sich um eine Leine, die an den breiten Segeltuchgürtel eines Harpuniers zu dessen Sicherung geknüpft ist, wenn er fast im Wasser zwischen vielen beißenden Haien auf einem schwimmenden Walkörper steht und dort das Abspecken leitet. Er schneidet schmale, lange Bahnen aus dem Speck rund um den Wal, indem er mit den Füßen seine schwimmende Unterlage dreht. Diese Bahnen werden mit einem Haken, den der Harpunier immer wieder einsetzt, hoch und an Bord gezogen.*

Die Leine hält ein Mann an Bord. Auf der »Pequod« wurde sie diesem Manne am Gürtel festgemacht, so daß er und der Harpunier wie siamesische Zwillingsbrüder untrennbar auf Gedeih und Verderb eines Schicksals waren. Der Mann an Bord war Ismael und der Harpunier auf dem Kadaver bei den Haien Queequeg (72).

4. »Das Heidelberger Faß« (77)

Der Riesenkrake, welchen Daggu südwärts von der Sundastraße entdeckte, schien, wie Ismael ausdrücklich bemerkte, ohne Sinne zu sein (59). Er konnte also keine Predigt hören und war selbstverständlich von höherer Erleuchtung ausgeschlossen. Die Haie hörten Smutjes Predigt (64). Sie waren bei richtiger Behandlung, wie wir oben darlegten, unter Queequegs Führung im Todesaugenblicke auch erleuchtungsfähig (66). – Zwar muß jede Kreatur ihre Nahrung und ihren Platz in der Welt erkämpfen und behaupten – in dieser Hinsicht haben Mensch und Tier immer auch einen Hai in sich; aber der predigende Smutje hatte doch auch recht, indem er sagte: »Wenn ihr gegen den Haifisch in euch angeht, dann seid ihr Engel« (64). Der letzte Blick eines sterbenden Haustieres hat oft etwas Menschenmäßiges; sollte der letzte Blick des Menschen nicht etwas Engelmäßiges haben können, das heißt erleuchtet sein? Die Stufen solcher Bewußtseinserhebung fangen bei Queequegs Haien an.

Pottwale aber stehen nicht nur weit über Haien, sondern sie als einzige unter allen Fischen, Walen und sogar Folio- oder Riesenwalen sind auf ihrem Haupte mit feinstem Öl gesalbt (32).

Gesalbt mit Öl auf ihrem Haupte waren in biblischen Zeiten nur Könige und Priester. Das Öl erleichterte es dem Geiste Gottes, auf ihre Häupter herabzufahren und darauf zu bleiben. Der junge Saul empfing die Salbung zum König von Israel durch Samuel, den Seher. Alsbald weissagte er in einer Schar musizierender Propheten (1. Samuel 10.). Samuels Salbhorn war sicher klein und wahrscheinlich mit gemeinem Olivenöl gefüllt; aber es reichte für Saul aus, so daß »der Geist des Herrn über ihn geriet« (1. Sam. 10. 6). Der »Pott« unserer Wale ist dagegen unermeßlich groß und sein Inhalt unvergleichlich kostbarer. Wie weit höher auf der Stufenleiter der Geist-Erfüllung stände wohl ein Mensch, der würdig wäre, einmal in seinem Leben mit dem Walrat eines solchen »Pottes« gesalbt zu werden? »Würdig« soll hier heißen, daß er geistig auch vollziehe, was im Zeichen gesetzt wird. Pottwale tragen das ungeheure Maß des edelsten Öles unentwegt auf ihrem eigentlichen Haupte, der verborgenen »Nuß«, die nach Form und Größe einem Menschenschädel gleicht (80).

Wie aber das Mysterium der Geburt (87) in aller seiner Heiligkeit doch kleiner als das des Todes ist, so steht auch die erste Erleuchtung bei aller Ähnlichkeit hinter der späteren zurück, welche Ismael als »Die Lampe« (97) andeutet. Von dieser hören wir unten.

5. »Zisterne und Eimer« (78) oder Wiedergeburt

Taschtego stand außenbords auf dem Haupte eines Pottwals, hatte den Kopf mit einem scharfen Spaten geöffnet und schöpfte mit einem »starken, eisenbeschlagenen Eimer wie dem eines Ziehbrunnens« das Walrat, indem er ihn jedesmal mit einer Stange in das fleischerne Faß einführte. Gegen Ende des Ausschöpfens verschwanden jedes Mal gegen zwanzig Fuß der Stangenlänge in der Tiefe.
Keiner wußte, wie es nun kam: »Auf jeden Fall taumelte Taschtego, als der achtzigste oder neunzigste Eimer glucksend heraufkam, kopfüber in das große Heidelberger Faß.« »Man sah den vorher leblosen Kopf (des Wales) unterhalb der Wasseroberfläche lebhaft wackeln, als sei ihm in diesem Augenblicke ein großartiger Gedanke gekommen. Dabei war es nur der arme Indianer, der durch sein Stampfen die Tiefe verriet, in die er geraten war.«
»In diesem Augenblicke ... riß einer der riesigen Haken aus, an denen der Kopf hing.« Er sackte weg. Da sprang Queequeg mit einem Messer im Munde ins Meer und schnitt in der Tiefe den Pott des Walkopfes von unten her auf, um den im Öl und Ozean beinahe schon ertrunkenen Mann zu retten. Zunächst erwischte er ein Bein, stieß es aber mit seinem langen Arm so geschickt zurück, daß der Indianer im Öle einen Purzelbaum schlug, um ihn dann »auf die gute Art mit dem Kopf vorweg« herauszuziehen. – Queequeg als »Geburtshelfer!« (78).
Von der Wiedergeburt spricht Jesus im Gespräch mit

Nikodemus, um die Lebensbedingung des Ewigen im Menschen anzuzeigen: »Wenn einer nicht von oben her geboren wird, kann er das Reich Gottes nicht schauen.« – Nikodemus: »Kann er denn noch einmal in seiner Mutter Leib eingehen und zum zweiten Male geboren werden?« – Jesus: »Wenn er nicht aus Wasser und Geist geboren wird, kann er nicht in das Reich Gottes eingehen« (Johannes 3. 3–5).

An Taschtego tat das edle Walrat, in welchem er untertauchte, vielleicht den Dienst königlicher und priesterlicher Ölung, so daß für ihn galt, was Jesus fordert: »aus Wasser und Geist geboren werden«.

Man lebe sich in die Bilder ein als in die Hieroglyphen einer Geistesschrift. Die Bilder stammen in unserem Falle von der wilden See; sie könnten auch aus anderen Gebieten des irdischen Lebens entliehen sein. Nicht sie selbst, sondern ihre Folge und was sie durch diese sagen, ist von Belang.

Von Walrat und Tran ist genauer unter »Verstauen und Aufklaren« (98) und unter »Ahab und Starbuck in der Kajüte« (109) die Rede. – Dieses Walrat, eine Erde und Himmel verbindende kostbare Substanz, samt dem Tran als der Grundernte unserer mühevollen Reise auf Erden, drohte Ahab abhanden zu kommen, wie wir unten hören werden (109).

6. »Die Jungfrau« (81) oder Die Todeshochzeit

Geburt und Tod sind die natürlichen Mysterien des Lebens, die des Schutzes vor den Blicken Unreifer bedürfen und unsere Sehnsucht und Ahnung von selbst der Ewigkeit zuwenden. Sie liegen den Weihen der Alten zugrunde. In deren feierlichen Kulten waren die beiden Mysterien manchmal getrennt, meist aber miteinander verbunden. Sie bedingen einander von Natur. In den Weihen erschienen sie vereinigt als eine Todeshochzeit, wie Hades sie urbildlich mit »dem Mädchen« hielt.

So schildert APULEIUS in seinen »Metamorphosen« zuerst eine Reihe von Geschichten, deren Hauptpunkt jeweils eine Todeshochzeit bildet. Die wichtigste erzählt von der Jungfrau Charikle, welche, von Räubern entführt, zu ihrem Troste das Märchen von Amor und Psyche hörte (Metam. V u. VI). Wenige Tage später wurde sie von ihrem Bräutigam befreit und als »eine Jungfrau im Triumph auf einem Esel« (Metam. VII. 13) heimgeleitet. Im Zusammenhang mit Charikle gebraucht auch APULEIUS (Metam. VIII. 13) das Wort »Todeshochzeit«. Er definierte die Weihen mit den Worten: »Die Erteilung (der Weihen) begehe man unter dem Bilde eines freiwilligen Todes und einer Erlösung aus Gnade« (Metam.. XI. 21. 7).

Zwischen der Heimkehr der Jungfrau und ihrem Tode mußte ihr lahmender Esel Lucius als der Hauptheld die vier Elemente von der Erde bis zum Feuer in schweren Proben durchschreiten (Metam. VII. 17–19). – Danach wollten ihn seine Peiniger kastrieren und schließlich töten; sie wurden daran aber im letzten Augenblicke gehindert (Metam. VII. 20–28).

Wir wiesen in »Zehn Schiffsbegegnungen« darauf hin, daß die Bibel den messianischen König vor seinem Tode im Triumph auf einem Esel nach Jerusalem einziehen läßt, so Sacharja 9. 9 für Serubabel und so

die Evangelien für Jesus (Matthäus 21. 1–11; Johannes 12. 12–19).
Melville berührt das Bild der Todeshochzeit, indem er die Mannschaften der »Jungfrau« und der »Pequod« einen alten, blinden und beinahe lahmen Wal um die Wette jagen und nutzlos töten läßt – hier lahmt der Wal wie bei Apuleius der Esel – und indem er dann noch von dem Wal im allgemeinen sagt: *»Er mußte hingemordet werden, um zu Hochzeiten ... mit seinem Tran zu leuchten und in feierlichen Kirchen zu erstrahlen, wo bedingungslose Liebe aller zu allen gepredigt wird« (81).*

7. »Die Große Armada« (87) oder Das Mysterium der Geburt

Nach der wilden Jagd durch die Sundastraße, bei welcher die »Pequod« selbst von Seeräubern gejagt wurde, kam Queequegs Harpune in der Java-See an einem großen Bullen fest. Der Wal zog das Boot blitzschnell unter die Tausende der Tiere. »Als sich dann die Harpune mit einem Ruck losriß und der Wal seitwärts verschwand, glitten wir«, erzählt uns Ismael, »mit auslaufender Bewegung in das innerste Zentrum der Herde, als wären wir aus einem Gebirgsstrom in einen stillen Bergsee geraten ..., in die verzauberte Stille, die im Herzen jeder Bewegung herrscht« (87).
Die Menge der Wale kreiste schnell in dichten Rudeln wie Pferdegespanne um die ruhige Mitte und nahm so »mindestens zwei oder drei Quadratmeilen ein ...

Die kleineren Wale, die vom Rande des Innenraumes aus unser ruhig daliegendes Boot besuchten, legten eine wunderbare Vertrauensseligkeit an den Tag ... Queequeg tätschelte ihnen den Kopf, und Starbuck kraulte ihnen mit der Lanze den Rücken, wagte aber aus Furcht vor den Folgen nicht zuzustoßen.«

»Tief unter dieser wundersamen Welt der Oberfläche bot sich unseren Blicken ein noch seltsameres Bild: säugende Walmütter und solche, die bald Mütter zu werden schienen. Wie Menschenkinder, wenn sie an der Mutterbrust saugen, ruhig und aufmerksam seitwärts blicken, als ob sie gleichzeitig zwei verschiedene Leben lebten und, während sie irdische Nahrung aufnehmen, im Geiste von unirdischen Erinnerungen zehrten – genauso schienen die Jungen dieser Wale zu uns heraufzublicken.«

Und als »abgründigste Geheimnisse der See sahen wir den jungen Leviathan in der Tiefe Hochzeit halten ... – Ebenso finde ich inmitten des sturmgepeitschten Atlantiks meines Daseins stete Freude in stiller Ruhe ..., bade tief unten und tief drinnen in der ewigen Freude.«

»Dann begann der See sich leise zu heben und zu wogen. Brautgemach und Kinderstube unter uns verschwanden ..., und es stürzte sich das ganze Heer der Wale auf die Mitte zu ... Unter verzweifelten Anstrengungen schossen wir schließlich in einen zufällig offenen Raum hinein ... Diese glückliche Rettung wurde mit dem Verlust von Queequegs Hut preiswert erkauft« (87).

8. Verlorene Hüte

Schon in New York zählte Ismael zu seinen Unpäßlichkeiten die merkwürdige Neigung, »den Leuten der Reihe nach den Hut vom Kopfe schlagen zu wollen« (1). Eine andere solche Neigung war die gewesen, »jedem begegnenden Leichenzug nachzuwandern und vor Sarggeschäften stehenzubleiben« (1).
In Peter Sargs Quartier hatte Queequeg morgens als erstes Stück seinen hohen Hut auf den Kopf gesetzt und dann unter dem hochbeinigen Bette die Stiefel angezogen. Zu den übrigen Teilen seiner Kleidung mußte Ismael ihn bei dem offenen Fenstereinblick erst dringend ermahnen (4).
Mister Flask warf seine Mütze zwar ins Meer, bloß weil sie ihm zur Last war (48); aber Stubbs Kopfbedeckung ging dramatisch unter Sturm und Donner um Mitternacht verloren (121).
Ahabs Hut raubte ein Vogel ihm vom Kopfe, als er zum ersten Male Moby Dicks Schneebergbuckel mit eigenen Augen wiedersah (130). Davon wird noch des näheren die Rede sein.
Nur Mister Starbuck verlor seinen Hut nicht bis zum Tod. Er allein verlor auch nie seinen Zweck und Grundsatz aus dem Auge: »Ich bin auf diesem unsicheren Ozean, um Wale zu meinem Lebensunterhalt zu erlegen, und nicht, um von ihnen umgebracht zu werden« (26).
Der Verlust des Hutes zeigte jedes Mal einen äußersten Einsatz und einen gleichsam metaphysischen Erfolg seines Trägers an, einmal auch unwissenden Leichtsinn.

9. Der zweite Teil der großen Reise

Die Schiffsbegegnungen sind die Meilensteine auf dem Weg im zweiten Teil der großen Reise vom 52. Kapitel an. Den Raum zwischen der »Rosenknospe« (91) und der »Samuel Enderby« (100) beherrscht das Thema »Wiedergeburt«.

Die Kapitel die »Graue Ambra« (92) und der »Ausgestoßene« (93) heben dieses Thema auf eine höhere Stufe, als sie etwa in »Zisterne und Eimer« (78) schon gewonnen wurde. Es findet dann in »Verstauen und Aufklaren« (98) eine umfassende Darstellung.

Biblische Leitworte im Text, »Bibelblätter« (95), der »Schmerzensmann« (96) und der erste Spruch aus dem Prediger Salomo: »Alles ist eitel« (96), führen darauf hin, während das Kapitel »Die Lampe« (97) schon das große Todesmysterium des Endkampfes mit Moby Dick vorbereitet; darauf weist die »Samuel Enderby« (100) mit den folgenden Abschnitten prophetisch in konkreter Schilderung der drei Begegnungen des Kapitäns Boomer mit dem Weißen Wal hin.

Die Kapitel 102–108 handeln vom Skelett des Wals und Ahabs falschem Knochenbein; sie schildern damit gemäß dem zehnten Abschnitt des chinesischen Mysterienromans »Der Traum der Roten Kammer« (1791 n. Chr.) von Tsao Hsüe-Kin die Reinigung der Seele vom Trieb. Bei dem Chinesen tut ein doppelseitiger Zauberspiegel dieses Werk, der einem jeden vorn seine Liebste in höchster Schönheit zeigt und rückwärts sein Skelett. Jenes Bild ist anziehend und gefährlich; dieses ist abstoßend und wird als ein siche-

res Reinigungsmittel der Seele gepriesen. – Wir stellen diese Abschnitte 102–108, welche mehr zur Übung der Seele als zur Handlung beitragen, nicht dar, sondern erst wieder die Menschenbilder entgegengesetzter Art (108–114).
Die »Hagestolz« als siebtes begegnendes Schiff (115) eröffnet darauf den Gang durch die Elemente, und die »Rahel« (128) als achtes führt über die Schwelle des Todes.

10. »Graue Ambra« (92)

»Die Herkunft der grauen Ambra blieb lange genauso rätselhaft wie die der gelben Ambra oder des Bernsteins.« Während dieser hart ist »und zu Schmuck verarbeitet wird, ist Ambra weich, wachsartig und so wohlriechend, daß sie zur Herstellung von Parfümerien, kostbaren Kerzen, Haarpuder und Pomaden dient« (92).
»Die einen halten die Ambra für die Ursache, die anderen für die Folge von Verdauungsstörungen beim Wal ... Diese höchst wohlriechende Ambra mitten im Herzen einer Verwesung – ist das ohne Bedeutung? Denkt daran, was der heilige Paulus in seinem Brief an die Korinther (1. Korinther 15. 42) über das Verwesliche und Unverwesliche sagt ...« (92).
Diesen herrlichen Stoff hatte Stubb dem Kapitän der »Rosenknospe« abgeschwatzt, indem er ihn durch Warnung vor der Pestilenz veranlaßte, den faulen Fisch, an dem sie festgemacht hatten, loszulassen. Der

unerfahrene Franzose ahnte nichts von Ambra. Der lose Fisch aber war nun frei für die Amerikaner (91). Unter ihnen schätzte nur Ahab diese Beute gering; denn er ließ Stubb kaum die Zeit, den Ballen aus dem Darm zu stechen (91).

Die Unwissenheit des Franzosen darf als ein Zeichen dafür gelten, daß hier das Mysterium auf eine höhere Stufe gelangt ist als das, was Steelkilt und Queequeg unter »Tahiti« verstanden (54, 58) und was Taschtego unter »Zisterne und Eimer« (78) als seine Probe bestand. Tahiti ist das Symbol des Friedens, den Queequeg in seiner Seele trug. Taschtegos Untertauchen im Haupt des Pottwals glich ein wenig Lazarus' Sterben und der Wiedererweckung (Johannes-Evangelium 11).

Hier geschah im Bilde nun mehr. Der stinkende Kadaver stammte von einem Wal, den Queequeg in der Großen Armada angeworfen, an die Dagge, das ist ein nachschwimmender Balken, gelegt und dann verloren hatte. So hängt er noch mit dem Höhepunkt des Geburtsmysteriums zusammen. Jetzt aber veranlaßt er Ismael, für ihn und für die duftende Ambra Pauli Wort heranzuziehen: »Es wird gesät verweslich und wird auferstehen unverweslich ... Es wird gesät ein natürlicher Leib und wird auferstehen ein geistiger Leib« (1. Korinther 15. 42–44). Diese Szene dringt nicht nur tiefer in das Geheimnis des Todes ein, sie ist auch Christus-nahe.

Der Geruch der grauen Ambra – er ist dem des frischesten Waldbodens ähnlich – als Ausdruck ewigen Lebens im Geiste entspricht spiegelbildlich dem Geruch des Weißen Wals als Ausdruck der Pan-mäßigen Vitalität im Fleische: »In jener Nacht«, vor der

Jagd auf Moby Dick, »geschah es, daß während der Mitternachtswache ... der Alte plötzlich den Kopf hochreckte und ... in der Seeluft schnupperte. Es müsse ein Wal in der Nähe sein, erklärte er. Bald bemerkte auch die ganze Wache diesen eigentümlichen, von einem lebenden Pottwal bisweilen auf weite Entfernung verbreiteten Geruch« (133).

11. »Trankochen« (96)

Ismael sann während einer einsam-nächtlichen Wache an der Ruderpinne über diese Reise nach.
Nur dieses eine Mal sehen wir ihn an Bulkingtons Platz stehen, dessen unerschrockenes Streben auf offener See er für das Urbild alles tiefen, ernsthaften Denkens hielt (23). Bulkington brauchte nach seinem ersten Auftritt als Mann am Steuer der »Pequod« (23) nicht mehr zu erscheinen, weil Ismael innerlich seinen Platz und seine Kraft übernahm.
Vor Ismael auf Deck stand der Trankochofen mit mächtiger Flamme, den die drei Harpuniere bedienten. »Da schien die dahinbrausende ›Pequod‹, bemannt mit Wilden, beladen mit Feuer, einen Leichnam verbrennend und in die Schwärze der Finsternis hineintauchend, das körperliche Gegenstück zu der Seele ihres wahnbesessenen Kapitäns ...«
Während Ismael so stand, nickte er an der Ruderpinne für einen Augenblick ein und hatte ein flüchtiges Gesicht: »Vor mir vermochte ich keinen Kompaß zu erkennen ... Nichts war vor mir als eine hier und

da durch rote Flammen erhellte Finsternis. Vor allem jedoch hatte ich den Eindruck, das Schiff habe keinen Hafen als Ziel vor sich. Ein Gefühl wie eine Todesahnung überfiel mich. Ich griff nach dem Ruder und hatte das Empfinden, die Pinne sei auf verhexte Weise herumgedreht« (96). Ismael selbst hatte sich im Schlafe umgedreht.

Der Spuk zeigte ihm, was später an der »Linie« mit dem Schiff geschah, als Ahab sich für kurze Zeit wie in einem Gesicht auf der Sonnenbarke wähnte und wider seinen Willen rückwärts fuhr (124).

»Der sterbliche Mensch, der mehr Freude empfindet als Schmerzen, dieser sterbliche Mensch kann nicht wahrhaft sein oder vollkommen. Der wahrhafteste aller Menschen war der Schmerzensmann und das wahrste aller Bücher das des Predigers Salomo, der vom Leid feingehämmerte Stahl: Alles ist eitel« (96).

12. »Die Lampe« (97)

Licht und Feuer sind zwei Elemente und darum deutlich zu trennen, wenn sie in der Welt und in Ismaels Erzählung auch oft zusammen erscheinen. Hier soll nur vom Licht die Rede sein, so wie es klein im engen Raum als Leuchte dient, wenn Menschen es auf einer Lampe oder einer Kerze angezündet haben.

Nur »ein trübes Licht« schien den Gästen Peter Sargs in seiner Stube, und nur »zwei klägliche Talgkerzen« erhellten dessen eiskalten Speiseraum. Für die Kammer aber gab er Ismael schon eine Kerze für sich allein, vielmehr für sich und den noch unsichtbaren Harpunier als seinem Bettgenossen (3). Im Lichte dieser Kerze sah Ismael die nackte Gestalt des Wilden mit jenen sonderbaren Zeichen. Diese Gestalt erweckte Furcht in Ismael; und doch waren es eben diese Zeichen, unter welchen, einem Sarge eingeschnitten, er am Ende seine Rettung fand (3, 110, Epilog). Die Lampe, welche Hosea Husseys blonde Frau den beiden nun schon engverbundenen Freunden Queequeg und Ismael in die Schlafkammer mitgab, wirkt zu der Kerze in Jonas' Hause wie eine Wiederholung (15). – Auch der Lampe, mit welcher der Koch Wollkopf den Haien bei seiner Predigt leuchtete (64), braucht nur flüchtig gedacht zu werden.

Wichtig aber ist die Laterne, welche Queequeg nach jener wilden Waljagd – der ersten Ismaels, bei welcher auch zum ersten Male Fedallah sichtbar wurde – eine Nacht lang im verlorenen Boote hochhielt »als Zeichen und Symbol eines Menschen, ohne Glauben, der hoffnungslos in der Verzweiflung die Hoffnung aufrechterhält« (48).

Ein späteres Kapitel heißt »Die Lampe« (97); erst in ihm kommt das Symbol zu seiner vollen Geltung. Ismael berichtet: *»Steigst du hinab ins Vorderschiff, wirst du für einen Augenblick glauben, in einem erleuchteten Schrein heiliger Könige und Kaiser zu weilen. Da liegen sie in ihren dreieckigen Eichengewölben, jeder Matrose ein gemeißeltes Steinbild. Auf die geschlossenen Augen fällt der Schein von etwa einem Dutzend Lampen.« – »Der Walfänger, der dem Licht die Nahrung sucht, lebt im Lichte. Aus seiner Koje macht er Aladins Wunderlampe und legt sich darin zur Ruhe« (97).*

Ein Blick über Ismaels ganze Reise zeigt das Kapitel »Die Lampe« (97) in der Mitte zwischen dem Mysterium der Geburt oder der »Großen Armada« (87) und dem Mysterium des Todes, zu dem es selbst gehört. Dann folgen die Begegnung mit der »Samuel Enderby« (100), die Fahrt durch alle Elemente (115 bis 119) und schließlich der Kampf mit Moby Dick (133–135). Dieser Kampf stellt die freiwillige Begegnung mit dem Tode dar.
Zum Verständnis dieses Aufbaues hilft uns wieder der antike Mysterienroman »Metamorphosen« von Apuleius weiter. Als sein schönstes Kleinod hat er in seiner Mitte das Märchen von Amor und Psyche. Das Märchen stellt auch die geistige Zusammenfassung des Romanes dar. Am Ende des Romanes findet sich eine zweite, kultische Zusammenfassung mit Erklärungen, welcher die oben zitierten Mysterien-Leitsprüche entnommen wurden.
Die Lampe erscheint sowohl im Roman als auch im Märchen gegen Anfang. Das kann nicht anders sein; denn – um der Kürze wegen beim Märchen zu bleiben – die sterbliche Psyche sieht mit deren Hilfe den göttlichen Gemahl in seiner nächtlichen Nacktheit und überirdischen Schönheit, und diese erste Schau gibt ihr die Kraft, die späteren Proben zu bestehen, darunter den Gang durch die Elemente. Die Proben führen am Ende in den Kreis der Götter, wo sie an Amors Seite unsterblich wird.
Der arme Knabe Aladin lebt in »1001 Nacht«. In unterirdischen Sälen fand er eine unansehnliche Lampe, welche ihrem Besitzer alle Wünsche erfüllte. So warb Aladin erfolgreich um seines Sultans einzige Tochter.

Die Erleuchtung, deren Zeichen die Lampe ist, und die Erlösung, welche nach Ismaels Worten für ihn von Queequeg eingeleitet wurde (10), sind verschiedene Ereignisse. Die Erleuchtung muß früh eintreten; ihr folgen stärkere Proben. Die Erlösung aber ist das Ziel; erst die Einweihung bringt sie. In Apuleius' Märchen ist sie Psyches Eintritt in den Kreis der unsterblichen Götter.
Ausdrücklich von der Erleuchtung spricht Ismael zum ersten Male unter der Überschrift »Die Fontäne« (85) und bereitet damit das Mysterium der Geburt oder »Die große Armada« (87) vor. Das Kapitel »Die Lampe« (97) aber bringt die prophetische, vorerst noch lockende Erleuchtung für das schwer erträgliche Mysterium des Todes. Dieses schließt die spätere Rückkehr der Menschengeister in das irdisch-menschliche Welttheater in sich ein; die Lehre von der Seelenwanderung gehört zu seiner Vorbereitung. Davon spricht Ismael sofort unter »Verstauen und Aufklaren« (98).

Das Ziel aller Erlebnisse und Mühen ist nach Apuleius, »die unteren und oberen Götter von Angesicht zu Angesicht zu schauen«. Ismael deutet dies auch vorweg schon im letzten Satze vor dem Kapitel »Die Lampe« an: *»Es gibt einen Adler in mancher Seele, der in die finstersten Schluchten hinabstößt und sich wieder emporschwingt aus ihnen, um unsichtbar zu werden in sonnigen Höhen« (96).*
Der Endkampf in Moby Dick hat in Ismaels Bericht eine Sonderstellung; in ihm bildet sich noch einmal alles in allem ab. Darum hilft auch ein neues kleines Licht den letzten Tag der Reise vorzubereiten: *»Im Laternenschein arbeiteten die Männer daran, die Er-*

satzboote vollständig auszurüsten und ihre neuen Waffen zu schleifen. Inzwischen verfertigte der Zimmermann aus dem zerbrochenen Kiel von Ahabs zertrümmertem Boot ein neues Bein für den Alten« (134).

13. Aus »Stubbs Nachtmahl« (64): Seelenwanderung

Smutje hatte nächtlicherweile für Stubb, den Zweiten Maat, ein Steak aus dem Schwanz des Wales gebraten, an dessen Leibe außenbords die Haie sich gütlich taten. Den Haien hielt Smutje zu ihrer Mäßigung eine Predigt. Am Ende aber machte Stubb seinem Ärger Luft über das viel zu scharf gebratene Steak: »Smutje, du mußt nach Hause und noch einmal geboren werden. Du weißt noch nicht, wie man ein Walsteak brät.« Der Koch wandte sich ab. »Wohin willst du denn eigentlich? – Ins Bett gehen. – Stopp, beigedreht! Ich meine, wenn du stirbst? – Wenn alte schwarze Mann sterben« – er hielt sich für mehr denn neunzig –, »heilige Engel kommt und nimmt ihn mit« (64).

14. »Verstauen und Aufklaren« (98)

Verstauen und Aufklaren nennen die Seeleute das Einbringen ihrer Güter in den Laderaum und die Reinigung des Schiffes. Davon berichtet Ismael: »Wir haben schon erzählt, wie der große Leviathan in der

Ferne von den Ausguckposten erspäht wird, wie er gejagt wird auf den Wassergefilden und erschlagen in den Tälern der Tiefe, wie er längsseits bugsiert und enthauptet wird, wie er dann ... zu gegebener Zeit zum Kessel verurteilt wird und sein Walrat, Öl und Bein unversehrt durch das Feuer gehen wie Sadrach, Mesach und Abednego ... Noch warm wird das Öl wie heißer Punsch in die großen Sechs-Barrel-Fässer gefüllt.«

»Der Qualm der Trankocherei hat das Schanzkleid verrußt, tranbesudelt gehen die Matrosen umher, das ganze Schiff ist ein großer Leviathan, und es herrscht ein ohrenbetäubender Lärm. Aber schon einen oder zwei Tage später blickst du auf demselben Schiff um dich und spitzt die Ohren. Wären nicht die verräterischen Boote und die Trankocherei, du würdest schwören, dich auf einem ruhigen Kauffahrer mit einem peinlich sauberen Kommandanten zu befinden. Das rohe Pottwalöl ist ein einzigartiges Reinigungsmittel. Das ist der Grund, warum das Deck nie so weiß aussieht wie unmittelbar nach einem solchen Trangeschäft.«

»Dann machen sich die Männer daran, sich selbst vom Kopf bis zu den Zehenspitzen zu säubern, bis einer nach dem anderen frisch und blühend wie ein eben aus dem saubersten holländischen Bettlaken gestiegener Bräutigam auf dem fleckenlosen Deck erscheint ... Aber denkt daran, daß oben in den Toppen drei Ausguckposten stehen und nach weiteren Walen ausschauen.«

»Ja, und wie oft geschieht es, daß diese armen Burschen, wenn sie nach schwerster, pausenloser Arbeit, die ohne Nachtruhe bis zu sechsundneunzig Stunden

an einem Stück andauert, wenn sie mit geschwollenen Handgelenken den ganzen Tag über an der Linie gerudert haben und nur aus den Booten an Deck klettern, um schwere Ketten zu schleppen und mühsam das Spill zu bedienen, Speck zu stechen und zu hauen, sich im Schweiße ihres Angesichts von den vereinten Gluten der Äquatorsonne und der Trankocherei aufs neue räuchern und braten zu lassen, wenn sie sich am Ende geputet haben, das Schiff aufzuklaren und eine fleckenlos saubere Milchstube daraus zu machen – daß diese armen Burschen dann, wenn sie gerade dabei sind, ihren sauberen Rock zuzuknöpfen, von dem Ruf aufgeschreckt werden: Da blasen sie! Und los geht's auf einen neuen Wal, und die ganze Schinderei beginnt von vorne. Ja, ihr Lieben, das ist zum Verrecken!«

»Aber so ist das Leben! Kaum hat der Mensch mit viel Mühe aus der großen Masse dieser Welt das bißchen wertvollen Walrat herausgeangelt, sich mit endloser Geduld von der Besudelung gereinigt und gelernt, hier im reinen Tabernakel der Seele zu leben, kaum ist das geschehen, da – Dort bläst er! – gibt er den Geist auf, und ab geht's zum Kampf in einer anderen Welt, in einem jungen Leben den alten, gewohnten Trott.«

»Ja, diese Seelenwanderung! – Ja, Pythagoras, der du im lichten Griechenland vor zweitausend Jahren dahingegangen bist, so gut, so weise, so mild! Auf meiner letzten Reise entlang der peruanischen Küste bin ich mit dir zusammen gefahren und habe in meiner Torheit dir, einem grünen Jungen, beigebracht, wie man ein Tau spleißt!« (98).

Die Seelenwanderung, wie wir Europäer seit PYTHA-

GORAS uns gewöhnten, die spätere Rückkehr des abgeschiedenen menschlichen Geistes in einen Erdenleib höchst ungenau zu nennen, sie wäre wie ein bloßer Wechsel im immer gleichen Rundlauf der Natur, wobei nur Schuld und Sühne die besonderen Inhalte des Lebens hergäben, wenn nicht in den Erdenaufenthalten neue Fähigkeiten erobert würden, wie Stubb den beinahe neunzigjährigen Schiffskoch lehrte (64); wenn heimlicherweise nicht aus dem irdisch-vergänglichen Dasein Kräfte in das Ewige eingebracht würden, so wie Taschtego vor seinem Verschwinden und der Wiedergeburt aus dem Haupte des Wales achtzig bis neunzig Eimer Walrat schöpfte (78). Auch die Seelenwanderung erhält ihren Sinn wohl nur in dem Grade, in welchem das Wort sich hier und jetzt verwirklicht: »Es sei denn, daß einer wiedergeboren wird aus Wasser und Geist, so kann er nicht in das Reich Gottes eingehen« (Johannes-Evangelium 3. 5).

15. »Die Dublone« (99) oder Die Schicksalsrune

Eine goldene Dublone aus Equador, sechzehn Dollar wert, nagelte der Kapitän an den Mast als Lohn für den, der den Weißen Wal aussingen würde. Er hoffte insgeheim, selbst als erster diesen tückischen Albino, diesen Riesen unter den Pottwalbullen, zu erblicken (130). Denn für ihn war »all das geheime Teuflische des Lebens und Trachtens, alles Übel sichtbar personifiziert und praktisch angreifbar geworden in Moby Dick« (41).

Die Dublone zeigte drei steile »Andengipfel. Aus dem einen schlugen Flammen, auf dem anderen stand ein Turm und auf dem dritten ein krähender Hahn, während über das Ganze ein Teil des Tierkreises sich wölbte. Den Schlußstein bildete die Sonne, die in der Waage in die Tagundnachtgleiche tritt« (99). – So sah sie Ismael.

In nächtlicher Einsamkeit wagten sich hernach alle wichtigen Männer einmal an die Deutung dieser Bilder; jeder wußte seine Art und sein Geschick aus ihnen zu erraten. – Es meditierte Ahab: »Etwas Egoistisches haben Bergspitzen und Türme ... Drei Gipfel, stolz wie Luzifer! Der feste Turm ist Ahab, der Vulkan ist Ahab ... der siegreiche Vogel ist Ahab. Dieses runde Goldstück ist ein Abbild des noch runderen Erdballs, der wie ein Zauberglas jedem Menschen sein eigenes, rätselhaftes Ich wiedergibt.« – »Mich dünkt, diese gemünzte Sonne zeigt ein gerötetes Antlitz. Aber sieh, sie tritt in das Zeichen der Stürme und Äquinoktien, und erst sechs Monate sind vergangen, seit sie das vorige Äquinoktium des Widders verlassen hat. Von Sturm zu Sturm!« (99).

Der Alte von der Insel Man murmelte: »Wenn wir den Weißen Wal ausmachen, dann muß es in einem Monat und an einem Tage geschehen, an dem die Sonne« in diesem Zeichen steht, ... »der Löwe ist das Zeichen, der brüllende und alles verschlingende Löwe. Schiff, du altes Schiff, ich muß meinen alten Kopf schütteln, wenn ich an dich denke« (99).

Am Ende deutete der kleine, irre Negerjunge Pip das Goldstück für alle noch einmal, indem er leise deklamierte: »Ich sehe, du siehst, er sieht, wir sehen, ihr seht, sie sehen« (99).

V. Das Bild des Menschen

1. »Ahab und der Zimmermann« (108) oder Ein Mann von der richtigen Sorte

Das knöcherne Bein des Kapitäns war während der Fahrt schadhaft geworden. Er ließ vom Zimmermann ein anderes machen (106). In der Nacht, in welcher jener daran arbeitete und sich dabei vom Schmiede helfen ließ, schaute Ahab zu und meditierte, halb mit dem Zimmermann, halb mit sich selbst sprechend: »Nun, du Menschenmacher?« – Antwort: »Ihr kommt gerade recht, Käpt'n, laßt mich Maß nehmen.« – »Maß nehmen für ein Bein! ... Was macht denn dieser Prometheus dort, der Schmied?« – »Er wird dabeisein, die Schnalle zu schmieden.« – »Richtig, er liefert die Muskeln. Ein schönes Feuer hat er da angefacht ... Es hat wohl eine tiefere Bedeutung, daß dieser alte Grieche, Prometheus, ein Schmied gewesen sein soll, der Menschen machte ... Sag dem Schmied, wenn er mit der Schnalle fertig ist, soll er ein Paar stählerne Schulterblätter schmieden; da ist ein Wandersmann an Bord mit einem drückend schweren Packen. Halt, wenn dieser Prometheus schon dabei ist, soll er mir gleich einen vollständigen Mann von der richtigen Sorte herstellen ... im Handgelenk drei Fuß breit, kein Herz ... und Augen? Nein, nur ein Oberlicht auf seinem Scheitel, damit's innen hell wird. So, nimm die Bestellung auf und mach vorwärts! ... Zimmermann, kannst du mir den alten Adam nicht vom Leibe schaffen?« (108).

Ein Körper nach Ahabs Wunsch wäre erleuchtungsfähig, gliche im übrigen aber einem maschinenmäßig bewegten Skelett. Eine eiserne Rüstung an der Stelle von Fleisch und Blut war Ahabs und nicht Ismaels oder des Dichters Wunsch. Aber Ahabs Wunschbild wandelte sich später etwas und kehrte gemäßigt wieder.

Am zweiten Tag der Jagd auf Moby Dick, die das Ende brachte, zerbrach der Stelzfuß wieder. Dieses Mal machte der Zimmermann nachts ein Bein aus dem Kiel des hoffnungslos zertrümmerten Bootes, von welchem aus der Kapitän gekämpft hatte. – Stubb, der Zweite Maat, fragte ihn, als sie dem hilflos hinkenden Mann an Bord halfen: »Hoffentlich kein Knochenbruch«, und bekam zur Antwort: »Wie Ihr seht, alles kurz und klein. Aber kein lebendiger Knochen ist für mich ein Jota mehr wert als dieser tote, der verlorenging« (134).

Bevor Ahab am nächsten Tage wieder ein Fangboot bestieg, nahm er Abschied von seinem Schiff: »Lebe wohl! ... Wir werden beide älter, alter Mast, so gesund unsere Körper auch sind, mein Schiff – ay, abgesehen von einem Bein ... Weiß der Himmel, dieses tote Holz hat es in allem besser als mein lebendiges Fleisch ... Ich habe Schiffe gesehen, die haben länger gelebt als Männer« (135).

Schon unter der Überschrift »Ahabs Bein« (106) mußten wir den Leser bitten, einen plötzlichen Übergang zu christlichen Geheimnissen zu vollziehen. – Auch das

Evangelium kreist beim Tode Jesu um das Geheimnis des Leibes. Johannes erzählt, die römischen Kriegsknechte hätten nach Jesu Tod seinen Leichnam mit einer Lanze geöffnet und an dem Vorquellen von Blut und Wasser erkannt, daß sein Tod schon eingetreten sei. Andernfalls würden sie ihm die Gebeine zerschlagen haben, damit er wie die beiden anderen Gekreuzigten daran sterbe. Der Evangelist legt großen Wert auf diese Szene, weil sich in ihr das Wort erfüllt habe, welches Mose einst über das Passah-Lamm gesprochen hatte: »Ihr sollt ihm kein Bein zerbrechen« (Exodus 12. 46; Johannes-Evangelium 19. 36).

Bei Ahab erweitert sich an dieser Stelle wohl das Symbol des hölzernen Beines. Nun sucht er nicht mehr einen stählernen Leib für sich, sondern nimmt den hölzernen Schiffsleib als ein Vorbild. Holz ist aus dem Leben hervorgegangen wie der menschliche Knochen. Wenn Ahab sagt, daß es gleichgültig sei, ob das tote Holzbein oder ein Knochen seines Leibes zerbrechen würde, dann hat er ein objektives Verhältnis zu seinem eigenen Körper. Auf dessen Form kommt es wohl allein an. – Das Evangelium scheint anzudeuten, daß diese Form und nur die Form des fleischlichen Leibes Jesu in den Leib des Auferstandenen überging. – Davon werden wir weiter zum Kapitel »Der Pazifik« (111) zu sprechen haben.

Orthodoxe Rabbiner, welche die Kabbala schätzen, stellen Noahs Arche in einer Form vor, daß ihr Querschnitt die Pyramide zeigt. Friedrich Weinreb beschrieb sie so in seinem Buche »Der göttliche Bauplan der Welt« (S. 191). Sie lief als ganze oben in eine Pyramidenspitze aus, deren letzte Elle fehlte. Dort

fand sich das Fenster, welches Gott befohlen hatte (Genesis 6. 16).
Noah baute sein hölzernes Schiff – gemäß der Kabbala – in derselben Zeit, welche Gott von nun an für ein Menschenleben bestimmte, nämlich in hundertzwanzig Jahren (Genesis 6. 3). Die Arche wird von der Kabbala also genauso mit dem Menschenleibe verglichen, wie Ahab es mit seiner »Pequod« tat (135). Außerdem hatte die Arche ihr einziges Fenster dort, wo auch Ahab es für den erdachten Körper aus Stahl sich wünschte.
Die Pyramidenform der Arche wirft wohl auch ein Licht auf Stubbs Traum, den er Flask erzählte: »Du kennst des Alten beinernen Stelzfuß. Mir träumte, er hätte mir einen Tritt damit versetzt; und als ich versuchte zurückzutreten, meiner Seel', da ... schien Ahab in eine Pyramide verwandelt, und ich trat wie ein verfluchter Narr fortwährend weiter nach ihr« (31).

2. »Ahab und Starbuck in der Kajüte« (109)

Als die »Pequod« sich von Südwesten her Formosa näherte, meldete Starbuck in der Kapitänskajüte: »Verzeiht, ich bin's. Der Tran im Raum leckt, Sir. Wir müssen die Last öffnen.« Sonst wären sie Gefahr gelaufen, »an einem Tage mehr Tran zu vertun, als wir in einem Jahre einbringen können«. – »Sollen sie lecken! Ich bin selber leck! ... und nicht nur voll von lecken Fässern; die sind auch noch in einem lekken Schiff!« (109).

Schließlich gab Ahab doch den Befehl: »Segel nieder! Löschtakel hoch und Ladeluken auf!« Und Queequeg leerte den finsteren Raum von den verstauten Fässern, bis am Ende alles wieder seine heile Ordnung hatte (110).

Der Kapitän hatte den Zustand seiner Seele richtig beschrieben. Queequeg, in seiner sicheren, aber wenig bewußten Art, konnte den Schaden für das Schiff und dessen Mannschaft vorerst wieder beheben, obgleich er an diesem Rettungswerke schwer erkrankte (110).
Ismael aber hatte schon anläßlich »Verstauen und Aufklaren« begriffen, daß im Menschenleben alles darauf ankommt, »aus der großen Masse dieser Welt das bißchen wertvollen Walrat herauszuangeln« (98). Ein Leck in einem Walratfaß ist vor der Ewigkeit eine schlimme Sache. Träte es in der Seele auf, dann würde wohl auf Erden im Willen etwas vorweggenommen und vergeudet, was erst drüben oder im Himmel seinen hohen Wert erweisen kann.
Ahab fühlte es, und sein Blick fiel in uralte, schicksalschmiedende Zeiten. Er mußte so, wie er nun war, wohl zu Starbuck sagen: »Die ganze Sache ist von dir und mir durchgeprobt, eine Billion Jahre . . .« (134). Sein Rückblick hatte metaphysische Tiefe; aber gab es für ihn auch Zukunft und neue, höhere Geschicke? Vielleicht verhinderte sein übergroßer, gedankenloser irdischer, von der Rachsucht gegen Moby Dick angetriebener Wille eine heilvolle Zukunft. Ein Mangel am Willen zur fernen Zukunft verwehrte es Ahab, Christ zu werden.

3. »Queequeg im Sarg« (110) oder Die Symbole der Entscheidung

Queequeg führte Ismael in das Geheimnis der Geburt ein; in das Mysterium des Todes führten ihn Ahab und Fedallah ein. Aber Queequeg gab seinem Freunde auch dazu noch ein errettendes Rüstzeug in Gestalt eines Sarges, dem er eine heile, himmlische Ordnung eingeprägt hatte.
Queequeg hatte versucht, darin zu sterben (110), noch bevor die »Hagestolz« kam (115) und die »Pequod« ihre Reise durch die Elemente antrat, die im Untergang endete. Als der Tod dem stillen Harpunier aber vorerst versagt geblieben war, übertrug er schnitzend die dunklen quadratischen Zeichen von seinem braunen Leibe auf den Sarg. Sie waren »das Werk eines verstorbenen Propheten und Sehers seiner Insel, der ihm mit solchen Hieroglyphen eine ganze Theorie des Himmels und der Erde, einschließlich einer mystischen Erkenntnistheorie, auf den Leib geschrieben hatte . . ., ein Werk, dessen Geheimnisse er (Queequeg) aber selbst nicht zu entziffern vermochte, wenn auch sein eigenes Herz dagegen schlug« (110). Dieser Sarg rettete am Ende Ismaels Leben (Epilog).

*

Queequegs Sarg erscheint dreimal im Roman (110, 126, Epilog) und setzt damit jedesmal eine Wegmarke. Mit seinen eingeschnitzten Zeichen vom Körper Queequegs wurde er schicksalhaft zu dessen rettendem Vermächtnis an Ismael. Queequeg bot nach dem

Verlust der alten Rettungsboje seinen Sarg zu deren Ersatz an; Starbuck hatte sich anfangs darüber entsetzt. Dann aber verpichte ihn der Zimmermann doch und versah ihn mit dreißig Stricken für die dreißig Mann auf der »Pequod« (126).
Seitdem es diesen Sarg gab, ereignete sich nichts mehr zwischen den Freunden. Ismael mußte am Ende sogar aus Starbucks Boot, wo Queequeg Harpunier war, in Ahabs Fangboot überwechseln. Wahrscheinlich war Queequegs Hilfe für Ismael, abgesehen von dem Sarg, schon in dem Augenblick erfüllt, von dem Ismael unter der Überschrift »Ein Händedruck« (94) erzählt, als er sich »auf himmlische Weise befreit von allem Übelwollen« usw. fühlte, und so erst recht, als Ismael kurz darauf, anstelle Bulkingtons die Ruderpinne haltend, seine Erkenntnis über den »Schmerzensmann« und den »vom Leid feingehämmerten Stahl« gewann (96). – Queequegs letzter wesentlicher Dienst für das Schiff, das auslaufende Ölfaß im Raum zu suchen (109–110), war eine Korrektur für Ahab.

*

Die beiden durch die Sargszenen begrenzten Großabschnitte am Ende des Romans werden durch die zehn Schiffsbegegnungen und die mit ihnen verbundene Stufenfolge der Elemente überschnitten. In den ersten Abschnitt fällt die siebte Begegnung. Die Fahrt durch die Elemente werden wir unten beschreiben; sie beginnt mit dem siebten Schiff (115). Wir wenden uns einmal allein den Symbolen zu, die nach dem Kapitel »Queequeg im Sarg« (110) in Erscheinung treten. Die wichtigsten sind das Herz, der Alkohol, das Gold, das Eisen, der Atem, die Sonne, die Asche und die Träne.

*

Der Pazifik ist »gleichsam das Herz der Erde« (111). Auf seiner gewaltigen Oberfläche herrscht, wie Ismael sie erlebte, Pan, »der verführerische Gott« (111). In seiner Tiefe aber schlägt »ein Tigerherz« (114).
Darauf hören wir vom Herzen eines Menschen, des Schiffsschmiedes, Perth mit Namen. Ihn überwältigte schon vor Jahren der Schnapsteufel. Mit schwerer Schuld gegen sein verstorbenes junges Weib und gegen seine toten Kinder beladen, werkte er jetzt an Bord, »als sei die Arbeit das Leben selbst und der schwere Schlag seines Hammers das dumpfe Klopfen seines Herzens« (112). – Mit seinen abgefrorenen Zehen, zeichnet ihn der Dichter in etwa nach dem Bilde des hinkenden Schmiedegottes Hephaistos. Die Olympischen verlachten Hephaistos so, wie der Himmel den Schmied nach Ahabs Vermutung haßte (113).

Gegen Ende dieses Großabschnittes findet das Symbol Herz seinen Höhepunkt und sein Ende durch einen Traum Ahabs, in welchem er glaubt, das Herz des Weißen Wals zu greifen (123). Da er andern Morgens wie erlöst ist, und aus Gründen, die in unten zu besprechenden Begleitumständen liegen, muß man zweifeln, daß das Herz des Wals, wie Ahab es hier schaute, von derselben Art war wie das Tigerherz der Tiefsee (114). Das Gegenteil könnte auch gemeint sein.

*

Zur Erlösung eines Mannes, wie der Schmied einer war, singen »aus den Tiefen des unendlichen Pazifik Tausende von Meerjungfrauen: Komm hierher, du mit dem gebrochenen Herzen! . . . Setze auch *deinen* Grabstein auf den Friedhof und komm hierher, dich mit uns zu vermählen« (112). Was die Nixen singen, ist zwar nicht dasselbe, was die alten Mysterien eine Todeshochzeit nannten; aber es trägt von ihr doch einen Anklang. Den Unterschied faßt in GOETHES Faust II nach Helenas Tode die Chorführerin in die Worte, die sie an die Mädchen richtet, welche, den Hades scheuend, sich in Elementargeister verwandeln:

»Wer keinen Namen sich erwarb, noch Edles will,
Gehört den Elementen an, so fahret hin!
Mit meiner Königin zu sein verlangt mich heiß;
Nicht nur Verdienst, auch Treue wahrt uns die Person« (V. 9981–84).

Erwähnt sei hier, daß es auf der »Pequod« noch einen Mann gab, um den es so wie um den Schmied stand, gleichsam eine geistige Halbnatur; das war der Zimmermann: Daß eine Todeshochzeit im vollen Sinne unter dem Bilde der Verwandlung einer Raupe in einen Schmetterling gedacht wurde, ist bekannt. Ahab aber bezeugte dem Mann, als dieser Queequegs Sarg in eine Rettungsboje umbaute, daß auch er wie der Schmied nur einer halben Verwandlung fähig sei, indem er fragte: »Bist du eine Seidenraupe? Spinnst du dir dein Leichentuch aus dir selbst?« (127).

Weil der Schmied genausowenig eine echte, harmonische Erleuchtung oder Erweckung zum Geist wie eine echte Erlösung erwarten konnte – dazu gehört mehr als ehrenwertes Schuld-Tragen und Eisen-Schmieden –, riet ihm Ahab hierfür eine bescheidenere Lösung an, indem er fragte: »Wie hältst du das aus, ohne verrückt zu werden? Haßt dich der Himmel so sehr, daß du nicht verrückt werden kannst?« (112). – Pip hatte diesen Weg beschritten und galt – nicht nur darum – im Himmel als ein Held. – Für Perth war das aber nichts, er blieb irdisch.

Ahab führte das Gespräch weiter; er »klimperte mit dem ledernen rostfarbigen Beutel, als sei er voll von Goldstücken ... und sprach: Schau her, Schmied. Das sind aufgelesene Nägel aus den Hufeisen von Rennpferden« (113). – Gold und Eisen stehen sich gegenüber.

*

Zu Herz und Blut gehört der Alkohol. Der sei besprochen, bevor wir auf Eisen und Gold zurückkommen. Der Schnapsteufel spielte nicht allein dem Schmiede Perth übel mit (112). Stubbs Sturmlied, das er sang, um seine Furcht zu besänftigen, schreibt sogar dem Wal die Lust nach Punsch zu (119). Und Taschtego, den man sonst »für einen Sohn des Fürsten der Luftgeister« (27) hätte halten mögen, sehnte sich in jener Sturmnacht, die sogar seinen tapferen Maat und Meister Stubb furchtsam machte und die den träumenden Kapitän beinahe an sein geistiges Ziel – war es geistig? – gebracht hätte (123, 124), Taschtego sehnte sich in diesem nächtlichen Taifun nach Rum (122). – Danach hatte der Alkohol seine Rolle auf der »Pequod« ausgespielt.

Damit war aber auch entschieden worden, welche Männer auf der »Pequod« dem Mysterium gewachsen sein könnten, und welche gewißlich nicht. Es blieben nur Ahab und Ismael übrig, vielleicht noch Starbuck.

– Von Bulkington und Queequeg braucht nicht mehr gesprochen zu werden, weil sie ihre Rolle schon erfüllt hatten; und Fedallah steht nicht auf Menschenstufe; er wußte mehr, war aber im Wesen viel zu wenig.

*

In Ahabs »rostbraunem Beutel« (112) waren Hufnägel. Es hätten darin aber auch Goldstücke sein können, was er seinem Schmiede zuerst wohl weismachen wollte. – Gold wäre besser gewesen; dann wäre die Harpune für Moby Dick nicht geschmiedet und nicht auf den Namen des Teufels getauft worden (113).

Ahab setzte immer wieder Eisen gegen Gold ein. Das geschah schon beim »Sonnenuntergang« (37), als ihn dünkte, er müsse »die eiserne Krone der Lombardei« tragen. Mit einem Eisennagel schlug er die Golddublone an den Großmast (36). Sie sah aus wie eine »Medaille der Sonne«; und der Alte von der Insel Man las auf ihr: Da ist die Sonne über drei Bergen und zwischen den Himmelszeichen abgebildet; sie steht »im Zeichen des Hufeisens, denn das ist entgegengesetzt dem Gold« (99). Und schließlich meinte Stubb: »Das hier ist des Schiffes Nabel, hier diese Dublone, und ... wird etwas an den Mast genagelt, dann ist das ein Zeichen, daß irgend etwas schiefgeht. Haha! Alter Ahab! Der Weiße Wal wird dich festnageln« (99). – Und nun täuschte Ahab für einen Augenblick mit Hufnägeln Goldstücke im Beutel vor.

Nageln wir, indem wir atmen, indem wir das Eisen in unserem Blut mit dem Sauerstoff der Luft verbinden und dieses »rostfarbene« Blut zum Herzen strö-

men lassen, vielleicht alle immerzu eine goldene Medaille der Sonne mit eisernem Nagel an den Mast? Was dabei der Nagel ist, wäre klar; Ismael sagt im Kapitel »Der sterbende Wal« (116) ausdrücklich, daß Eisen und Atem zusammenhängen: »dreifach mit Eisenbändern umschmiedet« sind die Flanken des atmenden Wals, der sich mit dem letzten Atemzuge zur Sonne wendet. Aber woher soll das Gold kommen? Dazu kann die Mitteilung von Ahabs Atem im Kapitel »Der Vergolder« (114) etwas sagen. Wir hören dort vom stillen Warten der Mannschaften in einem Boot auf das Wiedererscheinen getauchter Wale, in einem Boot, das leicht wie ein Birkenrindenkanu ist, auf dem sanft dünenden Ozeane im milden Licht der Sonne; nur von ferne waren die Mastspitzen des Schiffes zu sehen. Solche besänftigenden Szenen konnten »auch auf Ahab ... ihre flüchtige Wirkung nicht verfehlen. Aber wenn auch diese geheimen goldenen Schlüssel (die mystische Stimmung und die Phantasie – most mystic mood ... and fancy) in ihm verborgene goldene Schätze zu erschließen schienen, so trübte doch sein Atem bald wieder ihren Glanz« (114). – Das Symbol des Goldes hat damit im Roman seine Vergeistigung und sein Ende gefunden.
Aber das Eisen als Harpune blieb in Ahabs Hand bis wenige Augenblicke vor seinem letzten Atemzuge. – Ismael scheint sich vom Eisen ferngehalten zu haben, außer von dessen vergeistigter Form, die ihm dafür mitten durch die Seele ging. In dieser Form machte das Metall ihn – im Unterschied zu Ahabs eisernem »Mann von der richtigen Sorte« ohne Herz und ohne Augen, dafür mit einem Oberlicht (108) – erst zum rechten Menschen, als er, nächtlich einsam auf Bul-

kingtons Posten stehend, inne wurde: »Der wahrhafteste aller Menschen war der Schmerzensmann, und das wahrste aller Bücher ist das des Predigers Salomo, der vom Leid feingehämmerte Stahl: Alles ist eitel. – Alles« (96). – Sollte unsere Vermutung wahr sein, daß der fremde Matrose Steelkilt ein Abbild Ismaels war, dann kündete sich auch in dessen Namen die Verinnerlichung und geistige Aneignung des Eisens durch Ismael an.

*

Der Atem wird zuerst äußerlich im Bild des Blasebalges angeschaut; Ismael nennt ihn die Lungen der Schmiede (113). Darauf sehen wir Ahab nach dem Gespräch über die Hufnägel, wie er die aus ihnen verfertigten Eisenstäbe eigenhändig »mit gleichmäßigen, tiefen Atemzügen einen Stab nach dem anderen ... zusammenhämmerte« (113).

Von den letzten Atemzügen der Menschen war schon im Kapitel »Ritter und Knappen« (27) die Rede, an der Stelle, wo »Stubbs Tabakrauch als Entlüftungsfilter gegen alle irdische Trübsal« für nötig erklärt wird: »Denn wie jedermann weiß, daß diese irdische Luft zu Lande wie zu Wasser schauderhaft verdorben ist durch das namenlose Elend der zahllosen Sterbenden« – darüber wußte Ahab später noch mehr zu sagen, als er über den Ozean schiffte: »Mich trägt der Atem der einst Lebenden, als Luft ausgehaucht, doch jetzt zu Wasser geworden« (116); so erlauschte auch Ismael auf nächtlichem Meere: »Ein Laut wie das Seufzen der unerlösten Geister von Gomorrha über dem

Toten Meer hing schaudernd in der Luft« (117). Das Meer ist, wie wir werden zeigen müssen, nach Ismaels Meinung der Ort von Millionen unerlöster Toter; und der Atem bahnt ihnen den Weg dorthin.
Muß man aus Ahabs Atem, der in seiner Seele Trübe verbreitete (114), schließen, daß mystische Stimmung und Phantasie erst dann die goldenen Schätze des Innern erschließen, wenn der Atem ruht? Ist die tiefe Erleuchtung vielleicht zugleich die Stillegung und Vergeistigung des leiblichen Atems? – Indische Mystiker nennen den Stillstand des Atems bei gleichzeitiger Erleuchtung des Geistes samādhi.

*

Die Asche ist der Schöpfung und der Kindheit fremd. Sie entsteht, wenn leibliche Menschen sich zum Geist erheben – Asche, ēpher, ist eine Sonderform des Staubes, ʿaphār. Wir werden über sie anhand des Buches Hiob und anläßlich des Lichtes vom ersten Schöpfungstage der Genesis sprechen unter dem Kapitel »Der Pazifik« (111). – Ahab suchte dieses Licht hinter der Sonne und durch diese beiden Moby Dick; und Starbuck verfiel, als er ihn dabei beobachtete, auf das Symbol der Asche (118).

*

Die Träne, die einzige Träne, die Ahab weinte, »ein Tropfen kostbarer als der Ozean«, bleibt dem Kapitel »Der Gleichklang« (132) vorbehalten. Am letzten Morgen (135) weinte Starbuck allein.

4. »Der Pazifik« (111)

»Ein unerklärlich süßes Geheimnis umgibt dieses Meer, dessen sanft ehrfurchtsvolles Wiegen von einer darunter verborgenen Seele zu sprechen scheint wie jenes sagenhafte Wogen des Rasens über dem Grab des Evangelisten Johannes zu Ephesos« (111). – Damit drang Ismael wohl erneut in die Nähe des Wortes vor, welches Jesus nach dem Berichte dieses Evangelisten dem Lehrer in Israel, Nikodemus, gab: »Es sei denn, daß jemand zum zweiten Male aus Wasser und Wind – oder Geist – geboren werde, so kann er nicht in Gottes Reich eingehen ... Der Wind weht, wo er will, und du hörst sein Sausen wohl; aber du weißt nicht, woher er kommt und wohin er fährt. Also ist ein jeder, der aus dem Geist geboren wird« (Joh. 3. 5 u. 8).

Ismael wußte von feineren Erscheinungsweisen des Geistes in den Elementen, als sie den natürlichen Körpern und fleischlichen Geschöpfen heute zu eigen sind. Wenn das Element schon über dem Grabe des Jüngers eine feinere Natur annahm, wieviel mehr mußte dies dann über dem leeren Grabe des Meisters der Fall sein! Vom Auferstandenen spricht Ismael nicht, aber er drückt doch unter christlichem Siegel aus, was ihn als ein Höheres in den Elementen berührt.

*

Wir werden nicht versuchen, MELVILLE zum Christen zu machen, wo er es nach seiner Aussage nicht war. Wo jedoch Anklänge an diese Religion oder Bilder aus ihr erscheinen, da entfalten wir das, wovon der Text redet. Nur das klar Entfaltete zeigt, was eine Wort- oder Bildentlehnung ist, die nicht allzu ernst zu nehmen wäre, was ein echter Anklang und was ein kurzer Wink ist, der nur durch ausführliche Vergegenwärtigung zu verstehen wäre.

Der innere Fortschritt vom 110. zu dem kurzen 111. Kapitel ist der von der Form zur Substanz, von Queequegs zarter neuer Himmelsordnung des Leibes, welche er durch die geschnittenen Linien auf dem Sarg als sein Erbgut auf Ismael übertrug, zu der weit stärkeren Einwirkung auf den Leib des Menschen, die von Christus ausgeht; sie ergreift die Elemente und verwandelt sie. Es ist der Fortschritt von der Einweihung oder Lazarus' Auferweckung (Johannes 11) zur Auferstehung Jesu (Johannes 20 und 21).

Jesus war im Fleische vor beinahe zweitausend Jahren voll der lebendigsten Empfindung. Paulus aber schilderte seinen Kolossern (1. 18) nicht den Menschen Jesus im Fleische, sondern den Auferstandenen als »den Erstgeborenen von den Toten« oder als den ersten zukünftigen Menschen.

Gehen wir von Paulus zu den Evangelisten, so finden wir in ihren Schilderungen des Auferstandenen überall deutlich, daß die neue Leiblichkeit des Herrn undinglich war. – Drastisch hebt sich dagegen Ahabs Wunsch und Entwurf eines neuen stählernen Menschen ab (108). Er selbst erschien später »wie ein eisernes Standbild« (111).

*

Um das Geheimnis der Auferstehung Jesu denkbar für uns zu machen und um zugleich zu ermessen, wie

weit MELVILLE sich ihm nahen wollte, beschreiten wir den Weg, den er zur Ergründung der »Weiße des Wals« (42) einschlug.
Die Methode des Dichters löst die Dinge in die Eindrücke auf, die wir von ihnen empfangen; die gewohnten Begriffe der Dinge läßt sie fallen und hält sich nur an die Akzidentien. Zu diesen Eindrücken zählt sie nicht nur die der fünf Sinne, sondern auch unwillkürliche Empfindungen wie seelische Wärme, aufsteigende Neigung, Abscheu und Schrecken. Solche Empfindungen gewinnen dann einen den Sinneswahrnehmungen ähnlichen Charakter, wenn der Mensch ihnen nicht wie ein Kind direkt folgt, sondern wenn er sie wie jene unter sein Urteil stellt und sich nur nach diesem richtet.
Mit dieser Methode fand der Dichter in dem Kapitel »Die Weiße des Wals« (42) auf dem Grunde aller Weiße in der Welt statt des herkömmlichen Symboles der Reinheit und der Güte einen entgegengesetzten Eindruck: »Etwas Unfaßbares ist im Inbegriff dieser Farbe verborgen, das unsere Seele mehr in Schrecken versetzt als die beängstigende rote Farbe des Blutes« (42). Zuletzt faßte er diesen Eindruck so zusammen: »Ist auch in mancher Beziehung die sichtbare Welt ein Werk der Liebe, so haben die unsichtbaren Sphären doch ihren Ursprung in der Angst.« Weiß ist »nicht so sehr eine Farbe als vielmehr der sichtbare Mangel einer Farbe ..., eine bedeutsame Leere, eine Farblosigkeit, die Allfarbe einer Gottlosigkeit ... – Sinnbild all dessen war der Albinowal« (42).

*

Die Auferstehung dürfte schwieriger als die Weiße

des Wales zu ergründen sein. Schon für diese gilt: »Aber eine so subtile Angelegenheit verlangt ein subtiles Vorgehen; und ohne ein gewisses Vorgehen vermag keiner dem andern in diese Gefilde zu folgen« (42). – Wir bestimmen zuerst den Stellenwert des »sagenhaften Wogens«, welches uns nicht nur nach der Natur des Evangelisten fragen läßt, der unter jenem begraben liegt, sondern auch und erst recht nach der Natur des Meisters, aus dessen Kraft jener wirkte.
Im Kapitel »Der Pazifik« (111), von welchem wir hier zu sprechen haben, fühlte Ismael als »ein unerklärlich süßes Geheimnis« unter dem »sanft ehrfurchtsvollen Wiegen« des Meeres eine »verborgene Seele«, – ähnlich wie »jenes sagenhafte Wogen des Rasens über dem Grabe ...« von einer solchen Seele zu sprechen scheint. In Anbetracht der Größe dieses Ozeans und seiner atmenden Einheit mit den anderen Meeren möchte man an die Weltseele denken, von welcher PLATON im »Timaios« spricht. Ismael nennt sie schon im Kapitel »Der Geisterstrahl« (51) »the great mundane soul«.
Dann aber fällt in unserem Kapitel (111) das Unten genauer in den Blick. Unter den Wogen der Ozeane »liegen Millionen von Geistern und Schatten, ertrunkene Träume, Schlafwandler und Nachtmare«. Dort ist ein unendlicher, unerlöster Bereich.
Wieder geht der Blick dann hinauf zur Oberfläche. Dieser unergründliche, »göttliche Pazifik ... ist gleichsam das Herz der Erde, das in seinen Gezeiten schlägt. Gewiegt von seiner ewigen Dünung, gehörst du dem verführerischen Gotte, beugst dein Haupt vor Pan.« – Ahab aber dachte kaum an Pan. »Wie ein eisernes Standbild stand er auf seinem gewohnten Platz ...,

schnupperte gedankenlos den Duft der Baschi-Inseln, in deren sanften Wäldern wohl Liebespaare leise wandelten« (111).
Nun tritt vor Ahabs und Ismaels Vorstellung wieder das, was in der Tiefe dem Gotte des Liebesverlangens entspricht: »Wie ein Schraubstock schlossen sich seine (Ahabs) harten Lippen ... Sogar im Schlaf drang sein hallender Schrei durch den gewölbten Schiffsrumpf: Streicht die Riemen, alle Mann – stern all –! Der Weiße Wal bläst dickes Blut« (111).
Das »stern all« kehrt wieder, wo Ahab, ebenfalls träumend, sich wiederum am Ziel glaubt (»Die Muskete« 123).

*

Das ist der ganze Inhalt des Kapitels. Unter dem wogenden Element sieht Ismael die Weltseele. Ihr höchstes Wesen offenbart sie über dem Grabe des Lieblingsjüngers Christi zu Ephesos. Ihr ungeheurer Rest aber träumt unerlöst in der Tiefe des Ozeans. Auf der Oberfläche desselben erscheint liebliche Sinnlichkeit; in der Tiefe entspricht ihr der Weiße Wal mit seinem Blut.
Schon der leidende Hiob hat die sinnliche, blutgebundene, niedere Natur des Wals bezeugt; er hat die Natur des Wesens bezeugt, welches das mythische Urbild für den Weißen Wal MELVILLES ist. Hiob tat es, als er seine eigene Geburt verwünschte: »Der Tag möge verloren sein, an dem ich geboren wurde, und die Nacht, welche sprach: Ein Knabe ist empfangen ... Es sollen sie verfluchen die, welche bereit sind, den Leviathan zu erregen« (Hiob 3. 1 u. 8).
Es versteht sich von selbst, daß der auf wunderbare

Weise empfangene Jesus und erst recht der durch den Tod gegangene Christus mit Sinnlichkeit nichts zu tun hat. Auferstehung meint aber doch den Leib, und solcher hat Form und Substanz; das ist sein Wesen. Welcher Art war dieses Leibes Substanz?
Wir vergegenwärtigen uns die Eindrücke der Jünger von ihrem auferstandenen Herrn: Der erste, tiefe Eindruck, den die Jünger hatten, war das leere Grab. Dann sahen sie ihn, aber erkannten ihn meist nicht gleich. Er zeigte ihnen die Wundmale von der Kreuzigung. Sie hörten seine Stimme und Sprache, aber sie erkannten auch diese nicht immer gleich; erst als Maria Magdalena am leeren Grabe ihren Namen aus seinem Munde hörte, wurde sie inne, wer mit ihr sprach. Er wehrte ihr, seine Füße zu berühren; später aber forderte er Thomas auf, die Nägelmale an seinen Händen und die Seitenwunde zu ertasten (Johannes 20). Er wanderte unerkannt mit zwei Jüngern nach Emmaus; er brach allen das Brot, und sie erkannten ihn an der Geste, mit der er dieses tat. Einmal aß er selbst ein wenig zum Zeugnis dafür, daß er einen Leib habe (Lukas 24). Wenn er erschien, wußte niemand, woher er kam; und entsprechend war sein Verschwinden; er kam bei verschlossenen Türen (Joh. 20. 19). Er war gegenwärtig nur, wenn er sprach oder etwas tat; nie sah ihn jemand schlafen, was aus seinem Leben im Fleische durchaus erzählt wird (Matthäus 8. 24). Zuletzt verschwand er für die meisten zunächst für immer in die Wolken des Himmels. Er hatte seine spätere Wiederkunft von dorther aber versprochen (Joh. 21. 22; 1. Thess. 4. 17).

Was für einen Leib beschreiben die Evangelisten? Aus

welchen Elementen bestand er? Lukas läßt uns diese Elemente am ehesten ahnen; es verlohnt, seiner Darstellung genau zu folgen: Die beiden Jünger, die nach Emmaus wandern, sehen ihn gehen; sie vernehmen seine Rede und fühlen, wie sie sich später erinnern, Wärme: »Brannte nicht unser Herz, als er mit uns redete auf dem Wege?« (Lukas 24. 32). Als er aber mit ihnen eingekehrt war und »mit ihnen zu Tische saß, nahm er das Brot, dankte, brach's und gab es ihnen. Da wurden ihre Augen geöffnet, und sie erkannten ihn. Und er verschwand vor ihnen« (Lukas 24. 30, 31). Hernach aß er vor dem in Jerusalem versammelten Jüngerkreis ein wenig (Lukas 24. 43).
Paulus, Lukas' Lehrer, nennt den Auferstandenen »den Erstgeborenen von den Toten« (Kolosser 1. 18) und »vieler Brüder«, d. h. wohl einer neuen Menschheit (Römer 8. 29). Er war auch lange vor dem ersten Adam schon »das Ebenbild des unsichtbaren Gottes, der Erstgeborene vor aller Kreatur. Denn durch ihn ist alles geschaffen, was im Himmel und auf Erden ist, das Sichtbare und das Unsichtbare ...« (Kolosser 1. 15, 16). – Den Erzählungen der Evangelisten von der Auferstehung Jesu entspricht in der Bibel also spiegelbildlich der erste Schöpfungsbericht, in welchem die Gottesworte stehen: »Lasset uns Menschen machen, ein Bild, das uns gleich sei« (Genesis 1. 26).

*

Das erste Kapitel der Bibel gliedert sich, wie die ältere christliche Theologie lehrte, in drei Teile. Zuerst erscheint ein Bild des Urzustandes, in welchem Gott als Geist – wie er einst am Ende sein wird, so war er auch am Anfang – »alles in allem« (1. Korinther 15. 28) war: »Der Geist Gottes brütete (schwebte) über dem Urgewässer« (Genesis 1. 2). Es folgte eine Periode von drei »Tagen«, oder das erste Triduum, in welchem das Licht geschaffen und die übrigen Elemente geschieden wurden (Genesis 1. 3–13). Das zweite Triduum (Genesis 1. 14–21) brachte die Bildung der Geschöpfe, unter welchen der Mensch als letzter Gestalt durch Gottes Wort empfing (Genesis 1. 26). – Bis hierher schuf Gott noch unsichtbar im Bereiche seiner Gedanken. Erst hernach im Paradiese, in einem vierten Zustand, »machte Gott der Herr den Menschen (adam) aus Ackererde (adamā)« (Genesis 2. 7).

Da die altchristliche Theologie und die jüdische Überlieferung oder Kabbala auf das Alte Testament als ihre gemeinsame Wurzel zurückgehen, kann es niemanden verwundern, wenn die Kabbala manchmal die klaren Begriffe darbietet, welcher auch Christen sich unbeschadet bedienen können.

Der Kabbalist Weinreb beschreibt die Stufen der Schöpfung so: »Die erste Welt nennt man ... die Olam Atsiuth, was bedeutet: Die Welt, welche nahebei steht. Mit nahebei wird gemeint, nahe bei Gott. Es ist in der Sephirot-Systematik jene Welt, über der Kether, die Krone, steht. In dieser Krone herrscht die Harmonie zwischen den verschiedenen Möglichkeiten der Einsicht, hebräisch ausgedrückt als Chochmā (Weisheit), Binā (Verstand) und Daath (Erkenntnis). Es wird angenommen, daß die Harmonie dieser Dreiheit schon bei Gott im Plan der Schöpfung enthalten ist.«

»Die zweite Welt, jene der ersten drei Tage, nennt

man die Olam Briā, die Welt der Schöpfung. Die dritte Welt, jene der zweiten drei Tage, nennt man Olam Jehiza, die Welt der Formung oder Form-Werdung. Die vierte Welt, jene des siebenten Tages also, in der die Sefirā ›Malchuth‹, das Königreich, steht, nennt man die Olam Assiā, die Welt des Tuns oder der Tat« (Bauplan S. 96 f.).
Über allem Sein steht danach die Krone. Die erste Weltstufe heißt die Nähe Gottes; es ist der Urzustand, als Gottes Geist über der Tiefe war. Die zweite Weltstufe war die Schöpfung, das erste Triduum oder die Scheidungen. Als dritte Stufe folgte die Gestaltung und als vierte das Königreich oder die Welt der Tat.

*

Christus hat durch Tod und Auferstehung den »Fürsten dieser Welt ausgestoßen« (Johannes 12. 31), d. h. er hat ihn aus dem Königreich vertrieben und hat es Gott zurückgegeben. Der Fürst der (vierten) Welt ist der Geist der Schwere, Undurchdringlichkeit, auch der stoffbezogenen Intelligenz und der Massenberechnung; er verleitete David zur Zählung seiner Krieger (2. Sam. 24); statt des göttlichen Geheimnisses der Eins und Drei und Sieben bewegt er sich in Summen; er wünscht handfeste Materie, äußere Kraft und unter Menschen unauffällige Macht. Sein Machtmittel ist die Abtötung in allen Graden. Jesus nannte ihn »einen Mörder von Anfang« (Johannes 8. 44). Dieser Fürst hat nur Sinn für die materielle Tatwelt und leugnet möglichst schon das Dasein der drei ursprünglicheren Werdestufen, von denen die Genesis spricht. Selbstverständlich haben wir mit ihm zu leben, solange wir im Fleische sind. Unsere Gedanken und Taten müssen ihn zwar kennen und berücksichtigen; aber sie sollen ihm so wenig wie möglich dienen. Jedenfalls ist der Auferstandene frei von allen Künsten dieses Fürsten.

Der Auferstandene bewegt sich frei zwischen den vier Werdestufen der Welt. Auch in denen ist er zuhause, welche dieser unserer Stoffeswelt vorausgingen und ihr immerwährend zugrunde liegen. In der dritten Stufe, der »Gestaltung«, fügte er seine Wunden vom Kreuz dem geistigen Bilde des Menschen ein. So tat er im Reich der Form.

Die angemessene Substanz für eine neue Geistgestalt aber fand er oberhalb auf der zweiten Weltstufe, welche die Schöpfung heißt und die Scheidungen brachte.

Was unter den geschiedenen Elementen als das »Trokkene« bezeichnet wird, das, was schon Form annehmen und bewahren konnte, war, im Gegensatz zu der undurchdringlichen und schweren Materie unseres vierten Zustandes, noch nicht todverfallen. Das Trockene trug das Leben noch in sich selbst. Um dies anzudeuten, verbindet die Genesis schon mit dem Trockenen die Pflanzen, während sie alle anderen Geschöpfe erst der dritten Stufe zuweist, welche wir die Formung nennen.

Zu dem noch nicht schweren, noch durchdringlichen, aber schon elementaren, das heißt undinglichen, empfänglichen, von außen prägsamen »trockenen« Zustand sagt die Genesis: »Und Gott sprach: Es lasse die Erde aufgehen Gras und Kraut, das sich besame ... – Und die Erde ließ aufgehen Gras und Kraut, das sich besamte, ein jegliches nach seiner Art ...« (Genesis 1. 11, 12). – Unter dem Kapitel »Der Gleichklang« (132) kommen wir auf die Imagination vom Gras über dem Grabe und auf eine dritte ähnliche Stelle (114) zurück.

Die Elemente der zweiten Weltstufe geben die Substanz für die neue Menschengestalt des Auferstandenen her, ohne ihn dadurch zu hindern, sowohl nach unten ins »Königreich« einzutreten, dort sich den Jüngern zu offenbaren, als auch über die »oberen Gewässer« und das Licht in seiner Himmelfahrt zur »Nähe« und schließlich zur »Krone« sich zu erheben, um beim Vater zu sein.

Daß mit der geformten Materie des fleischlichen Leibes Jesu in dessen Tod nicht auch das formtragende »Trockene« abgelegt, sondern als Leibessubstanz des Auferstandenen erhalten wurde, mag ein besonders wichtiger Teil des Sieges über den Tod gewesen sein. – Selbstverständlich ist für diese Daseinsstufe die Materie als schwere, mengenmäßige usw., gleichgültig; denn »das Fleisch ist nichts nütze« (Johannes 6. 63).

*

Ismael erfaßt etwas von jenem frühen, noch immateriellen Element, wo er im Kapitel »Der Pazifik« – Pazifik heißt Ozean des Friedens – das Trockene mit seinem Gras über dem Grab als der Materie wie ein höchstes Element beschreibt, mit dem die Weltseele sich verbindet – wir zitierten diese Stelle schon am Anfang –: »Ein unerklärlich süßes Geheimnis umgibt dieses Meer, dessen sanft ehrfurchtsvolles Wiegen von einer darunter verborgenen Seele zu sprechen scheint wie jenes sagenhafte Wogen des Rasens über dem Grabe des Evangelisten Johannes zu Ephesos« (111).

Die Weltseele, von der PLATON im »Timaios« spricht, ist mit allem Dasein verbunden, mit dem »Trockenen« und den »Gewässern«, mit diesen feinen und mit den groben materiellen Elementen. So sah Ismael einmal »die schwarze See, als sei ihre Dünung eine vom Gewissen bedrängte Brust und als winde sich die große Weltseele, the great mundane soul, in Angst und Reue über das Unrecht und Leid, das sie hervorgebracht hat« (51).

*

Die übrigen feinen Elemente des ersten Triduums in Genesis 1 müssen wir nun für einen Augenblick auch anschauen: Am ersten Tag schuf Gott das Licht, und am zweiten schied er die oberen und die unteren Gewässer (Genesis 1. 3–8).
Die Evangelien stellen klar, daß Christus sich vorzüglich in diesem geistigen Lichte und in den oberen Gewässern offenbart. In diesem vormateriellen Lichte zeigte er sich schon während seines Erdenwandels den drei nächsten Jüngern im Gesicht auf dem Berge Tabor: »Er wurde vor ihnen verklärt; sein Angesicht leuchtete wie die Sonne, und seine Kleider wurden weiß wie Licht. Und siehe, da erschienen ihnen Mose und Elia, die redeten mit ihm« (Matthäus 17. 2–3); Lukas 9. 31 führt die Szene fort: » . . . Mose und Elia erschienen in der Klarheit und redeten von dem Ausgang (am Kreuz), den er zu Jerusalem nehmen sollte.« Man nennt darum das innere Licht, nach welchem christliche Mystiker streben, in der Ostkirche überhaupt das Taborlicht.
In den oberen Gewässern, deren materielles Abbild die Wolken sind – so wie das Meer es für die »un-

teren Gewässer« ist –, »in den Wolken des Himmels« wird Jesus sich nach seinen Worten (Matthäus 24. 30; 26. 64 u. a.) künftig offenbaren. Eine solche »Wolke« nahm ihn auch bei seiner Himmelfahrt hinweg (Acta 1. 9).

Die oberhalb der ersten Schöpfungstage liegende Sphäre der »Nähe« oder der Urzustand der Welt enthält in einem der Bedeutung nach unsicheren Worte der Genesis wahrscheinlich die Vorstellung der Brutwärme oder des Feuers: »Der Geist Gottes brütete (schwebte) über dem Urgewässer« (Genesis 1. 2). Dem entspricht für den Aufstieg des erhöhten Herrn und für die Rückwirkung auf seine Jünger das Pfingstgeschehen: »Da erschienen ihnen zerteilte Zungen wie von Feuer, und je eine setzte sich auf jeden von ihnen. Und sie wurden alle voll des heiligen Geistes« (Acta 2. 3–4). – Das Wort vom heiligen Geiste rührt schon an die »Krone«, die reine Geistsphäre Gottes.

*

Ahab sucht das geistige Licht im Kapitel »Der Quadrant« (118). Seine Worte erinnern an die Reden von Mose und Elia in der Taborszene: »Dann versank er für einen Augenblick ins Träumen. Er blickte wieder aufwärts zur Sonne und murmelte vor sich hin: Du Seezeichen, hoher und mächtiger Lotse, du sagst mir getreulich, wo ich bin. Aber kannst du mir den geringsten Wink geben, wo ich sein werde? . . . Wo Moby Dick ist? In diesem Augenblick mußt du ihn sehen. Diese meine Augen schauen in das Auge, das ihn gerade erblickt, ja, und in das Auge, das gerade ebenso die unbekannten Dinge erblickt, die jenseits

von dir, du Sonne, sind. – Dann fiel sein Blick auf den Quadranten ...: Närrischer Tand! ... So zertrete ich dich, armseliges Ding« (118).
Starbuck, der Ahab derweil beobachtete, sah dessen Kampf mit der Sonne wie von unten her. Deutlich sah er nur den irdischen Rest der Flamme, die er in der Seele seines Kapitäns erahnte; er sah die Asche.
Fünfmal in drei Sätzen wechseln Starbuck und Stubb dieses Wort: »Ich habe vor dem prasselnden Kohlenfeuer gesessen und in seine Glut geblickt, wenn es voll ruhelosen, flammenden Lebens war; und schließlich habe ich es verlöschen sehen, bis es zu toter Asche zerfiel. Alter Mann, was wird von all deinem ungestümen Feuer ... bleiben als ein kleines Häuflein Asche? – Ja, rief Stubb, aber Steinkohlenasche, nicht eure gewöhnliche Holzkohlenasche« (118).
Ahab bestätigte vier Tage vor seinem Tode im Kapitel »Gleichklang«, daß Asche in seinem Wesen liege; er bat Starbuck: »Da, streich mir dieses graue Haar zur Seite, es blendet mich, als ob ich weine. So graue Locken können nur aus Asche wachsen« (132).

*

Asche ist ein rätselhafter Stoff. Sie fällt aus Wärme und Licht heraus, wenn diese eine Leiblichkeit berühren; Holz ist ja lebender Leib gewesen. In unserer Atmung ist ihr die Kohlensäure ähnlich. Die Schöpfung kannte sie noch nicht; die Genesis spricht erst später einmal von ihr, da, wo der alte Abraham in Mamre, als ihn die Gottheit in dreifacher Gestalt eines Besuches gewürdigt hatte, mit dieser um Sodoms Schicksal ringt; dort spricht er: »Ach sieh, ich habe mich unterwunden, mit dem Herrn zu reden, obgleich ich Staub und Asche bin – ʻaphār vā ēpher –.« Vom Staube ʻaphār spricht Hiob, wo er den ewigen, stoffesfreien Geist Gottes preist: »Ich weiß, daß mein Erlöser lebt; und als letzter wird er über dem Staube sich erheben« (Hiob 19. 25).

Danach wäre die Asche, ēpher, sofern sie im Menschen ist, eine Form des Staubes, die entsteht, wenn der irdische Mensch, der aus Staub besteht, sich zum Geiste Gottes erhebt; dann verbrennt das Leibliche an ihm. Die Asche scheint ein spätes Element zu sein, durch das dem Menschen die Rückkehr zu Gott ermöglicht wird.

Hiob saß in der Asche (2. 8), als er leidend den Tag seiner Geburt verfluchte (2. 2) und Schritt vor Schritt den Weg des hinfällig gewordenen Menschen zurück zu seinem Ursprung suchte, indem er sich an den Ereignissen im Garten Eden und dann an dem ersten Schöpfungswerke Gottes zurücktastete, wie einzeln darzulegen wäre (s. Lauenstein, Adam und Hiob). Hiob begegnete auf seinem Wege gleichsam Adam.

Um ihn zum Geisteslicht des ersten Schöpfungstages zu erheben, fordert der Herr seinen Knecht Hiob am Ende auf: »Schmücke dich mit Pracht und erhebe dich! Ziehe Majestät und Herrlichkeit an« (Hiob 40. 10). Er erinnert ihn, daß er nun an den Ursprung des Menschen gerührt habe, an den Ursprung, der in dem Ratschluß des Herrn und seiner himmlischen Helfer lag: »Lasset uns Menschen machen, ein Bild, das uns gleich sei« (Genesis 1. 26). Und Hiob antwortet: »(Du fragst:) Wer verhüllt den Ratschluß mit Unverstand? – Darum bekenne ich, daß ich unweise geredet habe . . . Ich hatte von dir gehört. Nun aber haben meine

Augen dich gesehen. Darum spreche ich mich schuldig und tue Buße in Staub und Asche« (Hiob 42. 3–6).

*

Das Licht, von dem wir nun Abschied nehmen, entstand am ersten Schöpfungstage. Am zweiten Tage »sprach Gott: Es werde eine Feste zwischen den Wassern ... Und er schied das Wasser unter der Feste von dem Wasser über der Feste« (Genesis 1. 6–7). – Da im zweiten Triduum die Geschöpfe gemäß den Elementen des ersten Triduums geschaffen werden und dort Fische und Vögel auf der zweiten Stufe erscheinen (Genesis 1. 20), dürfen Meer und Wolken als die materiellen Abbilder der unteren und oberen Gewässer des zweiten Schöpfungstages gelten; Abbilder und nicht mehr sind sie, wie allein daraus schon hervorgeht, daß die Vögel unter der Feste und nicht über ihr fliegen sollen (Genesis 1. 20). Die oberen Gewässer sind in Wahrheit unsichtbar.
Wenn der auferstandene Christus die oberen Gewässer oder im Abbild die Wolken für seine Offenbarung laut Jesu Worten (Matthäus 24. 3) bevorzugen wird, so ist von Ahab zu sagen, daß seine Beziehung zu ihnen wahrscheinlich allzu schwach war.
Seinen Widerwillen gegen das Rauchen brauchte man vielleicht noch nicht allzu hoch anzuschlagen, wo er sagte: »Unbewußt und ohne Lust . . ., ahnungslos habe ich die ganze Zeit gegen den Wind geraucht und mit so heftigen Zügen, als wäre wie beim sterbenden Wal mein letztes Blasen das stärkste und mühsamste. Was geht mich diese Pfeife an? Das ist etwas für heitere Gemüter, milde weiße Wolken um mildes weißes

Haar zu kräuseln und nicht um eine eisgraue zerzauste Mähne wie die meinige. Ich gebe das Rauchen auf! – Er schleuderte die noch brennende Pfeife in das Meer« (30).

Gewichtig aber muß die Entscheidung genommen werden, durch die der Kapitän das Schiff gefährdete, seine Weigerung, Segel bei Sturm zu streichen: »Der höchste Flaggenknopf ist für die wildesten Winde, und um mein Schädeldach segeln die Wolkenfetzen« (120). – Nach guten Beziehungen zu den Wolken und zu den hinter ihnen verborgenen »oberen Gewässern« klingen beide Reden nicht. Auf der »Pequod« verstand man von dieser heiligen Zone allerdings nur wenig.

Um so besser wußte man Bescheid über »die unteren Gewässer«, deren materielles Abbild der Ozean ist. Sie bilden das Reich der Toten, welche nicht wie die entschlafenen rechten Christen nach Paulus' Worten »in den Wolken entrückt werden, dem Herrn entgegen« (1. Thessalonicher 4. 17), das heißt in die oberen Gewässer. Die unteren Gewässer enthalten das andere, das unerlöste Reich der Toten: »Es hat seinen Sinn, wenn über diesen Wasserwüsten und Töpfersäckern« – so meditierte Ismael über den »Pazifik« und dachte an den Töpferacker, der einst zu einem Friedhof für Fremde in Jerusalem für das Blutgeld gekauft wurde, welches Judas für den Verrat am Meister nahm (Matthäus 27. 3–10) – »aller vier Erdteile die Wogen steigen und fallen; denn hier liegen Millionen von abgeschiedenen Geistern und Schatten (shades and shadows), ertrunkene Träume ...; all das, was wir Lebensläufe und Seelen (lifes and souls) nennen, liegt dort und träumt fort und fort, wälzt

sich wie ein Schlafender im Bett; und durch diese Ruhelosigkeit werden die Wogen aufgerührt« (111).
Hier folgt Ismael dem Buch Hiob 26. 5–6, wo es heißt: »Die Toten ängstigen sich tief unter den Wassern und bei denen, die darin wohnen. Das Grab ist aufgedeckt vor ihm (der keine Kraft mehr hat), und der Abgrund hat keine Decke.«

*

Das Thema des Kapitels »Der Pazifik« (111), eines Schlüsselkapitels in Hinsicht auf das biblische Weltbild Ismaels, ist die Substanz des Lebens. Es beginnt mit den Elementen des ewigen Lebens: geistiger Wärme und geistigem Licht und oberen Gewässern als dem Wohnort der erlösten Seelen. Es reicht aber auch hinab zu dem Reich der unerlösten Toten in den unteren Gewässern und ebenso zu deren materiellem Abbild, dem irdischen Ozean mit seinen immer wiederholten Zeugungen der sterblichen Leiber, dem Reiche, über welches Pan herrscht und in dessen Tiefe der Weiße Wal gefunden wird.
Dieser Wal ist der mythische Leviathan der Bibel. Er muß gemäß der jüdischen Überlieferung (Weinreb, Jonah S. 254) am Ende der Erdenzeit erlegt und von den Gerechten an der Tafel des Messias verzehrt werden. Von diesem letzten Festmahl für die Gerechten von unserer materiellen, Leiber zeugenden Erde können Christen auch aus eigener Überlieferung wissen, denn der Herr sprach beim letzten Abendmahl zum Abschluß: »Ich werde von nun an nicht mehr von diesem Gewächs des Weinstocks trinken bis an den Tag, da ich's neu trinken werde mit euch in meines Vaters Reich« (Matthäus 26. 29).

Ahabs Irrtum und Verfehlung liegen darin, daß er sich zum Stellvertreter des Schicksals machte, daß er seine eigene Zeit machte, sich nicht einfügte in die große Zeit der Welt. Er gab seinem Ziel, den Weißen Wal zu erlegen, die kurze Frist von neun oder zehn Monaten, anstatt es von sich aus am letzten Horizont der Erdenzeit zu lassen, wohin es zunächst gehört. Im Vorgriff auf den allgemeinen Gang der Geschichte liegt zwar das Wesen der Einweihung; aber niemand kann zu seinem Heile selbstherrlich nach ihr greifen. Ihre Vorbereitung hängt zwar vom Willen des Adepten ab, ihr Vollzug aber ist Gnade. So verrät Apuleius aus den Isis-Mysterien: »Die Weiheerteilung selbst begeht man unter dem Bilde eines freiwilligen Todes und einer Erlösung aus Gnade« (Metamorphosen XI. 21. 7). – Ahab wußte nur von seinem kurzatmigen und ausgewucherten Willen, aber nichts von Gnade.

5. »Die Schmiede« (113)

Zu dem maschinenmäßigen Körper, welchen Ahab sich wünschte (108), gehörte ein entsprechendes Werkzeug. Lanze und Harpune waren lebenslang seine Waffen. Mit einer Harpune hatte er vor vierzig Jahren den Kampf mit seinen Walen aufgenommen (132). Dem Harpunenwurf auf Moby Dick galt die letzte Bewegung seines Armes (135).

Eigens für diesen Wal schmiedete er wenige Tage vorher eine solche schreckliche Waffe aus »aufgelesenen Nägeln aus den Hufeisen von Rennpferden ...« –

»Zuerst machst du«, wies er den Schiffsschmied an, »zwölf Stäbe für den Schaft; dann drehst du und hämmerst du diese zwölf Stäbe zusammen wie die Garne und Litzen eines Taues.« Am Ende aber tat Ahab das alles selbst (113).

»Als er dann mit gleichmäßigen, tiefen Atemzügen einen Stab nach dem anderen zusammenhämmerte und das Feuer auf dem Herd unter dem Blasebalg aufloderte, ging der Parse schweigend vorüber und neigte sein Haupt vor der Flamme, als wollte er einen Fluch oder einen Segen auf das Werk herabflehen« (113).

Ahab härtete das Eisen in dem Blute der drei barbarischen Harpuniere, die es ihm dazu gespendet hatten. »Ego non baptizo te in nomine patris, sed in nomine diaboli, heulte Ahab irre, als das tückische Eisen das Taufblut sengend verzehrte«, – im Namen des Teufels hatte er es nun getauft, gelöscht, gehärtet (113).

6. »Der Vergolder« (114)

»Wenn man im milden Sonnenschein den ganzen Tag im Boot sitzt, das leicht wie ein Birkenrindenkanu auf einer sanften, leise wogenden Dünung dahintreibt . . ., dann herrscht eine so träumerische Ruhe, daß man, betrachtet man die stille Schönheit und den Glanz der Meeresoberfläche, das Tigerherz vergißt, das darunter pocht, und die erbarmungslosen Krallen, die sich unter diesen Samtpfötchen verbergen« (114).

»Das sind die Zeiten, da den ruhelosen Wanderer in seinem Walboot ein gewisses kindliches, vertrauendes Gefühl gegenüber der See überkommt, als sei er auf dem Festland, so daß er sie wie blühende Erde betrachtet. Und das Schiff, von dem in der Ferne nur die Mastspitzen zu sehen sind, scheint sich nicht durch eine hohe Dünung, sondern durch das wogende Gras der Prärie weiterzuarbeiten, wie wenn von den Pferden der nach Westen ziehenden Auswanderer nur die aufgerichteten Ohren sichtbar sind, während ihre verborgenen Leiber durch das üppige Grün waten.«
»Wenn sich über die langgezogenen, jungfräulichen Täler, die blaßblauen Hügelhänge eine summende Stille breitet, möchte man fast glauben, daß in dieser Einsamkeit spielmüde Kinder schlummernd liegen, die an einem schönen Maientag im Walde Blumen gepflückt haben . . .« (114).
»O ihr grasigen Lichtungen, o ihr immergrünen endlosen Fluren der Seele! Auf euch kann, wenn auch schon lange schmachtend in der tödlichen Dürre des irdischen Daseins, der Mann sich ergötzen wie ein junges Pferd im morgenfrischen Klee und für ein paar flüchtige Augenblicke den kühlen Tau des unvergänglichen Lebens spüren. Wäre doch diese gesegnete Ruhe von Dauer!«
»Aber die in sich verwobenen Fäden des Lebens bestehen aus Kette und Schuß; Stillten werden durchwoben von Stürmen, und auf jeden Sturm folgt wieder eine Stillte. Es gibt kein Vorwärtsschreiten im Leben ohne Rückschritte; wir steigen nicht auf festgegründeten Stufen aufwärts, um auf der letzten haltzumachen, durch die unbewußten Zauber der Kindheit, den gedankenlosen Glauben der Knabenzeit,

durch die uns allen beschiedenen Zweifel der Jünglingsjahre zu Skepsis, Mißtrauen und schließlichem bedächtigen Abwägen des Mannes. Einmal dorthin gelangt, durchmessen wir aufs neue das Rund und sind ewig wieder Kind, Knabe und Mann. Wo liegt der endliche Hafen, aus dem wir nicht wieder auslaufen? In welchem seligen Äther schwebt die Welt, dessen der Ermattetste nicht müde wird?« (114).

Zum Vergleich wagen wir ein Bild darzubieten, welches nicht aus dem Umkreis des Mittelmeeres stammt, während uns bewußt ist, daß bereits dessen zahlreiche mythischen Bilder geistig zu lesen, dem heutigen Menschen schwerfällt. Wir wagten oben durch den Zauberspiegel aus dem Roman von Tsao Hsüe-Kin diese Grenze bis nach China hin zu überschreiten und tun es hier nach Indien, weil MELVILLE selbst die Götter Indiens bemühte (40, 55).
Erst so verdeutlicht sich die weite geistige Spanne, in welcher die Männer der »Pequod« sich bewegten. Was Ahab sich als den »Mann von der richtigen Sorte« wünschte und was alle im »Vergolder« erfuhren, ist nicht nur so unendlich weit voneinander entfernt wie West von Ost im Menschheitsgeiste, sondern hier möchte man schon meinen, sich jeweils auf verschiedenen Planeten zu befinden.
Die Worte des »Vergolders« könnten aus dem Munde eines Buddha-Schülers stammen, welcher die Natur zwar in ihren Bildern von Berg und Baum und Strom und Blume liebt, wie es schon der große indische Meister tat, welcher im übrigen aber ein rein geistiges Sein, fern der Erde, fern allen Stoffes und Leibes sucht. Zur Verdeutlichung führen wir ein indisches

Gebet an, dessen Wortlaut wohl aus dem letzten Jahrhundert vor Gautama Buddha (~ 560–480 v. Chr.) stammt:

»Derjenige, der wünscht: möchte ich nicht wiedergeboren werden, der soll sagen: Ich nehme meine Zuflucht zu der Nacht, der immer wiederkehrenden, heilbringenden, der Jungfrau mit dem schöngeflochtenen Haar, in deren Hand die Schlinge ruht, der jugendlichen, mädchenhaften. – Die Sonne werde mein Auge, der Wind mein Odem, der himmlische Soma mein Geruchssinn, die himmlischen Wasser meine Säfte, der Weltgedanke mein Denken, die Erde mein Körper.«

»Die Nacht spricht zu ihm: In dem und dem Jahre wirst du sterben ... an dem und dem Tage ..., in dem und dem Augenblicke wirst du sterben. Geh ein zum Himmel, zur Welt der Götter ... Strahlend sollst du daselbst verweilen und sodann in einen strahlenden Mutterleib eingehen.«

»Er antwortet: Ich will nicht in einen Mutterleib eingehen, nicht einmal in den einer Brahmanentochter, die doch das vorzüglichste der Geschöpfe ist; denn das würde zu Geburt und Tod, zu neuem Erdenleben und Erdensterben führen. Die Nacht soll mich mit sich vereinigen. – O Nacht! Im Äther des Blumenlebens, im uralten Äther, sollst du mir eine Stätte bereiten, auf daß ich nicht zu neuem Erdenleben wiedergeboren werde. – Dieses geschieht in der Nacht, das ist das Gelübde der Nacht, das ist die Weihe der Nacht« (Samāvidhānabrāhmaṇa: Übers. STEN KONOW bei H. Beckh, S. 122).

VI. Die Fahrt durch die Elemente

1. »Die Hagestolz« (115) oder Die Erde

Dem Mysterium des Todes ging eine Fahrt durch alle Elemente voraus. Hier sind die materiellen Elemente im Sinne der Antike, Erde, Wasser, Luft und Feuer gemeint, nicht die verborgenen Gestaltungskräfte, von denen im Kapitel »Der Pazifik« die Rede ist. In jenen leben laut der Bibel und der Aussage des Dichters auch die Toten. Hier aber, in den Aggregatzuständen des Stoffes nebst der Wärme, will die irdische Reise bestanden sein. Wie die beiden elementarischen Großreiche, das der »Schöpfung« und das der »Tat«, zusammenwirken, wurde unter dem Kapitel »Der Pazifik« angedeutet.

Dieser Teil der Reise begann mit der Vorüberfahrt der »Hagestolz« oder mit der siebten Schiffsbegegnung. *Der voll beladene Schoner auf der Heimfahrt nach Nantucket mit der fröhlichen Mannschaft war ein Bild irdischer Diesseitigkeit; sein Kapitän »glaubte überhaupt nicht« an Moby Dick (115).*

Die sichtbare Erde mit ihren greifbaren Dingen und Werten war das Element der »Hagestolz«. Der Trommellärm, den ihre Matrosen auf dem mit einer Walhaut überspannten Trankessel machten, unterstrich die diesseitige Stimmung, insbesondere wenn man sie mit dem lautlosen Vorübergleiten der »Albatros«

vergleicht, die als das erste begegnende Schiff programmatisch die Sterbestimmung der ganzen Reise der »Pequod« angab.

Als das Schiff schwer beladen mit Fässern voller Tran die Route der »Pequod« gekreuzt hatte, »schaute der entschwindenden ›Hagestolz‹ die Mannschaft mit ernsten, nachdenklichen Blicken nach ... Ahab, an die Heckreling gelehnt, zog ein kleines Fläschchen mit Sand aus der Tasche und ließ seine Blicke zwischen Schiff und Fläschchen hin und her gehen, als setzte er sie miteinander in Verbindung; denn der Sand stammte von den Untiefen von Nantucket« (115).

Die Erde zeigte mit der »Hagestolz« ihr frohes äußeres Gesicht. In Wahrheit birgt dieses Element viel mehr als die anderen das ernste Gesicht des Todes. Auf diese zweite Seite ihres Wesens bereiten die vorausgehenden Kapitel vor, beginnend mit der »Samuel Enderby« oder dem sechsten Schiffe, zu welchem die »Hagestolz« in Kontrast tritt.

Der Kapitän der »Samuel Enderby« hatte im Kampf mit Moby Dick den rechten Arm verloren und trug nun einen falschen aus Walknochen (100). Zwei weitere Kapitel berichten über das Walskelett (102, 103); es folgen »Der fossile Wal« (104), »Stirbt der Wal aus?« (105), Ahabs Knochenbein (106) und Ahabs Ideal eines Maschinenkörpers (108); schließlich »Queequeg im Sarg« (110).

2. »Der sterbende Wal« (116) oder Das Wasser

»Es geschieht nicht selten im Leben, daß ein Glückspilz« (wie die »Hagestolz«) »auf der rechten Seite an uns vorübersegelt und wir ... etwas von der frischen Brise abbekommen, die fröhlich unsere schlaffen Segel füllt. So schien es auch der ›Pequod‹ zu gehen. Am Tage nach der Begegnung mit der vergnügten ›Hagestolz‹ wurden Wale gesichtet und vier davon erlegt, einer von diesen durch Ahab.«

»Wieder beruhigt, aber nur, um erneut in tiefe Schwermut zu versinken, war Ahab vom Wal abgerudert und beobachtete gespannt ... dessen letzte Zuckungen. Denn dieses seltsame Schauspiel – man kann bei jedem sterbenden Wal beobachten, daß er in seinen letzten Atemzügen sein Haupt der Sonne zuwendet – erschien Ahab an diesem friedlichen Abend in einem unbekannten Zauber wie nie zuvor.«

Ahab sagte sich: »Ganz langsam, aber unwiderstehlich wendet er sein Haupt in Verehrung und Anbetung ... Auch er verehrt das Feuer, den Gefolgsmann der Sonne!« (116).

Wir verlassen nun den bereichernden Nachklang der »Hagestolz«, wir sparen die Verehrung des sterbenden Wales für eine zusammenfassende Betrachtung der Sonne unter dem Kapitel »Die Kompaßnadel« (124) auf und wenden uns wieder der Fahrt durch die Elemente zu.

Über die Herkunft des Wassers, des feineren und tiefer als die Erde führenden Elements, bildete Ahab eine ungewöhnliche Theorie. *Er rief dann »die alles*

belebende Sonne an, die einmal Leben schenkt und nicht wieder. – Doch wiegst du, finstere Hälfte (der Welt), mich in einem stolzeren, wenn auch dunkleren Glauben. Alles Unnennbare, ineinander Überfließende strömt hier unter mir. Mich trägt der Atem des einst Lebenden, als Luft ausgehaucht, doch jetzt zu Wasser geworden. Heil also, für immer Heil dir, Meer ... (Ich bin) geboren auf der Erde, aber gesäugt vom Meer, die Wogen sind meine Pflegebrüder« (116). Für *Ahab* entsprang das Wasser dem Atem von Millionen unglücksbeladener, sterbender Menschen. – So dachte auch schon HERAKLIT (~500 v. Chr.): »Für Seelen ist Tod, Wasser zu werden ...« (Fragm. 36).
Ahabs Boot lag eine ganze Nacht auf hoher See allein als Wache bei einem erlegten Wal (117). »Die Laterne warf einen flackernden Schein über die mitternächtlichen Wellen ... Ein Laut wie das Seufzen der unerlösten Geister von Gomorrha über dem Toten Meer hing schaudernd in der Luft. Aus seinem Schlummer auffahrend, sah Ahab sich Auge in Auge dem Parsen gegenüber ... Wieder habe ich davon geträumt, sagte Ahab. – Von den Bahren? (antwortete Fedallah). Habe ich dir nicht gesagt, alter Mann, daß es für dich weder Bahre noch Sarg geben wird? ... Ehe du auf dieser Reise stirbst, mußt du auf See zwei Totenbahren gesehen haben; die eine ist nicht von Menschenhand geschaffen, und das Holz der anderen muß in Amerika gewachsen sein ... Hanf allein kann dich umbringen. – (Ahab:) Der Galgen, meinst du. Dann bin ich unsterblich zu Lande und zu Wasser!« (117).

3. »Die Kerzen« (119) oder Luft und Feuer

Längst vorher hatten die Matrosen schon vermutet, daß »mit dem irdischen Ahab die Gemeinschaft der unangreifbaren Geister in den Lüften oder der feindseligen Fürsten und Mächte im Bunde sei« (106).
Sie sprachen hier von hohen Stufen hierarchischer Engel- oder Teufelswesen, welche bei DIONYSIUS AREOPAGITA griechisch Archai und Exusiai heißen und über den Engeln und Erzengeln stehen.
Jetzt brach der Taifun über das Schiff herein, genau von vorn her. Alle Segel gingen verloren. Es wurde finster, und »Himmel und Meer brüllten und krachten in vereintem Aufruhr«. Eine schwere See zerschlug den Bug von Ahabs Boot, genau die Stelle, wo er bei Ruderfahrten zu stehen pflegte (119).
Blitze leuchteten über das Deck, und in einer finsteren Pause hörte Starbuck eine Stimme neben sich und dann einen schweren Schlag. »Wer ist da?« rief er. »Der alte Donner«, erwiderte Ahab. Da blickten sie hoch und sahen auf den Masten große Feuer flackern: Sankt-Elms-Feuer!
Ahab schrie den furchtsamen Matrosen zu: »Männer, schaut es euch an! Merkt es euch: Die weiße Flamme leuchtet uns den Weg zum Weißen Wal. Reicht mir die (blitzableitende) Großmastkette. Ich möchte diesen Puls fühlen und meinen dagegenschlagen lassen: Blut gegen Feuer.« Er faßte das Ende der gefährlichen Kette fest in seine Hand.
Aus Ahabs Harpune, die über den Bug seines Bootes hinausragte, »züngelte nun leise eine waagerechte,

fahle, gegabelte Flamme«. – »Da griff Starbuck Ahab am Arm und rief: Gott ist gegen dich, alter Mann! Laß ab! Laß uns den Wind zur Heimfahrt nutzen und eine bessere Reise antreten, als diese es war.«
»Aber Ahab warf die Blitzkette zu Boden und ergriff die brennende Harpune.« Mit ihr schüchterte er die meuternde Mannschaft ein, indem er rief: »Genau wie ich seid ihr verschworen, den Weißen Wal zu jagen! Damit ihr wißt, in welchem Takt dieses Herz schlägt, schaut her: So blase ich die letzte Furcht hinweg. – Mit einem einzigen Hauche seines Atems löschte er die Flamme aus« (119).
Nicht umsonst nimmt Kapitän Ahab hier den Namen »Old Donner« für sich in Anspruch, den ihm Elia in Nantucket schon gegeben hatte (19). – Der Prophet Elia betete vor den Augen seines Königs Ahab den Blitz und den nachfolgenden Regen vom Himmel, nachdem die Priester des Fruchtbarkeitsgottes Baal ihren Regenzauber nicht hatten vollbringen können (1. Könige 18).
Die Szenen zwischen der »Hagestolz« (115) und der »Rahel« (128), zwischen dem siebten und dem achten Schiff, spiegeln sich nicht nur in dem von Apuleius überlieferten Worte aus den Isis-Mysterien: »Ich bin zur Grenze des Todes vorgedrungen ... und fuhr durch alle Elemente zurück«, sondern auch in mannigfaltigen biblischen Texten, die wir oben nach der kleinen Fahrt zwischen New Bedford und Nantucket sprechen ließen.
Hier erinnern wir nur an die großen Themen der Genesis. Den Gang der Menschheit durch alle Elemente zugleich als eine Reihe großer Unglücke und doch auch als einen Weg zurück zu Gott schildert das erste

Buch der Bibel: Um Adams und Kains Sünden willen verfluchte der Herr den Acker (Genesis 3. 17; 4. 12). Zur Zeit Noahs kam die große Flut (Genesis 6–8). Die Menschheit suchte dann durch den Bau des babylonischen Turmes den Luftraum zu erobern und verlor dabei die Einheit der Sprache (Genesis 11). Schließlich kamen die Sodomiten und die Einwohner von Gomorrha um ihres wilden, bösen Triebes willen im Feuer um. Aber Loth entfloh aus Sodom, und Abraham lebte strenger im Gehorsam Gottes als irgendein anderer Mensch (Genesis 19) und bereitete dadurch den Weg des zukünftigen Heiles.

4. »Die Muskete« (123) oder Mut und Entschluß

Starbucks Gelegenheit zur rettenden Tat kam, nachdem das Schiff im Elmsfeuer gestanden hatte, die blitzableitenden Ketten vom Mast zum Wasser nicht ausgeworfen werden durften und er den feuerwilden Kapitän vergeblich zur Umkehr aufgerufen hatte (119). Starbuck wußte, daß eine solche Fahrt ins Verderben führt. Auch der Himmelsquadrant war schon zertrümmert. Da fand er Ahab allein in der Kajüte und in der Hängematte schlafend, ihn, der in den letzten Tagen beinahe immer wachte, und neben der Tür stand die geladene Muskete, mit der Ahab kurz zuvor ihn, seinen dringlich mahnenden Ersten Maat, bedroht hatte.

Starbuck sagte sich: »In diesem Taifun hat er geschworen, auf die Blitzableiter zu verzichten! Sollen wir ruhig zusehen, wenn dieser wahnsinnige Alte eine ganze Schiffsbesatzung mit sich zur Hölle zieht? Er wird zum Mörder von dreißig und mehr Menschen, wenn diesem Schiff etwas zustößt; und es wird diesem Schiff etwas zustoßen, wenn Ahab seinen Willen durchsetzt. – Wenn man ihn jetzt beseitigte, so käme das Verbrechen wenigstens auf seine Rechnung ... Großer Gott, wo bist du? Soll ich? Soll ich?« – Starbuck richtete die Laufmündung der Muskete auf den Kopf des Alten; doch er fand nicht die kleine, aber außerordentliche Kraft zum Abzug (123).

Auf Vorzeichen gab er acht und war trotz seines klaren Verstandes vielleicht auch etwas abergläubisch. Großen, hintergründigen Eindrücken aber war er, wie bei Ahab, entweder nicht gewachsen, oder er bemerkte sie in ihrer besonderen Art gar nicht, wie ihm inmitten der Wal-Armada die Heiligkeit der Geburtsgeheimnisse nicht aufging. Nur die Furcht hielt ihn dort davon ab, Walkinder zu töten. Einen festen Weg ohne Wanken in den Schrecken des Todes zu finden, war ihm ganz unmöglich. Seitdem er während der Vereidigung an Deck (36) vor Ahabs Willen einmal zurückgewichen war, behielt dieser mit seiner Schätzung bis ans Ende Recht: »Ohne Meuterei kann er sich nicht mehr widersetzen« (36). Er allein hatte die Gelegenheit, gegen seinen Kapitän erfolgreich vorzugehen, was nach seinem Urteil nötig war; aber er tat es nicht (123). Er wagte weder, Ahab zu töten, noch wissend und erhobenen Hauptes unterzugehen, wie die Harpuniere. Und doch war er der einzige Mann auf der »Pequod«, der seinen Kopf immer frei behielt. Das wäre außer ihm nur Bulkington zuzutrauen; wir hören von ihm zu wenig. Ismael verfiel jedenfalls bei der Vereidigung dem allgemeinen Rausch der Seelen. Und was Starbuck an metaphysischer Kraft gebrach, ersetzte ihm das Stoßgebet: »Gott steh mir bei, Gott steh uns allen bei!« Damit endete seine erste Rede gegen Ahab (36), und das war auch sein letztes Wort im Leben (135). Außerdem gab es gerade jetzt in Ahabs träumender Seele ein Geheimnis, das Starbuck, wie einen Blinden mit einem überstarken Gegner, mit einem Engel ringen ließ. Dieser Engel war es wohl, der »die noch erhobene Muskete gegen das Holz« schlug; er schien dem jetzt träumenden Kapitän noch eine Chance geben zu wollen (123).

Starbucks Begegnung mit dem schlafenden Ahab ereignete sich »einige Stunden nach Mitternacht« (123). Womöglich schon um Mitternacht aber begann Ahabs »langer, stummer Traum«, der ihn, gerade als Starbuck ihn erschießen wollte, im Schlafe rufen ließ: »Streicht die Riemen, alle Mann! O Moby Dick, endlich fasse ich dein Herz (Stern all! Oh Moby Dick, I clutch thy heart at last)« (123).

Dem Befehle »stern all« folgten im Kapitel »Der Pazifik« (111) die Worte: »Der Weiße Wal bläst dikkes Blut.« Damals und jetzt sprach Ahab im Traum, und beide Male wähnte er sich am Ziel. Und doch scheint jetzt der Ton ein anderer als damals zu sein.

Das Herz des Weißen Wals und m. W. das Herz eines Pottwals überhaupt wird im Roman nur hier genannt, und es erscheint im Zusammenhang mit dem schützenden Engel Ahabs; diese Erwähnung kann nur einen guten Sinn haben. Vielleicht hatte Ahab in seinem Traum einen verstehenden und bejahenden Zugang zum Wesen Moby Dicks gefunden, der ihm die Jagd aus Haß am Ende hätte ersparen können.

Der wachende Kapitän aber vertat die Chance zur Lösung seines inneren Unglücks am folgenden Morgen wieder, als der Kompaß seines Schiffes sich als unbrauchbar erwiesen hatte und er mit Faden und Nadel zum Staunen seiner Mannschaft einen neuen schuf: »Schaut es euch selber an, rief er, ob Ahab Herr der Magneten ist . . . – In diesem Augenblick sah man in seinem höhnisch-triumphierenden Blick Ahabs ganzen verhängnisvollen Hochmut aufleuchten« (124).

5. »Die Kompaßnadel« (124) oder Die unsichtbare Sonne

Etwas höchst Seltenes und Merkwürdiges ereignete sich während des Sturmes um Mitternacht. Die Ruderpinne schlug so heftig aus, daß sie zeitweilig nicht zu halten war. Und »bisweilen drehte die Kompaßnadel sich völlig im Kreise herum« (123).

»Einige Stunden nach Mitternacht war der Taifun so weit abgeflaut«, daß Stubb und Starbuck die zerfetzten Segelreste kappen und einige neue Segel anschlagen konnten, »so daß das Schiff wieder einigermaßen aufs Ruder reagierte und dem Rudersmann wieder ein Kurs, vorerst Ostsüdost, gegeben werden konnte. Während er das Schiff auf Kurs brachte und dabei den Kompaß im Auge behielt, schien der Wind nach achtern zu drehen; sieh da, ein gutes Zeichen!« (123).

»Am nächsten Morgen war die unsichtbare Sonne nur an dem ausgebreiteten Schein auf der Stelle zu erkennen, wo ihre bajonettgleichen Strahlen in Bündeln hervorschossen« und nach vorn gerichtet waren (124).

»Haha, mein Schiff, man könnte dich für die Sonnenbarke (the sea-chariot of the sun) halten. Hoho, all ihr Völker vor meinem Bug! Ich bringe euch die Sonne.« So frohlockte Ahab, bis er plötzlich stockte vor einem Gegengedanken (by some counter thought) und den Rudersmann nach dem Kurs fragte. – Ostsüdost, war die Antwort. – »Du lügst«, rief Ahab, »Ost voraus heute morgen, und die Sonne von achtern (im Rücken)? – Alle waren verwirrt. Beide Kompasse wiesen nach Osten, während die ›Pequod‹ zweifellos Kurs nach West hatte. Ehe die Panik unter der Mannschaft um sich greifen konnte, rief der Alte mit rauhem Lachen: Das Gewitter letzte Nacht hat den Kompaß verkehrt! – Er ließ den Kurs des Schiffes entsprechend ändern« (124).

Kurz bevor Starbuck vor seinen träumenden Kapitän in dessen Kajüte trat, »schien der Wind nach achtern zu drehen«. In Wahrheit aber hatte das Schiff sich gedreht, als die Kompaßnadel mehrfach über die ganze Windrose kreiste und das Ruder unkontrollierbar ausschlug (123). Die »Pequod« lief, ohne daß es jemand ahnte, statt nach Osten nun nach Westen in Richtung der Heimfahrt und nicht mehr der Jagd auf Moby Dick. Diese Wendung geschah, als Ahab in seinem langen, stummen Traume das Herz des Weißen Wales griff und damit wohl auch begriff. Nach den im Schlaf geäußerten Worten: »Streicht die Riemen, alle Mann – stern all –! O Moby Dick . . .« (123) zu urteilen – wir müssen dabei auch an die Meinung der Matrosen im Kapitel 41 »Moby Dick« denken, die ihn »auf irgendeine schleierhafte, arglose Weise als den die Meere des Lebens durchstreifenden großen Dämon betrachteten« –, hatte er den verfolgten Wal innerlich freigegeben, aber ohne dies hernach im Tagesbewußtsein selbst zu wissen (123).

Wohl noch in der Stimmung seines Traumes nannte Ahab am anderen Morgen in jener merkwürdigen Rede, die aus einem befreiten, glücklichen Herzen zu kommen schien, das Schiff »die Sonnenbarke, the sea-chariot of the sun«, und rief den Völkern zu: »Ich bringe euch die Sonne.« – »Aber plötzlich stockte er vor irgendeinem Gegengedanken (by some counter thought).« Ein Strahlenbündel der hinter einer sonst dichten Wolkendecke verborgenen Sonne hatte ihn geweckt: Fuhr er noch nach Osten, Moby Dick nach? Dieser »Gegengedanke« muß den Kapitän an den Rachedurst und an die Jagdabsicht erinnert haben; durch ihn nahmen diese beiden bösen Seelengewalten sein Herz wieder ein und machten ihn das Herz des Wales vergessen. Er ließ das Schiff drehen; und weiter ging die Jagd (124). – »Die Sonne um Mitternacht« des von uns vielzitierten Mysterienspruches und das befreiende Herz Moby Dicks – beide werden im Roman nur hier genannt oder angedeutet – entsprechen einander; sie sind Symbole gleichen Inhalts. Den Hinweis auf diesen Sachverhalt verdanke ich Frau Inge Thöns.

Der neuen Besessenheit Ahabs entsprangen als Folgelaster der Hochmut (124), die Hartherzigkeit gegen den Kapitän der »Rahel«, der um Hilfe für seinen verlorenen Sohn bat (128), und die gotteslästerliche

Rede: »Ich bin des Schicksals Stellvertreter« (134). Erst aus der erneuerten Besessenheit entsprang Ahabs und der »Pequod« Untergang.
Das Herz des Weißen Wales scheint das innere Geheimnis eines größeren Herzens zu sein, von welchem in jenem kurzen, zauberhaften, eine ganze Elementenlehre in sich fassenden Kapitel »Der Pazifik« (111) die Rede war: »So umgürtet dieser unergründliche, göttliche Pazifik den ganzen Leib der Erde, macht alle Küsten zu einer ihn umgebenden Bucht, er ist gleichsam das Herz der Erde, das in seinen Gezeiten schlägt« (111).
Von einem dritten Herzen ist hernach die Rede, vom Herzen Ahabs. Als er im Boote stehend sein Schiff mit allen Männern bei der Arbeit zum letzten Male ganz sah und »das Hämmern in den beschädigten Booten hörte, schien ein ganz anderes Hämmern ihm einen Nagel durch das Herz zu treiben« (135). – Sonst geht der Dichter mit dem Worte und Symbol »Herz« äußerst sparsam um; einmal ist im Kapitel »Moby Dick« (41) vom Herzen dieses zinnenbewehrten »Hôtel de Cluny« die Rede, das wir verlassen sollen, um den uralten Kronos in der Tiefe und sicherlich auch das Herz des Pazifiks zu finden.

*

Wohl sechs oder sieben Stellen des Romans sprechen von der Sonne. In Vater Mapples Kirche zu Nantucket (8, 9) liegt das Vorspiel.
Die Mauer, welche die Rückseite der Kanzel bildete, war »mit einem großen Gemälde geschmückt, auf dem ein mächtiges Schiff dargestellt war, das ... gegen einen furchtbaren Sturm ankämpfte. Aber hoch

oben ... stand eine kleine Insel von Sonnenlicht, aus der das Antlitz eines Engels leuchtete; und dieses helle Antlitz warf einen deutlichen Abglanz auf das schwarze Deck des Schiffes gleich der silbernen Tafel, die jetzt dort in das Deck der ›Victory‹ eingelassen ist, wo Nelson fiel.«

Und in dem Kirchenliede, das Vater Mapple singen ließ, beschreibt Jona, der Prophet, wie er aus dem Bauche eines Wales befreit wurde: Gott »kam zu meiner Rettung eilig hergeflogen, wie von einem strahlenden Delphin getragen. Ehrfurcht erregend und doch leuchtend, wie Blitzesschein war das Angesicht Gottes, meines Befreiers« (9) – den englischen Text gaben wir vorn wieder.

Im übrigen steht im Roman die Sonne stets mit Ahab in Verbindung. Sein erster Auftritt an Deck schien die Sonne auszuschließen. »So hätte nichts um ihn her ... für einen Augenblick die Wolken zerstreuen können, die sich Schicht auf Schicht um seine Stirn ballten, wie sich ja alles Gewölk die höchsten Gipfel auswählt, um sich darum zu türmen« (28).

Die Dublone, welche der Kapitän an den Mast nagelte – Ismael nennt diese großen Goldmünzen Südamerikas »Medaillen der Sonne« –, erklärte Starbuck für ein himmlisches Symbol: »So sind wir in diesem Tal des Todes von Gott umgeben, und über all unserer Finsternis scheint die Sonne der Gerechtigkeit ... Und doch ist die große Sonne nicht von Bestand. Wenn uns um Mitternacht nach ihrem süßen Trost verlangt, halten wir vergebens Ausschau nach ihr« (99).

Als die Sonne der Gerechtigkeit verstand PLATON in seinem Werk »Der Staat« das Gute selbst; sie war für ihn das Angesicht Gottes. Die sichtbare Sonne hielt er für den Sproß und das Abbild des Guten selbst. Wären wir reif dazu, dann würden wir in keiner Mitternacht vergeblich nach diesem geistigen Antlitz Gottes Ausschau halten.

Ahab aber deutete die Dublone gegensätzlich zu Starbuck: »Dieses runde Goldstück ist nur ein Abbild des noch runderen Erdballs ... Der Stoff ist zäh, an dem das Leid seine Kraft versuchen soll. So sei es denn!« (99).

Die Anbetung, die der sterbende Wal der Sonne zollt, verstand und achtete Ahab (116). Aber den Quadranten, mit welchem er sich von der Sonne seine Position auf See sagen ließ, zerschmetterte er, weil dieser ihm gleichzeitig nicht sagen konnte, »wo Moby Dick ist«; Ahab meinte: »Diese meine Augen schauen in das Auge, das ihn gerade erblickt, ja, und in das Auge, das gerade ebenso die unbekannten Dinge erblickt, die jenseits von dir, du Sonne, sind« (118).

Im Traum der Mitternacht griff Ahab, wie wir hörten, das Herz des Weißen Wales (123); noch am nächsten Morgen glaubte er eine Weile die Sonnenbarke zu lenken und den Völkern die Sonne zu bringen, an dem Morgen, als die »Pequod« unter der »unsichtbaren Sonne« eine kleine Strecke heimwärts segelte (124). Nur in dieser einen Stunde war der wachende Ahab wie erlöst, und nur da war seine Seele einig zugleich mit der Sonne und dem Herzen des Weißen Wals. Den glücklichen Zustand brach er gewaltsam ab; er schlug sogar den Mann am Ruder.

Als das Spiegelbild der nächtlichen Begegnung zwischen Starbuck und dem schlafenden und im Traum redenden Ahab in der Kajüte (123) erscheint hernach

das mittägliche Gespräch der beiden Männer auf Deck im »Gleichklang«: »Droben thronte wie ein erhabener Zar und König die Sonne und vermählte, wie die Braut dem Bräutigam, die milde Luft dem kühnen, wogenden Meer« (132).
Bis zum Ende blieb Ahab dann dem großen Gestirne fremd. Die letzte Rede seines Lebens begann er mit den Worten: »Ich wende mich von der Sonne weg«, und schloß sie: »Du verfluchter Wal! So! So werfe ich das Eisen!« (135). – Über die Vergeistigung des Symbols »Sonne« werden wir im Zusammenhang mit anderen noch einmal sprechen. Hier halten wir uns nun noch an die Bibel.

*

Die Bibel hilft zum Verständnis der unsichtbaren Sonne, und MELVILLE verstand das Ereignis wie die Bibel: Ismael zählt in seiner kauzigen »Walkunde« (32) zu den fürstlichen »Folio-Walen« neben dem König Pottwal und neben dessen Vorgänger auf dem Meeresthron, dem Grönlandwal, als dritten auch den Finnwal. Dieser gleicht dem Altkönig in der Länge und in seinen Barten, nur ist er von geringerem Umfang und von hellerer Färbung. Sein Hauptmerkmal aber ist die Finne, welche, mehr als einen Meter lang, »aus dem hinteren Rücken senkrecht hervorwächst, keilförmig und spitz ... Wie der Zeiger einer Sonnenuhr wirft (sie) ihren Schatten auf die gekräuselte Fläche des Wassers«, gleichsam als auf »ein Zifferblatt. Auf diesem Ahas-Zifferblatt geht der Schatten oft rückwärts. Der Finnwal ist nicht gesellig, ... immer ein Einzelgänger.« Er bietet durch seine Schnelligkeit jeder Verfolgung Trotz (32).

Was soll hier das »Ahas-Zifferblatt«? – König Ahas war der Vater des Königs Hiskia, welcher zur Zeit des Propheten Jesajas lebte. Zweimal, wenige Tage nacheinander, fand Hiskia fast den Tod, doch wurde er beide Male errettet. Zuerst traf das drohende Verhängnis beinahe Jerusalem als den letzten Rest seines Reiches und dann sein persönlich-leibliches Leben. Das war im Jahre 701 v. Chr., als der Assyrer Sanherib die Stadt belagerte.
Ahas hatte eine Sonnenuhr im Hofe seines Palastes aufstellen lassen, einen Obelisken, der auf fünf Steinplatten ruhte, so daß dessen Schatten morgens fünf Stufen hinauf- und nachmittags fünf Stufen hinabstieg. Diese Uhr wurde nach ihm benannt.
Als Hiskia im Jahre 701 vor Christus ob all der Aufregungen des Krieges zu Tode krank lag, sagte der Prophet ihm sein Ende an. Der König aber betete unter Tränen zum Herrn. Noch am Abend dieses Tages verkündete ihm Jesaja einen anderen Gottesspruch: »Ich (der Herr) will dich gesund machen. Nach drei Tagen wirst du wieder hinauf in das Haus des Herrn gehen.« Und zu seiner Gewißheit gab er ihm ein Zeichen: »Der Schatten (an Ahas' Uhr) soll zehn Stufen zurücklaufen.« – Der biblische Text fährt fort: »Und der Schatten an Ahas' Zeiger lief zehn Stufen zurück« (2. Könige 20).
Dies Zeichen erklärt sich durch den ägyptischen Sonnenmythos, den Jesaja zu einem Rätsel für Hiskia machte: Die Barke des Sonnengottes Rê kehrt nach diesem Glauben, wenn sie am Tage über den Himmelsozean geglitten ist, nachts auf einem unterirdischen Strom an ihren Ausgangspunkt zurück. Nachts führt nicht Rê sie, sondern Osiris, der König

der Toten. Osiris ist der König der unsichtbaren Sonne. Von dieser bezeugt Apuleius, daß er sie zur Mitternacht im Isis-Heiligtum geschaut hat (Metam. XI, 21. 3 und 23. 7).
Das Zeichen, welches Jesaja seinem todkranken König setzte, war ein Rätsel. Würde Hiskia in der Nacht solche Eindrücke gewinnen, die ihn den angeblich rückläufigen Schatten aus dem Bilde der nächtlich unsichtbaren Sonne erkennen ließen, dann würde sich auch die Krise seiner Krankheit durch die Sinngebung lösen, daß der König im jenseitigen Reiche zu schauen lernte.
Das galt ebenso für Ahab und Ismael auf der »Pequod«. Ausdrücklich rühmte Ahab sich seines Schiffes während dessen unvermerkter Rückfahrt als der Sonnenbarke (sea-chariot of the sun) (124). Ausdrücklich wird die Sonne noch am Morgen als »unsichtbar« geschildert.
Entsprechend dem Herzen des Weißen Wales, das Ahab leider nur im Traume schaute, sonst hätte es sein Herz erlösen können, tröstet auch der Passionspsalm, den Jesus am Kreuze betete: »Mein Gott, mein Gott, warum hast du mich verlassen?« (Ps. 22. 2), gegen sein Ende mit den Worten: »Euer Herz soll ewiglich leben« (Ps. 22. 27).

6. »Die Rettungsboje« (126)

Nach überstandenem Sturm und Feuer kam ein Mann bei Sonnenaufgang geradewegs aus seiner Hängematte und enterte zum Ausguck im Vortopp auf. Er war vielleicht vom Schlafe noch benommen. Jedenfalls hatte er den Ausguck noch nicht erreicht, als man einen Schrei und ein Sausen hörte. Ein Schatten fuhr durch die Luft, und in der blauen See gab es einen Aufspritzer. Die Rettungsboje, eine eisenbeschlagene Tonne, wurde nachgeworfen; aber die Tonne war ausgedörrt, hatte Risse und lief voll. So sanken Mann und Tonne auf den Meeresgrund (126).

Auf Queequegs Sarg wurde daraufhin der Deckel festgenagelt und das Ganze abgedichtet. Das war die neue Rettungsboje, die man lose am Heck befestigte. So wurde »aus dem grausen Symbol des grimmigen Todes das ausgesprochene Zeichen von Hilfe und Hoffnung für das gefährdete Leben« (127).

7. »Der Hut« (130)

In den letzten Tagen, als der Kapitän schon Dauerwache an Deck hielt, »flocht er mit eigener Hand aus Bulinen (Seilen) einen korbartigen Ausgucksitz« und ließ sich durch Starbuck mittels eines Taues am Großmast aufziehen. Dort oben hielt er Ausschau nach allen Seiten, indem er mit einem Arme den Mast umklammerte, und suchte nach dem Weißen Wal.

»Als Ahab kaum zehn Minuten so saß, umflatterte eine Raubmöwe sein Haupt, schoß dann tausend Fuß hoch senkrecht empor, um sich wieder herabzuschrauben und erneut sein Haupt zu umkreisen. Ahab schien diesen wilden Vogel gar nicht zu bemerken . . . Plötzlich schrie der Sizilianer, der etwas niedriger als er im Besantopp stand: Euer Hut, Sir, Euer Hut! – Die

dunkle Schwinge streifte des Alten Auge, der lange krumme Schnabel griff nach seinem Hut, und der schwarze Vogel schoß mit seiner Beute davon.«
»Dreimal umflog ein Adler das Haupt des Tarquinius und trug seinen Hut davon, um ihn ihm wieder aufzusetzen, worauf sein Weib Tanaquil erklärte, er werde König von Rom ... – Ahab erhielt seinen Hut nicht zurück. Der Raubvogel flog über den Bug davon ... bis in der Ferne ein winziger schwarzer Punkt aus großer Höhe in das Meer hinabfiel« (130).

8. »Gleichklang« (132) oder Die Träne

Fedallahs Augen spielten mit ihrer Kraft zuletzt an dem schönen Tage, den Ismael »Einklang« nannte.
»Es war ein klarer, stahlblauer Tag ... Die Luft war von einer durchsichtigen, gleichsam fraulichen Milde, während sich die starke und männliche See in langen, wuchtigen Wogen hob wie Simsons Brust im Schlafe« (132).
Simson war im ältesten Israel ein Held – das Buch der Richter 13–16 erzählt von ihm –, der mit seinem Eselskinnbacken siegreich gegen die Philister stritt, ähnlich wie es Ahab mit einem Bein aus Walkinnbacken gegen Wale tat. Am Ende aber fiel Simson in die Hände der Feinde, weil Delila, seine Geliebte aus dem Stamme der Philister, ihn verriet, »als er auf ihrem Schoße schlief«.
An diesem Tage »überquerte Ahab langsam vom Luk aus das Deck und lehnte über die Reling, wo er seinen

Schatten im Wasser versinken sah ... Diese sanfte Luft, der heitere Himmel liebkosten ihn. Die stiefmütterliche Welt, so lange grausam und abweisend, schlang ihre Arme liebevoll um seinen störrischen Nakken und schien vor Freude zu weinen. Unter seinem in die Stirn gezogenen Hut ließ Ahab eine Träne in die See hinabfallen. – Nichts Kostbareres barg der ganze Pazifik als diesen einen winzigen Tropfen.«

»Starbuck sah den Alten schwerfällig über die Reling lehnen ... und trat näher.« – »Starbuck, solch ein Tag war es, als ich meinen ersten Wal schlug ... Heute ist wieder dieser linde Wind. Die Luft duftet, als wehte sie von fernen Wiesen her, wo sie Heu gemacht haben unter den Hängen der Anden, Starbuck; und die Mäher schlafen in dem frischgemähten Grase. – Schlafen? Und verrotten im Grünen wie die Sichel, die im vergangenen Jahr hingeworfen wurde und liegengeblieben ist!«

»Leichenblaß vor Verzweiflung war der Maat davongeschlichen. Ahab ging quer übers Deck, um auf der anderen Seite in die Tiefe zu blicken. Doch er fuhr zurück: Im Wasser zeigte sich das Spiegelbild von zwei starren Augen. Reglos lehnte Fedallah über dieselbe Reling« (132).

Ahab erwähnte am Abend des übernächsten Tages (134), er habe sich Starbuck nie näher gefühlt als in dieser Begegnung. Deren mögliche gute Frucht war verloren.

Vierzig Jahre lang fuhr Ahab zur See, wie einst Mose vierzig Jahre lang mit dem Volke Israel in der Wüste weilte (4. Mose 14. 33). Und wie einst Mose nicht in das verheißene heilige Land ziehen konnte, sondern nur das von Gott bestrafte und daran gereifte Volk

(4. Mose 20. 12), so erreichte hier auch Ahab kein Ziel der Reise, sondern nur Ismael, der als ein Ausgestoßener und Vereinzelter an die Stelle des Volkes Israel tritt.

9. »Gleichklang« (132) oder Die junge mädchenhafte Frau

Als »Gleichklang« (132) alle Welt zu durchdringen schien, erzählte Ahab seinem Ersten Maat: »Solch ein Tag, genauso mild wie heute, war es, als ich meinen ersten Wal schlug, ein Knabe von achtzehn und schon Harpunier. Vierzig, vierzig Jahre ist es her ... Keine drei von diesen vierzig Jahren habe ich an Land verbracht ... durch Weltmeere getrennt von der jungen, mädchenhaften Frau, die ich, schon über fünfzig alt, heiratete, um am nächsten Tag nach Kap Hoorn in See zu gehen« (132).

Ahab war jetzt also achtundfünfzig Jahre und sein Sohn höchstens sieben Jahre alt, wahrscheinlich jünger. Die Achtundfünfzig ist gemäß der Kabbala, wie Weinreb im »Göttlichen Bauplan« darlegt, »jene Zahl, welche das Ende der materiellen Erscheinung ausdrückt« (S. 365); nach ihr »gelten die irdischen Maßstäbe nicht mehr« (S. 327).

»Jetzt hält der Junge seinen Mittagsschlaf, erwacht und richtet sich in seinem Bette auf, und seine Mutter erzählt ihm von mir, von mir altem Kannibalen, der jetzt auf See ist und eines Tages zurückkehrt und ihn auf seinen Knien reiten läßt« (132).

Starbuck, in gleicher Lage wie er, stimmte in seine

Worte und Empfindungen ein: »Das ist meine Mary, meine Mary, wie sie leibt und lebt. Sie versprach mir, jeden Morgen meinen Jungen auf die Anhöhe zu tragen, damit er als erster das Segel seines Vaters sieht« (132). Dafür hatte sein Kapitän aber kein Ohr mehr; er sah nun schon wieder allein die schweren Lebensgesetze auf Erden, die alle betreffen: »Immerfort dieser lächelnde Himmel und dieses unergründliche Meer! Wer gibt dem Thunfisch ein, den fliegenden Fisch dort zu jagen? Wohin kommen Mörder, Mann? Wer soll verdammen, wenn der Richter selbst vor Gericht gestellt wird?« (132).

Dieses Gespräch spiegelt Urbilder in der Bibel und in den Weihen der Alten. Auf letztere wiesen wir im Abschnitt »Alte Mysterien« schon hin; die »junge, mädchenhafte Frau« ist ein irdisches Abbild des göttlichen »Mädchens« Persephone.

Der angeklagte Richter in Ahabs Worten war Gott. Ahab glich darin Hiob, als er todkrank lag und sprach: »Der Tag sei verflucht, an dem ich geboren wurde, und die Nacht, die sprach: Ein Knabe ist empfangen« (Hiob 3. 1). Doch Hiob fuhr anders als Ahab fort: »Verwünschen sollen sie die, welche den Tag verfluchen und bereit sind, Leviathan aufzuhetzen« (Hiob 3. 8).

So wie Vater Mapple in seiner Predigt zu Nantucket (9), so riet einst Eliphas seinem Freunde Hiob: »Selig ist der Mann, den Gott straft! Verweigere dich nicht der Zucht des Allmächtigen« (Hiob 5. 17). Und Hiob antwortete: »Meine Freunde spotten mein; mein Auge aber blickt tränend zu Gott empor: er soll entscheiden zwischen Mann und Gott« (Hiob 16. 20 bis 21).

Hiobs Träne führte ihn zu seinem Schöpfer zurück, in welchem er sich erneuerte und erfrischte (Hiob 38 bis 42). Ahabs Träne fiel – sie hätte »ein Tropfen, kostbarer als der ganze Pazifik« sein können – umsonst (132). Er rief wie Hiob Gott den Gerechten zum Richter gegen Gott den Verhänger der Geschicke an. Er meinte, den Schuldigen zu kennen, und brach mit diesem Urteil die Gedanken ab.

Hiob hörte und erkannte die ihn hoch adelnde Rede seines Schöpfers an: »Gürte wie ein Mann deine Lenden. Ich will dich fragen; lehre mich! ... Schmücke dich mit Pracht und erhebe dich; ziehe an Majestät und Geistherrlichkeit! ... Kannst du den Leviathan mit der Angel ziehen und seine Zunge mit der Leine fassen? Ziehst du ihm eine Schnur durch die Nase und durchbohrst mit dem Haken seine Backe? ... Meinst du, daß er einen Bund mit dir mache, auf daß du ihn für immer zum Knechte habest? ... Meinst du, deine Genossen würden ihn zerschneiden, daß er unter die Kaufleute zerteilt wird? Kannst du mit Spießen seine Haut füllen und mit Haken seinen Kopf? Wenn du deine Hand an ihn legst, so gedenke, daß es ein Streit ist, den du nicht bestehst« (Hiob 40). – Ahab kannte den wilden »Hiobswal« (41) und gedachte in der Tat, »seine Haut mit Spießen und mit Haken seinen Kopf zu füllen und seine Hand an ihn zu legen«.

Ahabs und Starbucks Gespräch im »Gleichklang« (132), als sie sich auf Deck unter der hoch thronenden Sonne gegenüberstanden, spiegelt ihre frühere Begegnung in der nächtlichen Kajüte; damals sprach Ahab nur im Schlafe, und »Starbuck schien mit einem Engel

zu ringen«; er hätte seinen Kapitän beinahe erschossen, aber der Engel schien das zu verhindern (123).
Selig schien damals der Schläfer, der das Herz des Weißen Wales zu greifen glaubte (123). Selig schien auch noch der wachende Ahab, der am nächsten Morgen die Sonnenbarke zu lenken meinte. Dann aber übermannte ihn beim Anblick einiger Strahlen aus Osten von hinten her als Gegengedanke sein alter Vorsatz der Rache an Moby Dick und verwandelte ihn zurück in den unseligen Mann, welcher er mit dem Verlust des linken Beines geworden war (124).
Selig wie Hiob am Ende seines Ringens mit Gott hätte auch der weinende Ahab im »Gleichklang« werden können. Dann aber ließ ihn seine alte Denkungsweise das Bild des jagenden Thunfisches zum Urbild des Weltgefüges erklären (132).

*

Ahab bestätigte am Vortage seines Todes, daß seine im »Gleichklang« geschilderte Begegnung mit Starbuck ihm außerordentlich viel bedeutete: »Starbuck, in letzter Zeit habe ich mich seltsam zu dir hingezogen gefühlt, seit jener Stunde, da wir beide – du weißt, was ich meine – einander in die Augen sahen« (134).
Ihr Abschied vor der Jagd des letzten Tages nahm das wieder auf. Ahab: »Manche Schiffe laufen von ihrem Hafen aus und bleiben dann für immer verschollen, Starbuck ... Ich bin alt, gib mir die Hand, Mann! – Ihre Hände schlossen sich umeinander, ihre Blicke hielten einander fest. Starbucks Tränen waren der Kitt. – Oh, Kapitän, Kapitän. Edler Mann, geht nicht, geht nicht. Seht, ein tapferer Mann weint. Wie schwer kommt ihn das Zureden an. – Fier weg, schrie

Ahab und stieß den Arm des Maates zurück« (135). – Nun fehlte Ahabs Träne.

*

Auch die Kapitel »Der Pazifik« (111), »Der Vergolder« (114) und »Gleichklang« (132) verlohnen den Vergleich; ähnliche Bilder machen ihn leicht.
Dem »sagenhaften Wogen des Rasens über dem Grab des Evangelisten Johannes zu Ephesos« (111) liegen wohl »die grasigen Lichtungen, die immergrünen endlosen Fluren der Seele« (114) nahe, wo Ismael im Jenseits einen »endlichen Hafen, aus dem wir nicht wieder auslaufen« (114) suchte. Dort auch lagen für ihn »die jungfräulichen Täler, die blaßblauen Hügelhänge« in »summender Stille«, wo »in der Einsamkeit spielmüde Kinder schlummernd liegen, die an einem Maientage Blumen im Wald gepflückt haben. – Dies alles nimm mit deinem tiefsten mystischen Sinn auf, in zauberhafter Stimmung so verwoben, daß Wirklichkeit und Seelenbild sich treffen, durchdringen und ein nahtloses Ganzes bilden (All this mixes with your most mystic mood; so that fact and fancy, half-way meeting, interpenetrate, and form one seamless whole)« (114).
Unter den großen Werken der bildenden Kunst zeigt Raphaels Sixtinische Madonna über den ganzen Hintergrund verteilt die Köpfe solcher nun schon wieder erwachten Himmelskinder, deren heiligstes von seiner Mutter soeben in die Erdenwelt getragen wird.
Den spielmüden Kindern, die auf Wiesen in jungfräulichen Tälern (virgin vales) schlummern, folgt im »Gleichklang« die mittägliche Stille des Ozeans, in welcher sich der »alte Kannibale« von Kapitän seiner

»jungen, mädchenhaften Frau (girl-wife)« erinnerte; – »Frau, Frau? Eher eine Witwe mit einem lebenden Mann! Ay, ich habe das arme Mädchen zur Witwe gemacht, als ich sie heiratete, Starbuck!«, – und seines Söhnchens; »um dieselbe Zeit, ja, jetzt hält der Junge seinen Mittagsschlaf; er erwacht und richtet sich in seinem Bette auf, und seine Mutter erzählt ihm von mir . . .« (132).

Was im »Vergolder« (114) in weiten Naturbildern herrlich leuchtet, und doch verschwimmt, was dort die Art des indischen Geistes annimmt, der ohne die Erde im Himmel verwehen möchte, das nimmt hier im »Gleichklang« als Ahabs Mädchen-Frau und ihr Knabe deutlich Gestalt an wie in der letzten Schau der Mysten zu Eleusis Persephone mit dem Knaben Iakchos, der im Feuer geboren wurde, oder nach Starbucks folgender Rede von seinem Weibe Mary wie die christliche Gottesmutter Maria mit dem Jesus-Knaben.

Der »Gleichklang« als das letzte der drei verglichenen Kapitel stellt die klarsten Geistesbilder dar, klar wie das Hauptbild in den Eleusinien und wie diese Mysterien zugleich himmels- und erdbezogen.

Versucht man aber über den Umkreis der Mysterien hinauszuschauen auf das andersartige christliche Geheimnis der Auferstehung Jesu, dann gibt das Kapitel, welches seinen Namen nach dem Frieden des großen Ozeans »Pazifik« (111) trägt, mittels einer erweiterten Elementenlehre den Blick noch freier. Die Auferstehung ist mehr als die Schau unter dem Feuer und auch mehr als die Madonna mit dem Himmelskinde. Auf die Auferstehung wies vorher auch schon der Abschnitt »Graue Ambra« (92) hin.

VII. »Die Jagd«

1. Ein Lustgarten für Engel

»Gleichklang« (132) überzog den besonnten Pazifik vor dem Kampf der letzten Tage. Der Gleichklang blieb. – Am letzten Morgen seines Lebens feierte Ahab ihn: »Welch schöner Tag wieder! Wäre das eine neuerschaffene Welt, als Lustgarten gebaut für die Engel und heute morgen zum ersten Male eröffnet, ein schönerer Tag auf dieser Welt könnte es nicht sein« (135).

Die ungeheure Bewegung, der Kampf der drei letzten Tage ging allein von dem einen Manne Ahab aus. Nur wenige Minuten vor seinem Verschwinden rief ihm sein Erster Maat zu: »Noch ist es nicht zu spät, abzulassen. Sieh, Moby Dick sucht dich nicht. Du bist es, du, der ihn sinnlos sucht.« Aber Ahab ließ nicht ab. »Drei Tage ununterbrochener, scharfer Verfolgung«, hatte Starbuck gerade vorher gemurmelt; »davon ist der erste der Morgen, der zweite der Mittag und der dritte der Abend und das Ende vom Lied« (135).

2. »Erster Tag« (133)

Ein Geruch kündete zuerst den Wal an. Dann »wurde auf der See ein langer, ölglatter Streifen sichtbar«.

Schließlich stieß Ahab in seinem hanfenen Stuhl, kaum zwei Drittel zum Großmastausguck hinaufgezogen, kreischend wie eine Möwe einen Schrei aus: »Da bläst er! Da bläst er! Ein Buckel wie ein Schneeberg. Das ist Moby Dick!« (133).
Der Wal war eine Meile voraus; er war allein. »Hunderte von munteren Vögeln« begleiteten ihn, bald hier bald dorthin schwirrend, und »wie der Flaggenstock auf dem weißgemalten Rumpf eines Kauffahrerschiffes ragte aus dem Rücken der schlanke, zersplitterte Schaft einer kürzlich geworfenen Lanze« (133). Und doch: »Eine geruhsame Heiterkeit, eine bei aller Schnelligkeit in sich ruhende, mächtige Milde umgab den dahinziehenden Wal. Nicht einmal Jupiter in der Gestalt des weißen Stiers, der mit der geraubten Europa ... auf Kreta zueilte, übertraf den herrlichen Weißen Wal, als er so göttergleich dahinschwamm« (133).
»Bald aber hob sich der vordere Teil seines Leibes langsam aus dem Wasser empor. Für einen Augenblick bildete sein ganzer marmorierter Körper einen hohen Bogen, bedrohlich schwenkte er seine Schwanzflosse wie ein Banner in der Luft. Der große Gott offenbarte sich, tauchte und entschwand unseren Blicken ... Die weißen Vögel schwebten über dem Strudel, den er zurückließ« (133).
Drei Boote, Ahab im ersten, – Starbuck blieb mit seiner Mannschaft an Bord der »Pequod« – »pflügten in fliegender Eile, geräuschlos wie Nautilusmuscheln mit ihrem Bug, die See«. Dann warteten sie treibend auf die Rückkunft des Wales aus der Tiefe. »Eine Stunde!, bemerkte Ahab.« Da rief Taschtego: »Die Vögel, die Vögel! Wie ziehende Reiher kamen sie auf Ahabs Boot

zu. Ahab vermochte keinerlei Anzeichen im Meer zu entdecken ... Aber plötzlich erblickte er in der Tiefe einen weißen Flecken, nicht größer als ein weißes Wiesel, der mit erstaunlicher Schnelligkeit hochkam und immer größer wurde, bis er zwei lange Reihen weißschimmernder Zähne erkennen ließ ... Unter dem Boot gähnte sein Rachen wie eine geöffnete Marmorgruft« (133).

»Schief auf dem Rücken liegend wie ein beißender Hai nahm der Wal den ganze Bug in sein Maul. Kaum sechs Zoll war das Perlmutterweiß des Kieferinneren von Ahabs Kopf entfernt und ragte über ihn empor. So schüttelte der Wal das leichte Zedernholzboot wie eine grausam spielende Katze die Maus« (133).

»Mit der Harpune war seinem unter dem Boot verborgenen Körper nicht beizukommen. Mit seinen bloßen Händen packte Ahab den langen Knochen und suchte, das Boot zu befreien. Vergeblich ..., es rutschte nur noch weiter in das Maul des Wales ... Ahab war kopfüber ins Wasser gestürzt«, jenseits des Maules.

Der Wal biß das Boot mit seinem Kiefer mitten durch, als zerschnitte er es mit einer Schere. – »Der Anblick des zerschellten Bootes schien ihn zur Raserei zu bringen wie das Blut der Trauben und Maulbeeren, mit dem im Buch der Makkabäer die Elefanten des Antiochus getränkt wurden. Inzwischen erstickte Ahab beinahe in dem Gischt ...«

Der Wal fing an, die Schiffbrüchigen in immer engeren Kurven zu umkreisen. »Verkrüppelt, wie er (Ahab) war, vermochte er in einem solchen Strudel nicht zu schwimmen, sondern sich eben über Wasser zu halten.

So sah man des hilflosen Ahabs Haupt auf und ab schaukeln wie eine Blase, die der geringste zufällige Stoß zum Platzen bringen kann. Vom Heck des zertrümmerten Bootes schaute Fedallah gleichmütig und gelassen . . . auf die Schreckens-Szene, deren Mittelpunkt nun der Kopf des Alten war. Als Ahab von einem Wellenberg emporgehoben wurde, schrie er: Haltet auf den Wal zu! Vertreibt ihn!« (133).
Der Bug der »Pequod« wandte sich in den Zauberkreis und brach ihn auf. So trennte sie tatsächlich den Weißen Wal von seinen Opfern. Widerwillig zog er ab (133).
Ahab erfuhr im Nachgespräch an Bord mit seinen Offizieren Stubb und Starbuck, wie er meinte, ein gefühlloses Unverständnis. Er empfand dies als den Grundzug seines Daseins und meditierte – vielleicht nicht ausreichend bedenkend, daß sie alle »Isolatos« waren –: »Ahab steht allein unter den Millionen, welche die Erde bevölkern, weder Gott noch Mensch an seiner Seite. Kalt, kalt ist mir, mich schaudert!« (133).
So wie jetzt Ahab, war vor ihm der Negerjunge Pip allein auf dem Ozean getrieben und war dabei irre geworden (93). Auch Ismael trieb zwei Tage nach seinem Kapitän allein in einem solchen Strudel (Epilog).
Judas Makkabäus kämpfte im Jahre 167 vor Christus gegen den syrisch-makedonischen König Antiochus Eupator. »Vor der Schlacht ließ der König seinen Elefanten den roten Saft von Trauben und Maulbeeren zeigen, um sie zum Kampf zu reizen« (1. Makkabäer 6. 34). Man gab ihnen wohl Alkohol zu saufen, oder sie wurden wie Raubtiere durch den bloßen Anblick des vermeintlichen Blutes wild.

Vielleicht darf aus dem biblischen Texte des weiteren gefolgert werden, daß Ahab seinen Matrosen Ismael nicht nur in die äußerste Einsamkeit und Gefahr stürzte, sondern gleichzeitig für ihn auch zu einem Juda Makkabi oder zu einem Vorkämpfer für Freiheit gegen den Herrn der Riesentiere, der Elefanten oder der Wale, und der Kraft, die im Menschen jenen entspricht, wurde. Hat diese bekämpfte Kraft schon einen Namen? Bei dieser Freiheit kann es sich nur um eine innere Freiheit gehandelt haben.
Jedenfalls war Moby Dick der Herr der Tiefe im Ozean. Denn so wie schon HERAKLIT sagte: »Wenn alle Dinge« durch das Feuer »zu Rauch würden, dann würde die Nase sie unterscheiden« (Fragm. 7), und: »Im Hades riechen die Seelen«, was dort ist (Fragm. 98); so war es auch auf der »Pequod« vor Beginn dieses ersten Jagdtages.
»Während der Mitternachtswache reckte der Alte plötzlich den Kopf hoch wie ein wachsamer Schiffshund, der das Nahen einer wilden Insel wittert. Es müsse ein Wal in der Nähe sein, erklärte er. Bald bemerkte die ganze Wache diesen eigentümlichen, von einem lebenden Pottwal bisweilen auf weite Entfernung verbreiteten Geruch ... Ahab befahl sofort eine geringe Kursänderung ... Bei Tagesanbruch erwiesen sich seine Maßnahmen als richtig; denn vor uns auf der See wurde ein langer, ölglatter Streifen sichtbar ...« (133).

3. »Zweiter Tag« (134)

»Bis zum Morgengrauen blieb er halbwegs im Achterluk stehen, nur von Zeit zu Zeit raffte er sich auf, um zu sehen, wie weit die Nacht vorgeschritten war« (133). Bei Tagesanbruch hatten sie den Wal verloren. »Alle Mann hoch zum Segelsetzen«, war der erste Befehl. Das Schiff jagte nun dahin. Schließlich rief der Ausguck: »Da bläst er, rechts voraus!« Einige Minuten lang war weiter nichts zu hören. »Heißt mich hoch, Kerls«, befahl der Kapitän; »ihr habt euch geirrt. Moby Dick bläst nicht einen einzigen Strahl, um dann zu verschwinden.« Sie hatten in der Tat irgend etwas anderes für den Atemstrahl gehalten. – In ihren Seelen mußte wohl der Aberglaube an den einzelnen, geisterhaften Strahl (51), der sie vom Atlantik um das Kap der Guten Hoffnung gelockt hatte, zuvor noch sterben.

Da, »viel näher am Schiff, kaum eine Meile voraus, erschien Moby Dick in eigener Person. Mit größter Geschwindigkeit schoß der Pottwal aus den untersten Tiefen mit seinem ganzen Körper in das reine Element der Luft empor und türmte ein Gebirge von Gischt auf ..., in maßloser Prahlerei schnellte er sich wie ein Lachs empor« (134).

»Mister Starbuck, Ihr übernehmt das Schiff«, war Ahabs Anweisung. Mit drei Booten glitt er fort. Dieses Mal »griff Moby Dick zuerst an«. Er »stürzte sich mit offenem Rachen und peitschendem Schwanz zwischen die Boote, ohne der von allen Seiten auf ihn geschleuderten Eisen zu achten ... Schließlich hatte der Weiße Wal die drei an seinem Körper festgekomme-

nen Leinen auf so tausendfache Weise immer wieder überkreuzt und verstrickt, daß sie kürzer und kürzer wurden ... Auf diese Weise zog er die von Stubb und Flask geführten Boote auf seine Schwanzflosse zu und schmetterte sie wie zwei rollende Maiskolben gegeneinander. Dann tauchte er weg ... bis er plötzlich pfeilgeschwind senkrecht aus dem Wasser schoß und Ahabs unversehrtes Boot in die Luft schleuderte« (134).

Umgedreht fiel das Boot zurück. »Wie Seehunde aus einer Uferhöhle krabbelten Ahab und seine Männer darunter hervor ... Der Wal nahm in dem geruhsamen Tempo eines Reisenden seinen Weg leewärts wieder auf, wobei er die verworrenen Leinen hinter sich herschleppte« (134).

Wieder an Bord der »Pequod«, befahl der Kapitän Appell der Bootsmannschaften. Der Parse fehlte. Verlorengegangen war auch die auf des Teufels Namen mit Blut getaufte Harpune. Und doch ließ Ahab die »Pequod« dem Weißen Wale weiter folgen.

Verzweifelt warnte Starbuck: »Niemals wirst du ihn kriegen, alter Mann! Zwei Tage Jagd, zweimal in Trümmer geschlagen. Wieder dein Bein unter dir weggerissen. Dein böser Schatten weggeblieben. – Sünde und Gotteslästerung ist das, den mörderischen Fisch noch länger zu jagen« (134).

»Ahab ist und bleibt Ahab, Mann! Die ganze Sache ist unabänderlich beschlossen. Es war von dir und mir durchgeprobt eine Billion Jahre, ehe dieser Ozean zu wogen begann. Narr! Ich bin des Schicksals Stellvertreter ...« (134).

Im Anschluß fragte er seine Mannschaft: »Ehe etwas

untergeht, kommt's zweimal wieder hoch; dann versinkt es für immer. So geht's auch mit Moby Dick. An zwei Tagen ist er wieder hochgekommen, und morgen ist der dritte. Noch einmal kommt er hoch, um seinen letzten Strahl zu blasen. Seid ihr furchtlos genug dazu, Männer? – Furchtlos wie Feuer, schrie Stubb. – Und ebenso gefühllos, murmelte Ahab« (134).
Mit seiner Warnung gewann der Maat wohl einen größeren Einfluß auf den Kapitän, als je ein Mensch ihn besaß. Denn Ahab meditierte hernach bei sich selbst: »Was man Vorzeichen nennt! Gestern noch sprach ich so zu Starbuck . . . Oh, wie kühn versuche ich den anderen Empfindungen zu vertreiben, die sich in meinem Innern festkrallen. – Der Parse – der Parse – weggeblieben, weggeblieben. Er sollte doch vor mir wegbleiben . . .« (134).
Selbst die Liebe des armen Pip hatte so viel nicht vermocht, obgleich Ahab schon diese Liebe nur mit den Worten abzuschütteln wußte: »Wenn du noch mehr auf mich einredest, wird Ahabs Wille in ihm kentern. Ich sage dir, nein, es geht nicht« (129).
Starbuck hatte nicht nur das Herz, sondern auch die Einsicht des Kapitäns erreicht. Dieser zog sich nun aber auf seinen bloßen Eigensinn zurück: »Die ganze Sache ist unabänderlich beschlossen«, und wie um diesen Eigensinn zur Lästerung zu steigern, rief er: »Ich bin des Schicksals Stellvertreter.« Um jetzt überhaupt noch handeln zu können, wandte er sich nun an die hörige Mannschaft (134).

4. »Dritter Tag« (135)

»Heiter und frisch brach der Morgen an.« Wie »eine neuerschaffene Welt, ein Lustgarten, gebaut für die Engel«, meinte Ahab; »ein schönerer Tag könnte nicht sein. Das ist Stoff zum Nachdenken –, hätte Ahab Zeit dazu. Aber Ahab denkt niemals; er fühlt nur, fühlt, fühlt, fühlt. Das ist Anreiz genug für einen sterblichen (mortal) Menschen! Denken wäre tollkühn. Gott allein hat das Recht dazu« (135).
Bis zum Mittag war von Moby Dick nichts zu sehen. Ahab erkannte, daß er den Weißen Wal übersegelt hatte. Sofort ließ er wenden. – »Stirn gegen Stirn treffe ich dich dieses dritte Mal, Moby Dick!«, bemerkte er, als er endlich den Atemstrahl wiedersah, und indem er seinen Blick noch einmal von Bord her über die weite See streifen ließ, sagte er: »Ein altgewohnter Anblick und doch irgendwie so neu. Ay, und doch keinen Deut anders, seit ich ihn als Junge zum erstenmal von den Dünen aus in Nantucket vor Augen hatte. Dasselbe – dasselbe für Noah und für mich« (135).
»Als es an der Zeit war, wurden die Boote ausgesetzt. Ahab stand im Heck des seinen. Kaum hatte das Boot vom Schiffe abgestoßen, stiegen Scharen von Haien auf, sie folgten nur diesem einen Boot und ließen die anderen unbehelligt.«
Der Wal schoß wieder mitten zwischen sie und schlug die anderen Boote leck. Auf seinem Rücken sahen alle, angeschnürt durch die gestern verlorenen Eisen und Leinen, den toten Parsen. »Das ist die Bahre«, stieß Ahab hervor; »wo ist die zweite? – Weg mit euch,

Maate, zum Schiff! Eure Boote nützen uns nichts mehr. Bessert sie und kommt zurück! Wenn nicht, dann genügt's, wenn Ahab stirbt.«
Er kam noch einmal fest am Fisch. Dessen Rücken war gespickt mit Lanzen und Harpunen. Kein anderer Wal hätte das ausgehalten. Nun aber schleuderte der Riese mit seinem Schwanz drei Männer aus Ahabs Boot. Zwei konnten gleich wieder an Bord klettern, einer trieb hilflos ab im Meer.
Dann schoß der Wal mit einer solchen Geschwindigkeit davon, daß die Harpunenleine riß, die ihn an Ahabs Boot band. Er war frei. Da »gewahrte er den sich nähernden Rumpf des Schiffes ... Vielleicht erschien es ihm als ein größerer und würdigerer Gegner.« So griff er nun das Schiff an. Zweimal rammte er mit aller Kraft seitwärts den Bug des großen Schiffes, »so daß Menschen und Holz erzitterten ... Wie einen Bergstrom durch eine Schleuse hörte man das Wasser durch das Leck hereinstürzen.«
»Das Schiff! – Die Bahre, die zweite Bahre!«, schrie Ahab in seinem Boote. – In geringem Abstand blieb der Wal nun eine Weile ruhig liegen. – »Ich wende mich von der Sonne weg«, rief Ahab. »Ahoi, Taschtego, laß mich deinen Hammer hören! – Todverklärtes Schiff! Mußt du denn jetzt ohne mich versinken? Ist mir der letzte Stolz des gemeinsten schiffbrüchigen Kapitäns verwehrt?« (135).
»Dir stürze ich entgegen, Wal. Alles zerstörst du, aber du siegst nicht – thou all-destroying, but unconquering whale. Laß mich in Stücke schleifen, immer noch hinter dir her, an dich gefesselt, du verfluchter Wal! – So, so werfe ich das Eisen!« –
»Die Harpune zischte, der getroffene Wal ging ab.

Die Leine lief durch die Keep – verwirrte sich. Ahab beugte sich vor; es gelang ihm, sie klarzubekommen. Aber die sausende Schlinge flog ihm um den Hals. Lautlos riß es ihn aus dem Boot. – Er war verschwunden« (135). – Der Strudel des gesunkenen Schiffes sog das Boot mit den vier tigergelben Gesellen ein und verschluckte es.

5. Ismaels »Epilog«

> *»Und ich allein bin entronnen,*
> *daß ich's dir ansagte.«* *Hiob*

»Das Drama ist zu Ende. Warum tritt denn noch einer vor? – Weil einer den Schiffbruch überlebte!« »Zufällig hatte es sich ergeben, daß nach des Parsen Abgang ich es war, den das Schicksal ausersehen hatte, den Platz von Ahabs Bugmann einzunehmen, als dieser an die freigewordene Stelle des Harpuniers trat, und daß ich auch derselbe war, der achteraus trieb, als am letzten Tage die drei Mann aus dem schwankenden Boot geschleudert wurden. So schwamm ich am Rande der sich abspielenden Tragödie und vermochte alles zu beobachten, bis mich der halbverebbte Sog des gesunkenen Schiffes erreichte. Sachte wurde ich zu dem sich schließenden Strudel hingezogen. Als ich anlangte, hatte er sich zu einer gischtbedeckten Lache geschlossen. Um und um trieb ich wie ein zweiter Ixion immer näher zu dem schwarzen Gebrodel in der Mitte dieses sich langsam drehenden Kreises dahin,

bis, gerade als ich im Zentrum anlangte, der schwarze Strudel aufwärtsbrach, und befreit aus seiner sinnreichen Haltevorrichtung, stieg der Lebensrettungssarg mit starkem Auftrieb nach oben und schoß mit großer Gewalt zur Meeresoberfläche empor, überschlug sich und trieb neben mir. Von diesem Sarg getragen, schwamm ich fast einen ganzen Tag und eine Nacht auf einer sanften, ihr Totenlied singenden See dahin. Ohne mich zu belästigen, glitten die Haie an mir vorüber, als hätten sie verriegelte Mäuler. Mit verschlossenen Schnäbeln kreisten die gierigen Raubvögel über mir. Am zweiten Tag kam ein Segelschiff näher und näher und nahm mich endlich auf. Es war die hin und her kreuzende ›Rahel‹, die auf der Suche nach ihren verschollenen Kindern nur noch eine Waise fand.«

– Ende des Romans –

*

»Um und um trieb ich wie ein zweiter Ixion . . .«
Ixion war ein griechischer Held, der sich vermaß, um die höchste Frau, um Zeus' Gattin Hera, zu werben. Fast wäre sein Streben zum Erfolg gekommen; Zeus verlieh ihm schon die Unsterblichkeit. Dann aber wurde er doch zur Strafe mit Schlangen auf ein Rad gebunden, und Hermes mußte es unaufhörlich durch den Luftraum treiben. – Dieses Rad ist wahrscheinlich ein Bild der Sonne. Schlangen zeigen im griechischen Mythos die Unterwelt an, in diesem Falle die Unsichtbarkeit. Es geht um das Mysterium der Höhe, um die oberen Götter, insbesondere um eine geistige Verbindung mit der Sonne, oder um die geistige Sonne

selbst, von welcher im Kapitel »Die Kompaßnadel« (124) in Übereinstimmung mit dem ägyptischen Osiris-Mythos und mit PLATONS Höhlengleichnis (Staat VII) die Rede war.
Die Mysterien der Höhe und der Tiefe finden sich schon in der griechischen Heldensage aneinander gekoppelt, in dem Peiríthoos der Sohn Ixions genannt wird. Peiríthoos warb um Persephone, die heilig-schreckliche Göttin der Toten. Aber als er sich im Hades für einen Augenblick zu seiner Ruhe auf einen Felsen gesetzt hatte, kam er nicht wieder los von ihm und mußte für immer bleiben, wo er war. So wurde er zu einem menschlichen Abbild des »unterirdischen Zeus« oder Plutons.
Ixion und Peiríthoos, der Vater und der Sohn, wurden den Griechen im öffentlichen religiösen Bewußtsein zu warnend-tragischen Gestalten, die den Menschen an seine Grenzen erinnern. Insgeheim aber wurden sie für die Mysten zu anspornenden Vorbildern; denn Ixion hatte immerhin die Unsterblichkeit erlangt. – Kapitän Ahab aber blieb eine tragische Gestalt wie Peiríthoos.
Das Geheimnis des Oben und Unten durchzieht den Roman in vielerlei Gestalten, es beherrscht ihn. Ahab konnte nur das Untere durchdringen. Ismael lernte dieses von ihm und ahnte außerdem das Obere, am deutlichsten im »Ausguck« (35), wo er PLATONS »Phaidon« statt BOWDITCHS »Praktischen Seemann« im Kopfe hatte. Die Unsterblichkeit der Seele schien ihm dort ein würdigerer Gegenstand des Denkens als das Befahren der See und die Jagd auf Wale zu sein.

Anhang

Mysterien

1. Geschichtliches

Melvilles »Moby Dick oder Der Wal« nennen wir einen Mysterienroman, weil wir glauben, an vielen Einzelheiten aufgewiesen zu haben, daß er ähnlich wie Apuleius' »Metamorphosen« (170 n. Chr.) mit seinen Anspielungen auf griechische und ägyptische Mythen und noch mehr in seinem Aufbau den alten Weihen verwandt ist.
Mysterienromane gibt es, wie Romane überhaupt, seit der Zeit Alexanders des Grossen (356–323 v. Chr). Sie beschreiben Schicksale, die nach Form und Inhalt mit den Einweihungen Wesentliches gemeinsam haben. Aus der großen Zahl solcher Mysterien geben die Eleusinien und die Weihen im Rahmen des ägyptischen Isis-Kultes, der während der römischen Kaiserzeit in griechischer Sprache beinahe überall im Reich vollzogen wurde, für uns und schon für die antiken Schriftsteller einen gültigen Maßstab ab.
Eleusinien wurden, nach dem Alter des ersten Tempels am Ort zu schließen, schon im fünfzehnten Jahrhundert vor Christus gefeiert. Sie währten bis zur Zerstörung des Heiligtums durch Alarich im Jahre 396 nach Christus. Abgesehen von einer wahrscheinlich ziemlich ungleichen Nachahmung in dem »Eleusis« genannten Ortsteil des ägyptischen Alexandria, fanden sie immer nur in dem Heiligtume vor dem

Tor des alten, attischen Eleusis statt; das gilt für die Weihen im Herbst, die man in klassischer Zeit die Großen nannte. Die von allen Mysten wenigstens anderthalb Jahre vorher gefeierten Kleinen Weihen wurden in einer Nacht im März vor den Mauern von Athen begangen.

Inhaltlich weiß man heute mehr von den Großen Weihen. Wir verstehen sie hier so, wie KARL KERÉNYI die überkommenen Nachrichten im Jahre 1962 zusammengefaßt und gedeutet hat. Ihren Inhalt haben wir anhand des Mythos von Demeter und Persephone jeweils zu den entsprechenden Teilen des Romans oben angeführt. Ein »homerischer Hymnos« auf Demeter aus dem siebten Jahrhundert vor Christus bietet für Eleusis das älteste und beste Zeugnis dar. Er spricht auch von der »frohen Hoffnung«, welche die Mysten über ihren Tod hinaustrugen. Weiteres, welches PLATON und ARISTOTELES berichten, findet sich bei uns im nächsten Abschnitt.

Die ägyptischen Weihen verstehen wir ihrem Mythos nach gemäß der Schrift »Über Isis und Osiris« von PLUTARCH (45–125 n. Chr.) und gemäß dem Kommentar (1940–41) von THEODOR HOPFNER, der die Elemente des Mythos und der heiligen Handlungen bis zu den Inschriften in den Pyramiden vom Ende des dritten vorchristlichen Jahrtausends zurückverfolgte. Die Isis-Weihen erloschen wie die Eleusinien im vierten und fünften Jahrhundert nach Christus. – Um nicht zu weitläufig zu werden, haben wir auf das ägyptische Totenbuch, abgesehen von seiner Auswertung durch HOPFNER, verzichtet, obgleich LEPSIUS es schon 1842 veröffentlichte. – APULEIUS knüpfte seinen Roman »Metamorphosen« (170 n. Chr.) an die Isis-Weihen an und beschrieb diese teilweise auch direkt am Ende des Werkes. Die mancherlei Weihen waren nach PLATONS (Gesetze 738 c) und APULEIUS' Zeugnis – der in seiner »Apologie« (55–56) vom Jahre 158 n. Chr. bekennt, in viele griechische Mysterien eingeweiht zu sein – einander ähnlich. Andere Autoren unter den Alten wählten andere Weihen zum Hintergrunde ihrer Romane, wie MERKELBACH 1962 nachgewiesen hat. So schrieb HELIODOR kurz vor der Mitte des dritten Jahrhunderts nach Christus seine »Aithiopika« in den Bildern des damals im Kaiserhaus gepflegten Kultes des Unbesiegten Sonnengottes, wobei Apollon und Osiris als Vertreter der Tages- und der Nachtsonne zu den Paten des Werkes wurden.

Der griechische Mysterienroman setzte sich in einer europäischen und in einer chinesischen Strömung bis in die Neuzeit fort. Zu ersterer gehören die Lebensbeschreibung aus eigener Feder, die mystischen Werke und Romane des gelehrten Pietisten HEINRICH JUNG-STILLING (1740–1817), der zu seiner Zeit in Deutschland und Amerika viel gelesen wurde; »Heimweh« ist unter den Titeln seiner Werke wohl der treffendste. Dazu gehört mit männlichem Charakter auch MELVILLES »Moby Dick«. Zur zweiten zähle man den im Jahre 1791 zum ersten Male ganz erschienenen »Traum der Roten Kammer« von TSAO HSÜE-KIN (1719 bis 1763), den FRANZ KUHN 1932 verdeutscht herausgegeben hat. Der Charakter als Mysterienroman erweist sich nicht am Kulturmilieu, sondern ausschließlich an der Stimmung, an den Bildern und an deren Ordnung.

Diese literarische Überlieferung wäre sicher nicht immer wieder von Dichtern verstanden und erneuert worden, wenn nicht auch der Sinn für die Mysterien selbst immer wieder erweckt worden wäre. Das geschah so unabhängig von der Einbettung in bestimmte Religionen oder andere geistige Überlieferungen, wie es auch für die Mystik als eine im Grunde von den indischen Upanischaden (∼800–400 v. Chr.), Lao Tse (etwa 604 – 530 v. Chr.) und Tschuang Tse (um 350 v. Chr.) bis zu Meister Ekkehard (1260 bis 1327 n. Chr.) und seinen Schülern einheitliche Erscheinung über Asien und Europa hin literarisch von Martin Buber und Friedrich Heiler nachgewiesen wurde.

Mit Mystik bezeichnen wir heute eine den Mysterien verwandte Methode der inneren Vertiefung, die sich im Unterschied von diesen keiner Kulthandlungen, keines verbindlichen Mythos' und keiner festen metaphysischen Lehren bedient. Auch der Mysterienroman ist von den Mythen in ihrer alten Form frei; er ist formal unabhängig von ihnen, inhaltlich aber nicht; er setzte sie um in menschliche Gestalten und Beziehungen.

Die Mysterien entsprechen tieferen Schichten in Mensch und Welt und können darum – sei es bewußt oder dichterisch halbbewußt – stets wieder entdeckt werden, wenn dazu die Überlieferungen meist wohl auch die Anreger waren. Eine solche Neuentdeckung ist Melville mit fünfundzwanzig Jahren widerfahren, wie er Hawthorne anvertraute. Er machte sie sich dann vorzüglich an Gestalten des Alten Testamentes, aber auch an alten Mythen und den ihm bekannten Resten der alten Weihen bewußt.

Zum inneren Verständnis der antiken Mysterien trugen u. E. zuerst SCHELLING in Schriften aus den Jahren 1793, 1802 und 1856–58 und dann STEINER in einer Schrift von 1902 und dann durch viele, heute gedruckte Vorträge bis 1925, am meisten bei. STAATS hat 1972 gezeigt, daß auch die Tiefenpsychologie von C. G. JUNG zum Verständnis des Romanes »Moby Dick« eine Strecke weit hilft, wir meinen, bis zu den »unteren Gewässern«, ohne das Herz des Weißen Wals (123) zu erreichen.

2. Hinweise auf die Eleusinien bei Platon und Aristoteles

Auf die Erlebnisse der Mysten in Eleusis finden sich Hinweise bei den Philosophen PLATON (427–347 v. Chr.) und ARISTOTELES (384–322 v. Chr.).
So wie die Weihen die Welt des Hades und der Totenkönigin Persephone öffnen wollten, so sagt PLATON unter Anspielung auf die eleusinische »frohe Hoffnung« für das Leben der Seele nach dem Tode, daß auch »die, welche sich in rechter Art mit der Philosophie befassen, nach nichts anderem streben, als zu sterben . . ., nämlich nach der Trennung der Seele vom Leibe . . . Wenn wir etwas rein erkennen wollen, müssen wir uns vom Leibe losmachen und mit der Seele die Dinge selbst schauen« (Phaidon 64 und 66).
PLATON schreibt weiter im (7.) Brief an die Freunde seines ermordeten Schülers Dion in Syrakus: »Gutes und Übles widerfährt jeder Seele, während sie mit dem Körper verbunden und während sie von ihm

getrennt ist. Man soll aber an die alten und heiligen Überlieferungen (der Mysterien) glauben, welche uns die Unsterblichkeit der Seele verkünden, und (glauben,) daß Richter ihrer harren und daß sie, wenn sie vom Körper befreit wird, die strengste Buße zu bestehen habe ... Wenn aber ein geldgieriger oder geistesbeschränkter Mensch in die Unterwelt zurückkehrt, tritt er eine schmachvolle und in jeder Hinsicht jammervolle Wanderung an« (7. Brief, 335).

PLATON unterscheidet in seinem Dialog »Phaidros« (244) drei Arten des gotterfüllten Außersichseins, die menschenmöglich sind; 1. die Wahrsagekunst, wie sie in Delphi, Dodona und anderswo gepflegt wird; 2. die Reinigungen (katharmoí) und Weihen (teletaí) und 3. die Entrückung des Dichters durch die Musen.

Darauf beschreibt PLATON im »Phaidros« 245–257 die innere Bewegung der seligen Seelen zum Geiste hin zwischen dem Tode und einer neuen Geburt im Bilde einer großen Prozession mit Wagen mit doppeltbespannten Einachsern, wie man sie damals stehend in der Rennbahn fuhr. Eine jede Seele folgt dem ihr verwandten Planeten-Gott, die weisesten dem Zeus, in einer Spiralbahn um die Erde bis hinauf zum Firmament, wo die Götter sich in die Ewigkeit erheben und die Seelen wenigstens für Augenblicke mit ihren Häuptern die Grenze der Welt von Raum und Zeit durchstoßen, um die geistige Welt der ewigen Ideen zu schauen, wie diese aus der Wahrheit oder dem Einen und Guten, welches wir Gott nennen, hervorgeht. Die Ideen vollführen außerhalb von Raum und Zeit miteinander einen unaufhörlichen Reigen, den selige Menschengeister schauen dürfen.

Später auf Erden wird dies alles für erkennende Seelen zu einer schwachen Erinnerung, auf welche es für ihr weiteres Schicksal aber gerade ankommt; denn jede höhere philosophische Erkenntnis ist nach PLATON eine Erinnerung an den Geisteshimmel und macht die Seele ihm aufs neue verwandt.

PLATON sagt im »Phaidros« (250): »Die Schönheit war damals glänzend zu schauen, als mit dem seligen Chor wir in Zeus' Gefolge ... des Anblickes und Schauspieles genossen und in ein Geheimnis eingeweiht waren, welches man wohl das allerseligste nennen kann, und welches wir feierten . . . zu seligen Gesichten vorbereitet und unbelastet von diesem unserem Leibe, den wir, eingekerkert wie eine Muschel, jetzt mit uns herumtragen.«

PLATON vergleicht die Philosophie mit den Eleusinien an einer ganzen Reihe von Stellen seiner Werke. Der Vergleich leuchtete damals vielen seiner Leser, welche die Weihen kannten, offenbar unmittelbar ein. Uns läßt er umgekehrt empfinden, was die Weihen waren; und darauf kommt es hier an.

Die Überzeugung von der philosophischen Erneuerung der Eleusinien in PLATONS Akademie wird bestärkt nicht nur durch große Neuplatoniker wie PLOTIN, JAMBLICHOS und PROKLOS, sondern auch durch die spätantiken und modernen Darsteller der Weihen wie PLUTARCH, APULEIUS und dann MELVILLE, indem sie sich alle als Platoniker bezeichnen.

Im Roman »Der Wal« vertreten Bulkington und Ismael die philosophische Mystik PLATONS, nicht aber Queequeg und Ahab. Daß Ismael von diesen beiden »Kannibalen« trotzdem am meisten lernte, beruht auf dem einheitlichen Grundgesetz der Einweihung.

Zu den drei Formen gotterfüllter Raserei, die PLATON im »Phaidros« aufzählt, fügte er die philosophische Art praktisch als eine vierte hinzu. Die »Reinigungen und Weihen« sind wohl die älteste Art; aber je später um so weniger lassen sich zwischen ihnen feste Grenzen ziehen; Poeterei, Philosophie und Weihen wuchsen immer enger zusammen.

ARISTOTELES schrieb nach dem Zeugnis der Neuplatoniker JAMBLICHOS (250–330 n. Chr.) und PROKLOS (411–485 n. Chr.) in seiner Jugend, die er in PLATONS Akademie verbrachte, eigens ein Buch über die Eleusinien; es ist verlorengegangen. Erhalten aber blieb aus seinem Jugendwerk »Über die Philosophie« ein Satz zu den Mysterien, den wir oben schon einmal anführten: »Die, welche die Weihen empfangen, sollen nichts (mit dem Verstande) lernen (matheîn), sondern fühlend-leidend etwas durchmachen (patheîn) und so in einen (besonderen) Zustand versetzt werden, sofern sie dazu fähig sind« (Ross: A. Über d. Phil., Fragm. 15). Diese Worte bezog der hochgelehrte Byzantiner PSELLOS im elften Jahrhundert auf die Eleusinien. – WERNER JAEGER erhellte uns 1923 ARISTOTELES' Frühwerk, zu dem der Satz gehört.

*

Der Unterschied der Weihen zur Philosophie bestand zunächst darin, daß es sie tausend Jahre vor PLATON schon gab, als seine und unsere Art zu denken noch in den Kinderschuhen steckte oder noch ungeboren war. Die Mysterien bildeten ihre Schüler also nicht im Denken, sondern im Fühlen und Wollen aus.

Die alte Erziehung des Fühlens ist ähnlich der späteren Ausbildung des Denkens vorzustellen. So wie dessen Grundbegriffe und Gesetze (Logik) der Willkür entzogen sind, so strenge waren die Weihen mit ihren Inhalten für das Fühlen und Miterleben. Die Strenge der Erziehung führte in der Regel die Mysten durch große seelische Schmerzen.

Es gab verschiedene Stufen, denn »Eleusis verbirgt, was es den öfter Schauenden zeigt«. Für die höheren Stufen bedurfte es außerdem eines großen Mutes, um der Schrecken Herr zu werden, die von Kräften ausgehen können, welche im Untergrunde der Seele und wohl auch der Welt schlafen. Davon weiß heute für das öffentliche Bewußtsein am ehesten die Tiefenpsychologie zu reden.

So wie die äußere Welt der Sinne voller Gesetze ist, die der Mensch denkend zu erfassen und handelnd zu beachten hat, so ist auch die Seele und ihre Welt voll der Gesetze. Sowohl diese als auch die schlimmen Seelenkräfte wie »Faulheit, Feigheit, Falschheit« (J. G. FICHTE), Sexus, Freß- und Sauflust, Habsucht, Lebensgier, Machtgier, Rachsucht, Mordgier, Haßsucht, Eigensinn, und welche ihren Quartiergebern meist unbekannte Hai-Ungeheuer es sonst noch im Untergrund der Seele rund um »Tahiti« (58) geben mag, wird ein unvorbereitetes Gemüt genauso als Furchtbarkeiten empfinden wie »jener schwache Jüngling, der den Schleier der schrecklichen Göttin in Sais lüftete« (76). Die Göttin bewahrt alle Geheimnisse der Natur und der Seele, auch die unteren und gefährlichen. In den Weihen aber werden auch die schlimmen Kräfte leicht miterweckt und müssen dann sofort bezwungen werden. – Wir haben nichts gesagt,

was nicht schon PLATON angedeutet und was MELVILLE nicht wiederholt hätte.
Denn PLATON schreibt in seinem »Staat« – und ähnlich im »Phaidros« –, indem er seinen Meister SOKRATES sprechen läßt: »Laß uns ein Bild von der Seele machen, von der Art der Chimaira, der Skylla und des (dreiköpfigen) Höllenhundes. Viele Gestalten sollen zu einer werden rundherum mit Köpfen von zahmen und wilden Tieren; und dazu bilde die Gestalt eines Löwen und die eines Menschen, und dann mache draußen herum als Hülle die Form eines Menschen ... Wer Unrecht tut, der stärkt jenes vielköpfige Wesen und den Löwen in sich« (Staat 588).
Die griechische Tragödie war eine Schule zum Starkmut. Ismael vergleicht sein Abenteuer mit ihr (1). ARISTOTELES sagt über sie in seiner »Poetik« (1449), daß die Erweckungen von »Schauder und Jammer« und die befreiende Reinigung von solchen Regungen der Seele der Sinn der Spiele sei. – Diesen Sinn in ARISTOTELES' Worten hat WOLFGANG SCHADEWALDT gegen LESSINGS abschwächende, zu schnell christlich moralisierende Deutung als »Furcht und Mitleid« (1768) in einem Aufsatz des Jahres 1955 wieder erschlossen.

3. Die Erziehung des Fühlens oder Die Stimmungen

Wenn PLATON darauf hinwies, daß die Seele es ist, welche denkt, und nicht nur ein Vermögen in ihr, dann durfte man in den Weihen auch hoffen, daß die

Seele etwas Ähnliches fühlend vermöge und leiste, was die Denker von ihrer Philosophie erwarteten, so wie Aischylos sagt:

> »Zeus preisend faßt man das Wesen des Denkens.
> Er führt Sterbliche auf den Weg der Weisheit;
> Dem Worte ›Durch Leiden zum Lernen‹
> verschafft er vollkommene Geltung.«
>
> (Agamemnon 174–178)

Was der Dichter phrenôn nennt, was wir eben als Denken lasen, meint kein scharfsinniges Begriffefügen, sondern Erfahrung bewahren. – Fühlend zu erfahren war auch Ahabs Sache. So sprach er beinahe wie die Alten, welche die Weihen schon in Zeiten pflegten, in denen es noch keine Philosophen gab: »Welch schöner Tag wieder ... Das ist Stoff zum Nachdenken, hätte Ahab Zeit dazu. Aber Ahab denkt niemals; er fühlt nur, fühlt, fühlt, fühlt. Das ist Anreiz genug für einen lebenden Menschen. Denken wäre tollkühn. Gott allein hat das Recht dazu« (135).
Den Zustand des Gemütes in diesem Kapitän schilderte Peleg noch vor dessen erstem Auftritt – beide Männer stellten »eine mächtige, eindrucksvolle, für erhabene Tragödien geschaffene Gestalt« dar –, Peleg schilderte ihn also: »Er ist ein Sonderling, der Kapitän Ahab ..., aber ein guter Mann ... (Er) ist an Wunder gewöhnt, die tiefer sind als die Meereswogen ... Seit er sein Bein verlor, (war er) so etwas wie schwermütig – moody –, verzweifelt schwermütig und bisweilen wild« (16).
Ahabs Leid erfahren wir in immer neuen Abwandlungen. Noch in seiner letzten Rede, einen Augenblick vor seinem Tode, hören wir: »Jetzt fühle ich es: Es

ist der ungewöhnliche große Schmerz, der meine besondere Größe ausmacht« (135). Wir ahnen gleichzeitig, wie seine Frage an den Zimmermann notwendig auf seinem Wege lag: »Kannst du mir den alten Adam nicht vom Leibe schaffen?« (108). Dabei dachte er nicht an Mord oder bloßen Tod, denn er meditierte gleich weiter: ». . . ob man nicht auch ohne Körper für immer die wilde Pein der Hölle verspürt? Ha!« (108). Vielleicht war ihm das Leid der wahre Zimmermann oder noch eher der Schmied eines neuen Adam, und vielleicht war dieser neue Mensch in seinen Augen, ähnlich wie es der Prediger Salomo meint, aus »vom Leid feingehämmertem Stahl« (96). Elia in Nantucket gab ihm das Zeugnis: »Ich kenne manchen, der keine (Seele) hat... Man ist besser dran so. Eine Seele ist so wie ein fünftes Rad am Wagen... Er (Ahab) hat allerdings genug davon, um diesen Mangel bei anderen Burschen wettzumachen« (19).
Bei allem Schmerz, den sie litt, war diese Seele nicht stumpf geworden. Seine Matrosen fragte Ahab: »Seid ihr furchtlos?« Und als Stubb antwortete: »Furchtlos wie Feuer«, murmelte der Kapitän: »Und ebenso gefühllos« (134). – Damit nahm er ein Wort Pips in »Mitternacht auf dem Vorschiff« (40) wieder auf.
Von der Liebe dieses irren Negerjungen ließ Ahab sich inspirieren: »Mit dir läßt sich wunderbar philosophieren. Irgendwelche Zugänge aus fremden Welten müssen in dich hineinmünden« (127).
Ismael nahm nicht nur an allen Stimmungen seines Kapitäns teil, auf den er unaufhörlich blickte – er bekennt, daß ihn Pelegs Worte über Ahab »mit einem gewissen Gefühl wilden Wehs« erfüllten, daß er »gleichzeitig Mitgefühl und Sorge um ihn« empfand

(16) –, sondern auch ihn selbst hatte die Schwermut längst vorher in seinem heimatlichen New York übermannt; ihm war schon dort das Mittel, »so schnell wie möglich auf See zu gehen«, sein »Ersatz für Pistole und Kugel« (1), die ihm anders vielleicht zum Selbstmord hätten helfen müssen.

Ismaels Schwermut war so groß, daß dieser auch außer sich viele Dinge ihr verhaftet glaubte; die »Pequod« nannte er »ein edles Fahrzeug, aber irgendwie voller Schwermut – melancholy –. Alle edlen Dinge sind schwermütig« (16). – Auch seine rechten Hörer nennt er so, indem er ihnen zuruft: »Hinabwinden müßt ihr euch mitten aus dem Herzen dieses zinnenbewehrten Hôtel de Cluny, wo ihr euch aufhaltet . . ., verlassen müßt ihr es, ihr Seelen voll edler Trauer – ye prouder, sadder souls – . . .« (41).

Schwermut ist eine mystische Stimmung, die am Anfang eines Weges steht. Ihre leichtere Form ist die Sehnsucht danach, aus der vorhandenen Seelenverfassung herauszukommen, so die Sehnsucht nach dem himmlischen, geistigen Vaterland. Andere Stimmungen werden folgen und das mystische Vermögen steigern.

Derselbe mystische Strom fließt von Platon über seinen großen, späten Schüler Plotin (205–270) und über dessen zeitgenössischen Dichter Heliodor bis hinab ins neunzehnte Jahrhundert; und in derselben mystischen Sprache sagt Plotin: »›So laßt uns fliehen in die geliebte Heimat‹, – so könnte man mit mehr Recht mahnen. Und worin besteht diese Flucht, und wie geht sie vor sich? Wir werden in See stechen wie Odysseus, (weg) von der Zauberin Kirke oder von Kalypso . . . Dort nämlich ist unser Vaterland,

von wo wir gekommen sind, und dort ist unser Vater« (das geistige Eine, Gute) (I. 6. 8).
Heliodors Roman schildert nichts als diese Flucht. Bei ihm flieht die Königstochter Chariklea in ihre zuerst ganz unbekannte Heimat, fort aus dem Heiligtum Apollons in Delphi als des Gottes unseres Tagesgestirnes hin nach Äthiopien (Sudan), in das ferne Sonnenland der schwarzen Menschen, deren dunkle Farbe ein wichtiges Motiv der Handlung darstellt.
Verinnerlicht schildert dieselbe Seelenstimmung und Bewegung das »Heimweh« bei Jung-Stilling. Und so redet auch Melville die »Seelen voll edler Trauer« als seine recht eingestimmten Leser an: »Ihr jungen, verbannten Königskinder« (41); sie sollen – statt des alten Delphi – nun das christlich-mittelalterliche Cluny verlassen und ins Dunkle zu ihrem ewigen Vater Kronos hinabsteigen. Nur von ihm »wird die Entschleierung des uralten Staatsgeheimnisses kommen« (41).

*

Fester greift das Leid nach uns als die Schwermut; aber beide müssen wir in der fühlenden Seele bewältigen. Entweder bringt das Leben das Leid mit Zwang, oder eine Seele wird so ernsthaft, daß Schauen und Miterleben sie so tief und so konkret erfassen, wie es sonst nur das eigene Schicksal vermag.
Ismael schaute das Leid mehr, als daß er es selbst erfuhr; nahe kam es auch ihm. Er sah es lebendig vor sich an seinem Kapitän und schaute es am tiefsten im Bilde des Schmerzensmannes am Kreuz; ihn erkannte er als den »wahrhaftesten aller Menschen« (96).

Nichts Natürliches hilft letztlich weiter; es gibt von dorther keine Hoffnung (48). »Ich überlebte mich selbst«, berichtet Ismael von sich (49).
»Alles ist eitel«, sagt der Prediger Salomon, »das wahrste aller Bücher ..., der vom Leid feingehämmerte Stahl« (96). Auf diesem Wege gibt es die Aussicht auf geistige Schau: »Eine tiefe eherne Stille entfaltete wie ein riesiger gelber Lotos lautlos die unermeßlichen Blätter über dem Meer« (70). Der Geist verfeinere sich, anstatt sich in der Sinnenwelt immerfort auszubreiten (74). – »Wenn man den Wal nicht nimmt, wie er ist« – voller Wunder –, »dann ist man, was die Wahrheit anbelangt, nur ein sentimentaler Spießbürger. Der reinen Wahrheit vermögen nur Riesensalamander ins Auge zu sehen« (76). »Nur so schießt auch durch den dicken Dunst der trüben Zweifel in meinen Gedanken hier und da göttliche Erleuchtung empor und erhellt meinen Nebel mit himmlischen Strahlen. Und dafür danke ich Gott ...: Zweifel an allem Irdischen und Erleuchtung zum Überirdischen ...« (85).
Schließlich meint Ismael zu Pips Genie der Liebe, zu diesem »Helden im Himmel« (27): »Wenn der Mensch weiterwandert, weg von aller irdischen Vernunft, so kommt er schließlich zu jenen himmlischen Gedanken, die dem Verstand als Torheit oder Überschwang erscheinen« (93).
Ahab und Ismael tauchten zuletzt in den Zauber des Pazifiks ein, dessen »unerklärlich süßes Geheimnis«, dessen »sanft ehrfurchtsvolles Wiegen von einer darunter verborgenen Seele zu sprechen scheint wie jenes sagenhafte Wogen des Rasens über dem Grab des Evangelisten Johannes« (111). Sie tauchten in den

stillen Zauber (114) ein, der auch während der vier letzten Tage der »Pequod« über dem Ozean lag, in die Geistigkeit des Traumes, den Ahab hatte, bevor er anderen Morgens voller Glück und im Bewußtsein seiner Sendung auf der Sonnenbarke zu fahren glaubte (123, 124), in den Zauber des »Gleichklanges« (132), der dem Kapitän die Träne entlockte, welche auch in seiner Seele Eigenwillen, Zorn, Haß und alles Übelwollen hätte löschen, auch ihn, wie Ismael es am Walrat erfahren hatte (94), im Herzen hätte erlösen können. »Nichts Kostbareres barg der ganze Pazifik als diesen einen winzigen Tropfen« (132).

*

Wir kehren zurück zu Platon. Nach seiner Lehre fördern bestimmte Empfindungen oder dauernde Haltungen im fühlenden Gemüt die Erkenntnis so, wie ein guter Boden das Keimen der Samen ermöglicht. Ein solches Gefühl nennt er páthos oder Stimmung. Durch das páthos steht die Philosophie den Weihen nahe: »Das ist die Stimmung des rechten Denkers: das Staunen; es gibt keinen anderen Anfang der Philosophie«, sagt Platon in seinem »Theaítētos« (155 a).

Hier erinnern wir auch das Wort von Aristoteles über die Weihen, welches wir schon in dem Kapitel »Das Schiff« (16) angeführt haben: »Die, welche die Weihen empfangen, sollen nichts mit dem Verstande begreifen, sondern sollen etwas schmerzlich erleben und so in einen (besonderen) inneren Zustand versetzt werden, freilich nur, sofern sie dazu fähig sind« (A. über die Philosophie, Fragm. 15 bei Ross).

Auch der Zweifel an ungeprüfter Meinung oder am schnellen Urteil gehört noch in die Reihe dieser zur Denkerziehung nötigen Haltungen des Gemütes. Bei späteren Denkern wie bei AUGUSTINUS (354–430 n. Chr.) und MONTAIGNE (1533–1592) gewann der Zweifel die Oberhand. – Ismael hält ihn für die rechte Seelenkraft gegenüber unseren alltäglich-irdischen Meinungen (85).

PROKLOS (411–485 n. Chr.), PLATONS letzter großer Schüler unter den Griechen, sah den Helden Odysseus und den Philosophen SOKRATES in Gemeinsamkeit als die Weggeleiter eines aufdeckenden Denkens an, und damit flossen für ihn die Philosophie und die Weihen auf ihren Höhen zu einem Strom zusammen. So sagt er in seinem Kommentar zu PLATONS »Parmenides« (1025. 33ff.) über den Geistesquell, aus welchem die Ideen fließen: »Das ist der mystische Hafen der Seele, zu welchem die Dichtung Odysseus nach vielfältiger Irrsal des Lebens führt. Zu ihm müssen auch wir uns bringen, wenn wir gerettet werden sollen.«

PROKLOS weist in seiner Schrift »Zu Platons Theologie« (III. 18. 151, 50ff.) darauf hin, daß »wie in den heiligsten Weihen vor der mystischen Schau ein Schaudern (ékplēxis) der Mysten (aufkommt), so auch auf dem Wege der Einsicht vor dem Erscheinen des Guten die Schönheit ihren Schleier breitet und die Schauenden erschauern macht, die Seele umwendet und, im Vorraum angesiedelt, anzeigt, wie im Allerheiligsten das verborgene Gut sei«. – »Das Schaudern ist der Menschheit bestes Teil«, heißt es auch in GOETHES »Faust«, 6272. – Selbstverständlich für PROKLOS ist PLATONS Hinweis auf das Staunen. Er weiß um den Wert der Stimmungen und erweitert ihre Zahl und ihr inneres Gewicht durch seinen Hinweis auf HOMER, wo an der bezeichneten Stelle erwähnt wird:

Nach zehnjährigem Kampfe um Troja und nach zehn weiteren Jahren des Irrens auf dem Meere kehrte Odysseus heim nach Ithaka. Dort warb seit langem eine Schar junger Adliger um sein Weib und damit um die Herrschaft über die Insel. In seinem Hause verpraßten sie sein Gut. Noch im Gewande eines Bettlers tötete Odysseus sie in der Halle seines Hauses. Sie fielen in Schrecken und Grauen.

Während des Kampfes drohten dem Helden und seinem Sohne Telemachos die Kräfte zu schwinden. Da trat Athene an ihre Seite und stärkte sie; aber sie schenkte noch nicht den Sieg. Zuvor »wollte sie den mutigen Sinn und die Tapferkeit der beiden prüfen« (Odyssee 22. 236 ff.).

Nach dem Kampf brachte Eurykleia, die greise Schaffnerin des Hauses, welche Odysseus vorher schon an einer Narbe am Schenkel beim Waschen erkannt hatte – ein Eber hatte die Wunde dem kaum erwachsenen Jüngling einst gerissen (Odyssee 19. 392) –, ihrer Herrin Penelope im Obergemach die Nachricht von Heimkehr und Sieg des Gatten. Penelope aber zweifelte.

Als Eurykleia ihr den Kampf in seinen Einzelheiten beschrieb, glaubte sie schließlich. – So stieg sie nieder in die Halle, »unruhig, ob sie den geliebten Gemahl von Ferne befrage oder zu ihm treten und sein Haupt küssen solle ... Doch sie setzte sich an der Wand ihm gegenüber im Schein des Feuers; und er saß an der hohen Säule mit gesenkten Augen ... Da saß sie lange stumm; ihr Herz war voller Verwunderung ...«

»Aber Telemachos schalt sie: Mutter, böse Mutter, wie unfreundlich im Herzen du bist ... – Ihm antwortete drauf die kluge Penelope: Lieber Sohn, in Staunen ist mein Geist verloren, und ich vermag kein Wort zu reden ... Wir (deine Eltern) haben geheime Zeichen, die kein anderer weiß.«

»Da lächelte still der göttliche Dulder Odysseus und sprach: Laß mich die Mutter prüfen ... Du aber, Mütterchen Schaffnerin, rüste das Bett mir.« – Die Herrin des Hauses fügte hinzu: »Das Bett stell' draußen (hier in den Saal) vor das schöne Gemach.«

»Aber Odysseus geriet in Zorn und sprach zur Gemahlin: Dein Wort kränkt meine Seele! Wer hat das Bett versetzt, das ich gezimmert habe? Ein Ölbaum wuchs vordem im Hof. Um diesen Baum führt' ich die Mauern der Kammer auf; ich kappte Krone und Zweige und machte den gewachsenen Stamm zum Pfosten unseres Bettes ...«

»Sprach's, und Penelope zitterten Herz und Knie, als sie die Zeichen erkannte, die Odysseus angab. Laut weinend lief sie zu ihm, warf die Arme um seinen Hals, küßte das Antlitz und rief: Zürne nicht! – es gaben Leiden genug uns die Götter –, weil ich dich nicht beim ersten Anblick voller Liebe empfing. Jetzt hast du mein Herz besiegt« (Odyssee 23. 85–214).

Die Magd erkannte sofort die Narbe als leibliches Zeichen am Schenkel des Helden. Ihr Erkennen war sinnenhaft. Wäre sie seine Gattin gewesen, würde ihr der Instinkt leiblicher Liebe die Echtheit seiner Person angezeigt haben.

Die Herrin aber beschritt den weiten Weg der Stimmungen bis zur Erkenntnis seines verborgenen Herzens: Schrecken und Grauen waren Odysseus auf seiner Irrfahrt oft beschieden; am Ende erlebten die Freier sie. Den Mut prüfte Athene auch hier noch einmal. – Sehnsucht und Trauer hielten durch viele Jahre das Herz Penelopes gefangen, nun tat es der Zweifel, bis sie sich zum anschauenden Staunen durchrang. Die heiligen Zeichen aus dem inneren Gemache ihrer Ehe, fern aller Sinnlichkeit, schenkten ihr endlich Sicherheit in der Seele und versetzten sie in glückhaft-heftige Bewegung. Sie endete in einer höheren Hingabe, als sie der Magd möglich und bekannt sein konnte.
Schrecken und Mut, Sehnsucht und Trauer, Zweifel und Staunen, sinnlichkeitsfreie Sicherheit und bewegte Hingabe, das sind die durchlaufenen, durchlittenen Stimmungen der Seele.

4. Die Erziehung des Willens

Ahab war nicht nur fein im Fühlen und stark im Schmerz. Sondern weil sein Verstand nicht mehr den Antrieb seiner Handlungen hergab, wuchs sein Wille, gefesselt an eine fixe Idee, ins Ungemessene. Die vernünftigen Vorstellungen Starbucks, die Bitten Pips und die sichtbare Erfahrung des Kapitäns Boomer von der »Samuel Enderby« vermochten ihn nicht von seinem Ziele abzubringen, Moby Dick zu töten.
Aber so wie Ahabs »eingeengte fließende Tollheit nicht ein Jota von seinem breitströmenden Wahnsinn

hinter sich gelassen hatte, so war auch kein Jota seines angeborenen scharfen Verstandes verlorengegangen. War dieser vorher lebende Triebkraft, so wurde er jetzt zum Werkzeug. Wenn solch ein kühnes Bild erlaubt ist: Sein Wahnsinn stürmte an gegen seine gesunden geistigen Kräfte, überwältigte sie und richtete ihr zusammengefaßtes Geschützfeuer auf sein eigenes verrücktes Ziel, wodurch er, weit davon entfernt, seine Kraft verloren zu haben, zu diesem Zweck nun tausendfach mehr besaß, als er bei gesundem Verstande jemals für ein vernünftiges Unternehmen aufgebracht hätte« (41). – Dann folgt die Beschreibung des gefangenen »unterirdischen Königs«, den wir als ein Bild des uralten Kronos-Saturn begriffen.

Vertausendfachte Willenskraft auf Kosten der vernunftgeleiteten Person, das war Ismaels Diagnose für die leidende Seele seines Kapitäns. Die freigesetzte Kraft glich einem übermächtigen Element. Aber von Erziehung, welche immer auf die Steigerung der gestaltet-gestaltenden Person abzielt, kann keine Rede sein. Ahabs scheinbar überstarker Wille war nicht groß, sondern krank.

*

Anders stand es mit einer Gestalt des Romans, die man – ähnlich wie Bulkington – leicht unterschätzt, mit Elia in Nantucket (19, 21) und vielleicht auch mit dem Zitterer Gabriel von der »Jerobeam« (71).

Beide scheinen zwar krank im Kopfe zu sein – Ismael sagt von Elia: ». . . noch einmal, und wie ich glaubte, zum letzten Male, erklärte ich ihn für einen Narren« (19) –; aber Elia wies Ismael und Queequeg doch auf Fedallah und seine vier Gesellen hin, und er verabschiedete sich mit den Worten: »Lebt wohl, ihr beiden; werd euch so schnell nicht wiedersehen, nehm ich an, wenn nicht beim Jüngsten Gericht« (21). Seine Warnung konnte, wenn nicht gleich, dann später wirken.

Gabriel, welcher glaubte, »der Weiße Wal sei nichts anderes als der fleischgewordene Gott der – sonst bibelgläubigen – Zitterer«, einer von den Quäkern abgesplitterten Gemeinde, Gabriel hatte nach dem Tode des Maates Mackey seine Mitmatrosen von der weiteren Verfolgung Moby Dicks mit dem Rufe abgehalten: »Die Schale des Zornes! Die Schale des Zornes« (71). Obgleich ein einfacher Matrose, gewann er durch die Kraft seines Glaubens Gewalt über den Kapitän und die Mannschaft. – Ahab stellte er einen Brief, den dieser für den toten Mackey überreicht hatte, mit den prophetischen Worten zurück: »Nein, behalt ihn selbst. Du gehst ja bald selbst den gleichen Weg« (71).

Elia und Gabriel bedienen sich wichtiger Bilder aus der Offenbarung nach Johannes am Ende der Bibel; und außer in ihrem Munde finden sich Zitate aus der Apokalypse nur selten: so im Kapitel »Die Weiße des Wals« (42). Es heißt dort: »Wenn auch in den Visionen des heiligen Johannes die Erlösten weiße Gewänder tragen und die vierundzwanzig Ältesten weiß gekleidet vor dem großen weißen Stuhl sitzen, und der Heilige sitzet dort weiß wie Wolle – . . . etwas Unfaßbares ist im Inbegriff dieser Farbe verborgen . . .« Charakteristisch scheint es Ismael zu sein, »daß selbst der König der Schrecken, wie ihn der Evangelist darstellt, auf einem fahlen Roß einherreitet« (42).

Und Fedallahs Ruf beim ersten nächtlichen Erscheinen des »Geisterstrahls« (51), welcher die »Pequod« statt um Kap Hoorn ums Kap der Guten Hoffnung führte, Fedallahs Ruf: »Da bläst er«, begleitet Ismael mit den Worten: »Wäre die Posaune des Jüngsten Gerichtes ertönt, sie hätten nicht mehr erschaudern können . . .« (51).

*

Hier wäre der Nachweis der biblischen Stellen wohl nicht mehr fruchtbar. Wesentlich ist, daß die Prophetie und die ihr nahe verwandte Apokalyptik erscheinen. Sie wirken auf den Willen ihrer Hörer. Unvernünftig angewandt, lähmen sie die Tatkraft; wohlverstanden können sie Sicherheit vermitteln. Diesen Dienst taten sie an Ismael, namentlich gegenüber Fedallah, der ihn keinen Augenblick betrügen konnte, so, wie ihm dies an Ahab gelang.
Von einer Willensschulung läßt sich in MELVILLES Roman im Blick auf dessen Hauptgestalt Ahab nicht reden, wohl aber im unterstützenden Sinne für Ismael. Ahab war groß im Fühlen, groß im Schmerz; und er war für alle die Dreißig auf der »Pequod« wie ein halbverfinsterter Hierophant. Ismaels persönlicher Führer oder Mystagoge war Queequeg. Helfend aber von der Seite des Denkens und des Willens wirkten mit an Ismaels Führung Bulkington und Elia.

5. Der menschliche Lebensgang und die Weihen

Im letzten Drittel der heidnisch-klassischen Kultur der Griechen – man darf deren ganze Zeit zwischen HOMER (~ 700 v. Chr.) und PROKLOS' Tod (485 n. Chr.) oder der Schließung von PLATONS Akademie durch Justinianus im Jahre 529 ansetzen – und am Ende der biblischen Entwicklung erwachte der Sinn für die Biographie des einzelnen Menschen. Das bereitet sich bewußtseinsmäßig bei PLATON vor; es zeigte sich sachlich aber längst vorher schon am Leben Davids (~1000 v. Chr.) und einigen Königen von Juda (vgl. D. LAUENSTEIN, Der Messias); und dies vollendet sich im Leben Jesu.

Das Leben Jesu, wie die Evangelisten es beschreiben, hat zwar noch den Charakter eines ausführlichen Mysterienrituals; aber von da an bildete sich in der Christenheit der Sinn für die Biographie, für die Zeitgestalt des einzelnen Menschen. PLUTARCH (45 bis 125 n. Chr.) schrieb als Hellene seine Viten berühmter Griechen und Römer zwar schon in dem Bewußtsein, daß die Biographie zeitgemäß sei; aber er konnte sie als strenge Zeitgestalt noch nicht erfassen; statt dessen moralisierte er. Erst der Christ AUGUSTINUS lieferte etwa im Jahre 400 mit seinen »Bekenntnissen« eine echte Lebensbeschreibung. Von da an gibt es die Biographie als strenge Zeitgestalt. Das hat GEORG MISCH seit 1904 am gründlichsten erforscht und dargelegt.

Im alten Israel gab es nur wenige Gemeinschaften, die eine rituelle, für alle ihre Glieder einheitliche Einweihung hätten ausbilden und überliefern können.

Hinweisen kann man zwar auf die Prophetenschulen Samuels und Elisas (1. Samuel 10; 2. Könige 2), auf die »Limudim« genannten Schüler Jesajas um 730 v. Chr. (Jesaja 8. 16), die Rechabiten, von denen das 2. Buch der Könige 10. 15 und der Prophet Jeremia (35) um 600 v. Chr. berichten, und auf die Essäer seit der Zeit der Makkabäer (167 v. Chr.) bis zur Auslöschung des Ordens im Jahre 69 n. Chr. Aber wenn es auch Prophetenschulen gab, die manche ähnlichen Züge trugen wie solche Weihekulte, die nicht ortsgebunden und darum auch nicht an bestimmte Familien gebunden waren wie die Priesterämter in Eleusis, sondern frei wie Dionysos- und Isis-Weihen, so wirkten die Großen in Israel wie Elia und die Schriftpropheten wesentlich doch schon aus persönlicher Berufung und Gabe. Ihr Prophetsein war zugleich schon ihre Biographie.
Als die Biographie als Zeitgestalt des Menschen ganz entstanden und begriffen war, das geschah im vierten Jahrhundert nach Christus, verloren folgerichtig die alten Weihen ihre Stellung im Leben. Jetzt wurden das Schicksal selbst oder die Vorsehung und Vorbestimmung Gottes (s. Lauenstein, Der Messias) wie ein Hierophant erlebt, dessen Gedanken soviel höher als Menschengedanken sind, wie der Himmel höher als die Erde ist. Schicksal, Vorsehung und Vorbestimmung waren demgemäß in den ersten fünf christlichen Jahrhunderten, als die alten Mysterien erloschen, große Themen der Philosophie.
Nicht mehr durch die Menschenhilfe wurde von da an die Seele zum Geist erhöht, wie in den alten Weihen, sondern in das neue feste Zeitgefüge des Lebens goß die Gottheit – gemäß der Rückschau solcher

Christen, wie AUGUSTINUS einer war – unmittelbar ihren Geist ein, der sich dort als eine ordnungschaffende Kraft höheren Ranges erwies. Was sich in einem Lebensgang, wie AUGUSTINUS ihn von sich berichtet, vollzog, ging über alles, was Menschen für sich hätten planen können. Das Leben eines solchen Menschen konnte zwar auch jetzt noch ähnliche Züge zeigen wie die alten Weihen; aber was früher den Mysten einheitlich aufgenötigt wurde, erschien später unter individuellem Maß.

Die heute mögliche Harmonie zwischen Lebensgang und Einweihung hat GOETHE in seinem Gedicht »Symbolum« für die Loge dargestellt, indem er den Kult und die Ziele der Freimaurer als eine späte Form der Weihen begriff:

»Des Maurers Wandeln,
Es gleicht dem Leben;
Und sein Bestreben,
Es gleicht dem Handeln
Der Menschen auf Erden.«

Auch MELVILLE muß den Kult der Logen als eine Spätform der Weihen begriffen haben; denn er sagt im Kapitel »Der Schwanz«: »Bisweilen läßt er (der Schwanz des Wales) Bewegungen erkennen, die, wenn sie auch einer Menschenhand wohl anstünden, doch völlig unerklärlich bleiben. In einer großen Herde sind diese geheimnisvollen Bewegungen so bemerkenswert und auffallend, daß ich Jäger gehört habe, die sie mit den Zeichen und Symbolen der Freimaurer verglichen haben ...« (86).

MELVILLE schildert für Ismael eine Mitte zwischen Mysterien-Einweihung und biographischen Ereignissen. Er nimmt die Namen der Personen und viele

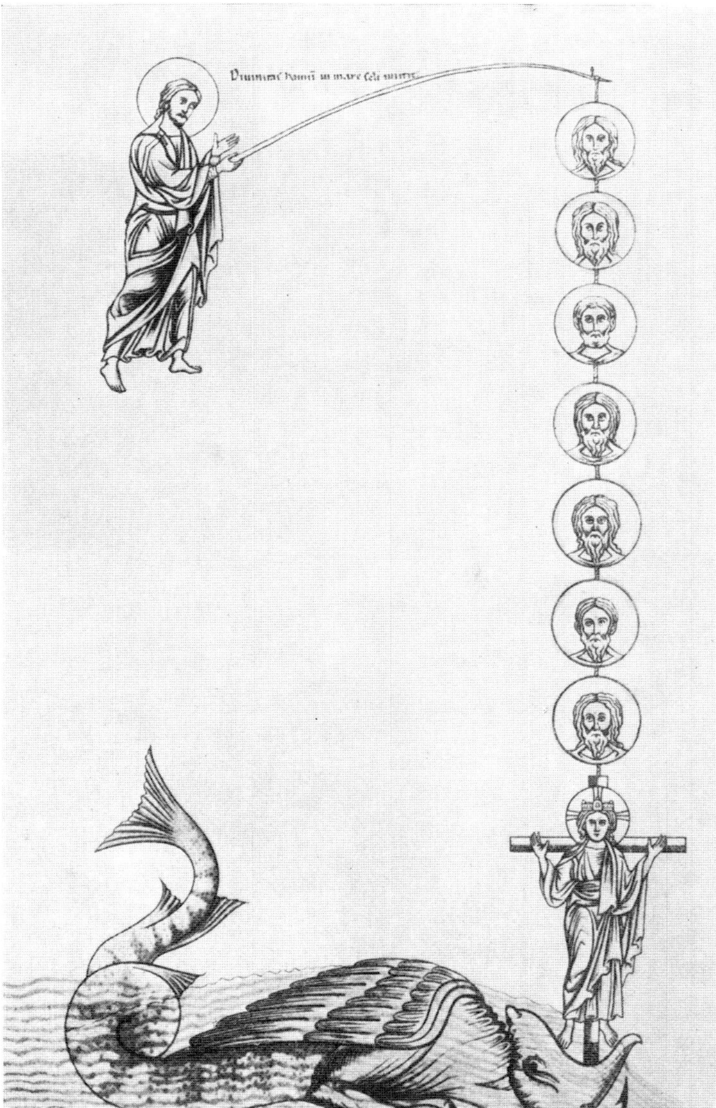
Diuinitas hamū in mare sc̄li mittit

szenische Anspielungen aus dem Alten Testament, weil dieses selbst schon solche Zwischengebilde darbietet.
Aber ebenso wie wir heutigen Tages solche Menschen, denen wir ein Leben eigener Form und eigenen Ranges wünschen, in ihrer Jugend in Schulen mit einem einheitlichen geistigen Maß erziehen lassen und wie dies Einheitsmaß sie in der Regel – je jünger sie sind, um so mehr – auch fördert, so bleibt die strenge geistige Schulung auch vom Leben der Erwachsenen nicht ausgeschlossen, sofern sie jede Anleitung und Weisung Schritt vor Schritt in Freiheit aufnehmen und verwirklichen. Gruppeneinweihungen und äußere Einrichtungen wie einst in Eleusis, die in einem einzigen großen Zuge Neophyten zur Erleuchtung führten, kann es im Zeitalter der persönlichen Zeitgestalt allerdings nicht mehr geben.
Die »Pequod« bot für Ismael die individuell angemessene Gelegenheit zu einer schicksalmitbestimmten Einweihung. Ahab war nicht wirklich mehr der handelnde Hierophant und Queequeg nicht mehr Ismaels eingesetzter Mystagoge, aber diese Männer füllten mitten im praktischen Leben für Ismael solche Stellen aus. – Wer Ismaels Geschicke auf der »Pequod« bis in ihre Einzelheiten aufnimmt, bereitet in seiner Seele die Möglichkeit zu einer ähnlichen, speziell ihm angemessenen Einweihung durch das Leben vor. Aus diesem Grunde werden Mysterienromane geschrieben. Dabei ist die Frage nicht erstrangig wichtig, ob der Schreiber die strengen Formen der Einweihung bewußt hinter den Bilderfolgen seines Kunstwerkes verbarg oder ob er, in seinen Seelentiefen diesen Formen verwandt und hingegeben, im Gestalten nur dem dichterischen Geiste folgte.

Nachschrift

MELVILLE zieht unter den Schriften des Alten Bundes die Bücher Jona und Hiob am stärksten heran. Auch Jesus schloß an Jona an, weil jener unter den Alten seinem eigenen Wege durch Tod und Auferstehung am nächsten kam: »Diese böse und ehebrecherische (Gott verleugnende) Art sucht ein Zeichen. Es wird ihr kein Zeichen gegeben werden außer dem Zeichen des Propheten Jona. So wie Jona drei Tage und drei Nächte lang im Bauche des Wales weilte, so wird der Sohn des Menschen drei Tage und drei Nächte lang unter der Erde sein. Die Leute von Ninive werden beim Jüngsten Gericht zugleich mit diesem Geschlechte auftreten und werden es verdammen; denn sie taten Buße nach der Predigt Jonas; und siehe, hier ist mehr als Jona« (Matthäus 12. 39–41).

*

MELVILLE war nicht der erste, der Leviathan kannte; auch waren die alten Schriftgelehrten mosaischen Glaubens vor ihm nicht die einzigen; ebenso wie ihnen war den Christen dieses Geheimnis zu allen Zeiten offenbar.

So sang von ihm im 1065. Jahre des Herrn der Bamberger Scholasticus Ezzo, der hernach im ersten Kreuzzug seinem Bischof zum heiligen Grabe folgte, um daselbst zu sterben. Hundert Jahre später zeichnete nach seinem Liede die würdige Äbtissin HERRAD am Odilienberge im Elsaß für ihre jungen Schülerinnen den Leviathan, wie er in Gottes Hand fällt. Wir lernen aus dem Bilde, daß Ahabs Mühe, den Fisch zu fangen, allein schon darum vergeblich bleiben mußte, weil dies Gott selbst vorbehalten bleibt. Sagten schon die frommen Rabbis, Leviathan werde am Ende der Tage auf die Tafel des Messias kommen und dort von den Gerechten verzehrt werden, so wußten Ezzo und die Äbtissin vom Odilienberge darüber hinaus, wie dieser einstige Fang, das größte Wunder unserer Welt, vorbereitet und ermöglicht wird: Wir sehen unseren Herrn am Kreuz als Angelhaken an der Schnur in Gottes Hand. Durch den Tod und die Auferstehung des Herrn ist die Kraft gewonnen, der Leviathan einst erliegen wird.

Herrad zeichnete zu Ezzos Strophe:

O crux benedicta
Aller Holze beszista
An dir ward gevangan
Der gir Leviathan.

Melvilles Inhaltsangabe

Moby Dick oder Der Wal

Literatur

Hier findet sich nur, was Einfluß auf den Kommentar hatte.

AISCHYLOS: Tragödien und Fragmente; Text und Übersetzung von Oskar Werner, 1969

APULEIUS: Metamorphosen; Text und Übersetzung von E. Brandt, 1958

– Apologia, ed. with commentary by H. Butler and A. Owen, 1914/1958

ARISTOTELES: Fragmenta selecta, ed. W. D. Ross, 1955

– Opera, ed. Im. Bakker, 1831 ff./1960 ff.

ARVIN, FREDERICK NEWTON: Herman Melville, London 1950

BAIRD, JAMES: Ishmael, 1956

BECKH, HERMANN: Indische Weisheit und Christentum, 1938

BEIERWALTES, W.: Proklos, 1965

BERTLOFF, WARNER: The Example Of M., 1963

BEZANSON, W. E.: Moby Dick, Work Of Art, in: Centennial Essays, Dallas 1953

BUBER, MARTIN: Die jüdische Mystik, 1906/1955 in Werke III. Band, 1963

– Die Lehre vom Tao, 1909; in Werke I. Band, 1962

CHASE, OWEN: Narrative Of The Most Extraordinary And Distressing Chipwreck Of The Whaleship Essex Of Nantucket, 1821

COOK, CHARLES, H.: Ahab's »Intolerable Allegory«; in: Discussions Of Moby Dick, ed. by H. M. R. Stern, 1960

COOK, RECINALD, L.: Big Medicine In Moby Dick; in: Discussions Of Moby Dick, ed. by H. M. R. Stern, 1960

DEUBNER, LUDWIG: Attische Feste, 1932; 1956
DIELS, H., und KRANZ, W.: Die Fragmente der Vorsokratiker griechisch und deutsch, 3 Bde. 1903 ff./1964
ENGELHARDT, CHR. M.: Herrad von Landsperg und ihr Werk: Hortus deliciarum, 1818/1968
EZZO: Cantilena de miraculis Christi; s. Engelhardt
FRANKLIN, H. BRUCE: The Wake Of The Gods: Melville's Mythology, 1963
FRIELING, RUDOLF: Herman Melville, in Ztschr. Die Christengemeinschaft, 1954, Heft 1 und 2
GEIGER, DON: Melville's Black God: Contrary Evidence In »The Town Ho's Story«, in: Discussions Of Moby Dick, ed. Stern, 1960
HEILER, FRIEDRICH: Die Mystik der Upanischaden, 1925
HELIODOR: Aithiopika, übertragen von R. Reymer, 1950
– Les Éthiopiques (Text), ed. Rattenburg, 1935–43
HELMCKE, HANS: Die Funktion des Ich-Erzählers in Herman Melvilles Roman »Moby Dick«, 1957
HERAKLIT, s. Diels
HERRAD V. LANDSPERG, s. Engelhardt
HILLWAY, T.: A Preface To Moby Dick, in: Centennial Essays, 1953
HOMER: Odyssee, Text und Übersetzung von H. Voß, bearbeitet von E. R. Weiß, o. J.
HOPFNER, THEODOR, s. Plutarch
HORSFORD, H. C., s. Melville's Journal
HOWARD, LEON: Herman Melville; A Biography, 1951
HUMPHREYS, A. R.: Herman Melville, 1962 (p. 41–82 Moby Dick)

Jaeger, Werner: Aristoteles; Grundlegung einer Geschichte seiner Entwicklung, 2. Aufl. 1955
Jung Stilling, Heinrich: Sämtliche Schriften, 14 Bde, 1835–39
Kerényi, Karl: Die Mysterien von Eleusis, 1962
– Die griechisch-orientalische Romanliteratur in religionsgeschichtlicher Beleuchtung, 1927
– Der antike Roman, 1971
Lang, Hans-Joachim: in Übersetzung »Moby Dick« von H. M. durch Th. Mutzenbecher, 1956, Anhang »Zum Verständnis des Werkes«
Lanzinger, Klaus: Die Epik im amerikanischen Roman, Herman Melville, 1965
– Primitivismus und Naturalismus im Prosaschaffen Herman Melvilles (nebst bibliographischem Anhang), 1959
Lauenstein, Diether: Das Erwachen der Gottesmystik in Indien, 1943
– Der Messias, eine biblische Untersuchung, 1971
– Adam und Hiob, in Ztschr. Die Christengemeinschaft, 1973 März
Leisy, E. E.: Fatalism In Moby Dick, in: Centennial Essays, 1953
Lepsius, Richard: Totenbuch der Ägypter, 1842
Leyda, Jay: The Melville Log: A Documentary Life Of Herman Melville, 1819–91, 2 vols., 1951
Mason, Ronald: The Spirit Above The Dust, 1951
Melville's Journal Of A Visit To Europe And The Levant, October 11, 1856 – May 6, 1857; ed. by Howard C. Horsford, 1955
Melville, Herman: The Letters Of Herman Melville, ed. by Merrell Rees Davis and William Henry Gilman, New Haven 1960/65

– Moby Dick Or The Whale, London, 1851, 1966
– Moby Dick Or The Whale, ed. by Luther B. Mansfield and Howard P. Vincent, New York 1952
MERKELBACH, REINHOLD: Der antike Mysterienroman, 1962
– Isisfeste in griechisch-römischer Zeit, Daten und Riten, 1963
MEYER, HERMANN: Zum Problem der ethischen Integration, Trivium 8, 1950
MISCH, GEORG: Geschichte der Autobiographie, 6 Bde. 1949–70 ff.
MUMFORD, LEWIS: Herman Melville, A Study Of His Life And Vision, London 1929/63, Kap. 7: Moby Dick . . . S. 107–133
MURRAY, H. A.: In nomine Diaboli, in: Centennial Essays, 1953
OLSON, CHARLES: Call Me Ishmael, 1947
PARKE, JOHN: Seven Moby Dicks; in: Discussions Of Moby Dick, ed. Stern 1960
PAUL, SHERMAN: Melville's »The Town-Ho's Story«; in: Discussions Of Moby Dick, ed. Stern 1960
PERCIVAL, M. O.: A Reading Of Moby Dick, 1950
Platonis Opera graece et latine, ed. R. B. Hirschigius 1882–1900 (3 Bde.)
Platons Werke, übersetzt von Friedrich Schleiermacher, 1804–10, Neuaufl.
PLOTIN: Schriften VI Bde. Text und Übers. durch R. Harder, 1954–1971
PLUTARCH: Über Isis und Osiris; Text, Übersetzung und Kommentar von Theodor Hopfner; 2 Bde. 1940/41; 1967
PROKLOS: In Platonis Theologiam, 1618/1960; s. auch Beierwaltes

REESE-MERLET, CHRISTIANE: Analyse des Moby Dick, Anglist. Seminar (Prof. Esch), 1960
REYNOLDS, JEREMIAH N.: »Mocha Dick; Or The White Whale Of The Pacific: A Leaf From A Manuscript Journal; in New Monthly Magazine, May 1839
RHODE, ERWIN: Der griechische Roman und seine Vorläufer, 1876/1951
ROSCHER, W. H.: Lexikon der griechischen und römischen Mythologie; 5 Bde. 1884–1937; 1965
ROSS, W. D.: s. Aristoteles
Samāvidhānabrāhmaṇa, deutsch von Sten Komow, 1893, in: Hermann Beckh: Indische Weisheit und Christentum, 1938
SCHADEWALDT, WOLFGANG: Furcht und Mitleid?; 1955, in: Hellas und Hesperiden, Gesammelte Aufsätze, 1960
SCHEFFER, THASSILO v.: Hellenische Mysterien und Orakel, 1940; 1948
SCHEFFER, VICTOR B.: Der Wal, das fröhliche Ungeheuer, 1973
SCHELLING, F. W. J. von: Über Mythen, historische Sagen und Philosopheme der ältesten Welt, 1793
– Bruno, oder über das göttliche und natürliche Prinzip der Dinge, 1802
– Einleitung in die Philosophie der Mythologie, 1856
– Philosophie der Mythologie, 1857
– Philosophie der Offenbarung, 1858
SEDGWICK, W. E.: Herman Melville: The Tragedy Of Mind, 1944
SHEPARD, ODELL: Pedlar's Progress, The Life Of Bronson Alcott, 1937
STAATS, ARMIN: Melville, Moby Dick; in: Der amerikanische Roman, ed. Hans-Joachim Lang, 1972

STEINER, RUDOLF: Das Christentum als mystische Tatsache und die Mysterien des Altertums, 1902
– Gesamtausgabe, Abt. B: Vorträge, 1961 ff.
STERN, MILTON R.: Discussions Of Moby Dick, 1960, ed. with an Introduction, by R. L. Cook, Ch. Cook, John Parker etc.
– The Fine Hammered Steel Of Herman Melville, 1957
STEWART, G. R.: The Two Moby Dicks, 1953/54
SUNDERMANN, K. H.: Herman Melvilles Gedankengut, 1937; 1960
THOMPSON, LAWRENCE: Melville's Quarrel With God, 1952
TSAO HSÜE-KIN: »Der Traum der Roten Kammer«, 1791, übertragen von Franz Kuhn, 1951
VIDMAN, LADISLAV: Isis und Sarapis bei den Griechen und Römern, 1970
VINCENT, H. P.: The Trying Out Of Moby Dick, 1949
WATTERS, R. E.: The Meanings Of The White Whale; in: Discussions Of M. D., ed. Stern, 1960
WEAVER, RAYMOND M.: Herman Melville, Mariner And Mystic, 1921/1961
WEBER, W.: Herman Melville, eine stilistische Untersuchung, Diss., Basel 1954
WEINREB, FRIEDRICH: Der göttliche Bauplan der Welt, 1969
– Das Buch Jonah, 1970
WHELER, O.: Humour In Moby Dick, Two Problems, 1957/58
WRIGHT, NATHALIA: Melville's Use Of The Bible, 1949
YOUNG, JAMES DEAN: The Nine Gams Of The Pequod; in: Discussions Of M. D., ed. Stern, 1960

Stichwort-Verzeichnis

Überschriften und Literatur-Verzeichnis werden nicht berücksichtigt, ebenso Wörter, die zu häufig vorkommen, wie: Melville, Moby Dick, Ahab, Bibel, Boot, Element, Erde als Element, Evangelium, Feuer, Ismael, Leviathan, Luft, Metamorphosen (Roman von Apuleius), Mysterien, Öl, Pequod, Pottwal, Queequeg, Schwermut, See (Ozean), Seele, Starbuck 1. Maat, Stubb 2. Maat, Altes und Neues Testament, Wasser, Weihen, Weißer Wal.

A

B

C

D

E

F

I

J

Sch

St

T

U

V

W

Bildernachweis: HERRADE DE LANDSBERG,
Abbesse du Sainte-Odile
1167–1195
HORTUS DELICIARUM
von Josef Walter
Editions F.-X. L. ROUX, Strasbourg/Paris 1952